KB151566

우리는 모두 조선족이다

우리는 모두 조선족이다

뉴몰든에서 칭다오까지, 오늘도 떠나는 사람들

신혜란 지음

이매진

이매진 컨텍스트 57

우리는 모두 조선족이다

뉴몰든에서 칭다오까지, 오늘도 떠나는 사람들

1판 1쇄 2016년 11월 21일 **1판 2쇄** 2022년 6월 3일 **지은이** 신혜란 **펴낸곳** 이매진 **펴낸이** 정철수 **등록** 2003년 5월 14일 제313-2003-0183호 **주소** 서울시 은평구 진관3로 15-45 1019동 101호 **전화** 02-3141-1917 **팩스** 02-3141-0917 **이메일** imaginepub@naver.com **블로그** blog.naver.com/imaginepub **ISBN** 979-11-5531-078-6 (03300)

- 환경을 생각해 재생 종이로 만들고 콩기름 잉크로 찍었습니다. 표지 종이는 앙코르 190그램이고, 본문 종이는 그린라이트 70그램입니다.
- 값은 뒤표지에 적었습니다.
- 이 도서의 국립중앙도서관 출판도서목록(CIP)은 서지정보유통지원시스템 홈페이지(http://seoji.nl.go.kr)와 국가자료공동목록시스템(http://www.nl.go.kr/kolisnet)에서 이용할 수 있습니다.(CIP제어번호: CIP2016027631)

-

일러두기

- 한글 전용을 원칙으로 삼지만, 읽는 이의 이해를 도우려고 인명, 지명, 단체명, 정기 간행물 등 익숙하지 않은 이름은 처음 나올 때 원어를 함께 썼습니다. 주요 개념이나 한글만으로는 뜻을 짐작하기 힘든 용어도 한자나 원어를 함께 썼습니다.
- 단행본, 정기간행물, 신문에는 겹화살괄호(《 》)를, 논문, 영화, 방송 프로그램, 연극, 노래, 그림, 오페라 등에는 홑화살괄호(〈 〉)를 썼습니다.

차례

'지리'하지 않은 공감의 지리학

《우리는 모두 조선족이다》는 사람의 이야기지만, 그 개인의 몸을 관통해서 나온, 특정한 시대와 장소의 살아 있는 맥락의 이야기다. 이야기들은, 옮기고 해석한 나라는 사람의 관점과 감수성을 거쳤다. 내게 발전한 이주자 감수성 때문에 이주자 연구를 하고 있다고 짐작한다. 연구자들은 대체로 결국 자기를 닮은 연구를 한다.

2016년 현재 내 직업은 서울대학교 지리학과 교수다. 내 연구 분야의 두 축은 이주자 연구와 정치 지리다. '정치 지리', '젠더와 다문화', '질적 연구 방법', '인구 지리', '사회 지리', '생활 공간과 인간' 같은 과목을 강의한다.

몇 년에 걸쳐 조선족 얘기를 쓰면서 느꼈다. 나는 내내 이주자로 살고 있었다고. 1970년 인천에서 태어나 서울을 거쳐 부산으로 갔다. 태어난 고향은 어릴 때 떠났고, 새로운 정착지에 마음을 주는 일은 허락되지 않았다. 이주한 곳의 다른 말투, 정서, 사업 방식에 꽤나 부대낀 아버지 때문이었다. 여러 지역 사람들이 모인 서울에 가니 오히려 편했다. 친언니 말대로 우리는 고향을 뺏긴 셈이었다.

학부, 석사, 박사, 교수 단계마다 학교가 계속 바뀌고, 전공이 바뀌고, 결혼을 한 일도 연거푸 새로운 환경에 놓인 이주자가 되는 과정이었다. 이화여자대학교 과학교육과에서 물리를 전공한 뒤 사회과학으로 방향을 틀었다. 서울대학교 환경대학원 도시 계획 전공에서 장소 마케팅의 도시 정치에 관한 논문을 써 석사 학위를 받았다. 미국 서던캘리포니아 대학교University of Southern California에서는 역량 이론에 기초한 일상 문화와 빈곤에 관한 논문으로 박사가 됐다. 논문에 쓰인 사례가 한인 이주 여성이어서 이주자 연구에 눈을 떴다. 나를 비롯한 주변 사람의 일상이 이주자가 견뎌내야 할 삶의 모습이었다.

박사 논문을 끝내기도 전에 런던 대학교University College London에 자리잡아 새로운 환경에 허둥대며 눈치보는 이주자 생활을 다시 시작했다. 주로 도시 정치를 가르치면서 《도시 연구Urban Studies》, 《도시와 지역 연구International Journal of Urban and Regional Research》 같은 국제 학술지에 도시 재생, 성장 레짐, 갈등, 협상, 협치, 소통 합리성 등에 관한 논문을 냈다. 영국으로 건너가 조선족에 눈뜨고 나서는 이주자 연구를 연구의 다른 한 축으로 삼기 시작했다.

《우리는 모두 조선족이다》는 내가 런던에 있던 2012년에 '객지에 사는 사람들이 공감할 글'을 연재하자는 요청을 받고 시작됐다. 로스앤젤레스에 있을 때 친하게 지난 김성회 씨가 새 인터넷 신문을 시작하면서 조선족 이야기를 해보자고 했다. 원고를 교정해줄 테니 나중에 책으로 내면 되지 않느냐고 부추겼다. 당장은 원고료가 없지만 안정되면 건당 20달러를 주겠다고 했다. 결국 한 번도 받지 못했다. 대신 김성회 씨는 내 글을 재미있어 하는 독자이자 꼼꼼히 설명해주는 교정자 구실을 해줬다.

내가 이런 조건을 덥석 받은 이유는 영어로 학술 논문을 쓰는 데 좀 지친 때문이었다. 1999년 미국에서 박사 과정을 시작한 뒤부터 내내 딱딱하고 꼼꼼하게 영어로 학술 논문만 썼다. 그런데 2010년부터 본격적으로 조선족 인터뷰를 시작하면서 내 안에 이야기가 가득 쌓이고 있었다. 토요일

마다 논문에서 벗어나 휴식하는 기분으로, 그렇지만 열을 내어 썼다. 토요일에 쓰고 다음 주 토요일에 고쳐서 2주에 한 번꼴로 연재를 했다. 10회를 연재한 뒤 김성회 씨가 한국으로 돌아갔다. 국회 의원 보좌관 일이 바빠지면서 연재도 끊어졌다. 2013년에는 나도 15년 외국 생활을 마치고 한국으로 돌아와 재적응을 시작했다.

논문만 썼지 책 출판에 문외한인 내게 한겨레신문 김규원 기자가 출판사 이매진을 추천해줬다. 다행히 원고에 흥미를 느낀 정철수 대표가 이주자 이야기에 관심을 가진 사람들이 이 주제에 편하면서도 깊이 들어갈 수 있게 이끄는 책을 써보자고 격려했다. 한국에 재적응하느라 허둥대면서도 연구자가 어떤 글을 써야 하는지 고민하며 빈칸을 메웠다. 논문이라는 틀에 들어가지 못하는 얘기를 쓸 수 있어서 좋았는데, 막상 이론과 참고 자료를 버릇처럼 가득 담고 싶었다. 말리는 대표님 덕분에 중간 정도로 타협을 봤다.

소중한 이야기를 내 작은 연구를 위해 끄집어내어 보여준 사람들을 인터뷰한 시간이 아직도 생생하다. 인터뷰하던 곳의 온도, 상기된 표정, 머뭇거리던 목소리, 답답한 마음을 담은 손동작이 다 떠오른다. 내가 쓴 인터뷰 전략인 뚱한 반응에 그분들이 무안했을 수 있겠다 싶다. 책을 쓰면서 이야기가 왜곡됐을 수도 있다. 그렇지만 같이 앉아서 얘기하던 순간에 적어도 내 마음은 그 희로애락을 온전히 함께했다. 감사합니다.

2016년 11월

1장

떠남

세 도시 이야기

“나라를 잘못 만나 떠돌아다니는 사람들”

우리는 모두 조선족일까. 이 책은 떠나고, 정착하고, 적응하고, 생존하는 이들의 이야기다. 조선족은 '떠나는 사람들', 특히 세계화 시대의 국제 유목민이다. 조선족을 통해 나는 21세기의 이동하는 사람들, 떠돌아다니는 사람들의 삶에서 나타나는 이동의 메커니즘과 결과를 보고 싶다. 한국, 북한, 중국을 비롯해 여러 나라의 정치적 역사가 요동치는 과정에서 살아남는 삶의 방식을 체득한, 곧 떠나는 생존법, 걸쳐 있는 삶의 방식을 배운 사람들. 조선족의 개인적 삶에는 아직 완고하게 버티려는 국경, 다양한 영토들의 힘의 관계, 국경을 넘나드는 자본의 힘이 관통한다.

“조선족은 우리의 미래일 수도 있다.” 조선족 관련 연구를 발표한 뒤 토론하다가 내가 한 말이다. 대부분 말도 안 된다는 반응이었다. 미래라는 말은 보통 더 발전한 사회를 뜻하고, 그래서 앞서간 사회가 지니는 장점과 단점을 어떻게 취하고 버릴지를 말할 때 쓴다. 그런데 조선족이 미래라니?

한국 사회에서 조선족을 둘러싼 반응은 자기들 스스로 한국인으로 생각하는지, 곧 한국에 충성심과 애정이 있는지(한국이 조선족에게 애정이 있는지는 묻지 않는다), 얼마큼 중국인인지, 앞으로 한국 젊은이들 일자리는 얼마큼 뺏을지, 그리고 불법, 폭력, 인육 정도다. 조선족이 한국 사회에서 일하며 감수하는 불평등과 비상식을 비판하는 시선도 있다. 조선족의 집단 이주에 관해 이제껏 언론과 학계가 보인 관심도 불법 이주, 가족 해체, 차별과 고생에 집중됐다. 이주에 뒤따르는 이런저런 무리를 겪는 모습이 눈에 보이기 때문이다.

나는 조선족이 조금 먼저 시작한, 21세기에 어느 정도 보편적이 된 생활 방식에 눈을 돌린다. 세계화, 변화하는 중국에서 살아가려는 생존 전략, 그 변화의 진화 과정 말이다. 그래서 한 시기의 모습이 아니라 몇 년 동안 이어진 변화 과정을 쫓아간다. 이 책은 조선족의 삶을 들여다보면서 지금도 일어나고 있고 앞으로 더 흔해질 삶의 방식을 이야기한다. 조선족은 20세기 초에 한국을 떠나 중국으로 가서 소수 민족으로 살았다. 조상에게서 떠나온 이들의 삶을 배운 후손들은 세계화, 중국의 성장, 한-중 관계 개선 속에서 떠나는 삶의 진화를 계속 이어가고 있다.

한민족은 17세기에 이주를 시작했다고 하는데, 민족 정체성을 지키며 정착한 시기는 일제를 피해 1911년 무렵 중국으로 건너가 옌볜이나 헤이룽 강 근처에 자리잡은 때다. 중국에서 소수 민족으로 살아가던 조선족들은 지난 20년 동안 세계 곳곳에 진출했다. 조선족의 디아스포라Diaspora, 곧 이주는 빠르고 넓다. 외국어를 못해도, 합법 신분을 못 얻어도, 가족하고 헤어지더라도 떠났다. 1992년 전에는 190만 명 정도이던 조선족 중 60만여 명이 90개국 넘는 나라로 이주했다. 대표적인 조선족 밀집 도시인 옌볜은 70퍼센트가 넘는 노동력이 빠져나가 노인과 아이들만 남았다.

자본이 국경을 더 자유롭게 넘나들게 된 변화가 기본적 세계화라면 사람의 이동, 생각의 이동, 정책의 이동은 본격적 세계화다. 사람들은 일자리를 구하지 못해 고생하지만, 자본주의 노동 시장이 양극화되면서 전세계적으로 발전한 저임금 노동 시장은 일할 사람을 찾지 못해 어려움을 겪는다. 금융 자본이 집중돼 경제적으로 중요한 구실을 하는 세계 도시•를 비롯한 대도시는 못사는 사회에서 사람이 직접 옮겨와 저임금을 받고 일하게 하는 손쉬운 방법을 쓴다. 도시를 개발하기, 사람이 일자리를 찾아 다른 도시나

• Saskia Sassen, *The global city*, Princeton University Press, 2001.

나라로 가기, 국경에 상관없이 자본이 움직이기, 이 세 가지는 발전 과정에 놓인 장애를 극복하려는 자본주의 체제의 문제 해결 방식이다.•

• David Harvey, *Rebel cities: from the right to the city to the urban revolution*, Verso Books, 2012.

이동성, 떠나기, 셀 수 없이 많은 '아마도'라는 미래 계획 등으로 흔들리는 개인의 삶은 세계화의 완성이다. 세계화와 네트워크 시대에 도시 공간은 점이 모인 면이 아니라 흐름의 공간이다. 사람들이 하루 종일 어딘가로 가지는 않지만, 일하고, 스마트폰으로 연락하며, 정보를 얻고, 다른 사람을 만나는 흐름으로 일상은 구성된다. 이런 이동에는 이민을 뜻하는 장거리의 영속적 이주뿐 아니라 일상에서 벌어지는 이동, 출장, 짧은 휴가 여행, 이사, 답사, 어학연수, 인턴십 프로그램 대비 단기 이주도 들어간다.

조선족은 그런 이동을 조금 일찍 시작했다. 사람들의 존재가 점점 더 불안해지는 경향이 어쩔 수 없는 흐름이라면, 조선족은 일찌감치 불안한 사람들이었다. 그래서 나는 묻는다. 혹시 우리는 모두 조선족일까? 아직 아니어도 그렇게 나아가고 있는 걸까?

아직도 나는 내가 태어난 도시에 살고 있을 뿐이라고 생각할지 모른다. 그렇지만 나를 둘러싼 환경은 많은 것이 이동한 탓에 내 부모나 조부모가 누린 삶하고는 무척 다른 삶을 형성하고 있다. 쓰는 물건, 듣는 음악, 만나는 사람, 좋아하는 드라마, 사용하는 애플리케이션, 소셜 네트워크 서비스SNS에서 대하는 사람들, 일하는 직장의 하청 업체나 본사에는 이미 세계화가 많이 들어와 있다. 흔히 여러 인종이 섞인 상태를 뜻하는 다문화가 자기 삶하고는 관계없다고 생각해도, 이미 다양한 형태의 다문화가 있고 자기 삶도 그중 하나가 됐다. 위 세대가 상상하지 못할 정도로 여러 곳에서 들여온 음식, 물건, 문화를 소비한다. 칠레산 바나나를 먹고, 세계 곳곳에서 생산한 부품으로 만든 컴퓨터를 쓰고, 미국 드라마를 본다. 내가 식당에서 조선족 아주머니가 가져다주는 음식을 먹을 때 옆 테이블에서는 베트남 출신 엄마가 아기에게 밥을 먹인다.

이동하고 이주한 뒤에는 사는 법도 달라졌다. '로마에 가면 로마법을 따라라'는 경구는 오랫동안 이동한 이에게 정답이었다. 그곳에 맞게 정착하고 적응하고 생존하려 한다. 그런데 세계화 시대에는 좀 달라졌다. 로마인처럼 로마법을 따르려고 다짐하고 갔는데 여러 곳에서 온 사람들로 북적대는 로마는 내가 상상하던 순수한 로마가 아니었고, 로마인(로마 원주민)은 이주자인 내게 관심이 없다. 멕시코나 중국에서 로마로 이주해 나만큼이나 어리둥절해하는 사람들만 마주칠 뿐이다. 게다가 인터넷 신문, 페이스북, 값싼 국제 전화, 스카이프 동영상 덕분에, 나는 떠나온 곳에 있는 사람들하고 일상을 너무 많이 공유한다. 로마에 생각보다 오래 살게 되기도 하지만, 로마를 떠나 내가 살던 곳이 아닌 다른 곳으로 갈 것 같기도 하다. 이렇게 로마법을 따르는 일이 복잡해졌다.

연구를 시작하려고 인터뷰할 조선족 이민자를 찾는다는 광고를 런던 한인 온라인 커뮤니티에 냈다. 한 조선족 아주머니가 전화를 했다. 도대체 무슨 목적으로 자기네들 이야기를 파고 다니느냐고 따진다. 아주머니는 목소리를 좀 높이기도 했다.

> 우리는 이민자가 아니라요. 운 나쁘게 나라를 잘못 만나 떠돌아다니는 사람들이에요!

그렇다. 이 책에서 조선족은 나라를 잘못 만나 떠돌아다니는 사람들을 대표한다. 따지던 아주머니는 결국 나를 만나 이주자의 삶을 구체적으로 얘기하고 순대도 삶아줬다. 거의 3시간 동안 집중적으로 쏟아낸 이야기 속에 드러난 아주머니의 삶은 일단 떠난 사람이 정착을 못하고 국제적 나그네로 사는 모습을 잘 보여줬다. 언젠가 중국으로 갈 듯하다고 하다가 이야기가 계속되면서 말끝이 흐려진다. 쉽게 그렇게 될 것 같지는 않다. 이미 아주머니의 아들 둘도 런던에 왔다. 다만 그 아이들이 할 수 있는 일과 나아갈 미래가 런던에서는 그리 밝지 않다. 그런데 큰 계기가 있지 않는 한 이 셋이 중국으로 돌아갈 가능성이 높지는 않아 보였다.

8년 동안 알고 지내면서 속속들이 사정을 아는 조선족 아주머니가 한 명 있다. 그 아주머니는 옌볜에서 태어나 한국에서 꽤 오래 일하고, 미국과 영국에서 신분 없이 지냈다. 불법 체류가 발각돼 미국 수용소에 갇히기도 하고, 영국에서도 단속에 걸려 중국으로 추방당했다. "공짜로 중국에 보내주던데요." 쿨하게 말하던 그 아주머니는 내가 15년 외국 생활을 마치고 한국에 돌아오니 한국에 와 있었다. 중국으로 돌아갔다가 별것 없어서 다시 한국으로 떠나왔다고 했다. 어느 소도시로 일자리를 옮긴 소식을 마지막으로, 지금은 또 어디에 있는지 모르겠다.

다른 데 갈 것도 없이 나하고 내 주변은 다 조선족 같았다. 나는 1998년 가을에 한국에서 미국으로 떠났고, 2004년 겨울에 미국에서 영국으로 떠났으며, 2013년 여름에 영국에서 한국으로 떠나왔다. 조선족 연구를 할수록 그 사람들의 모습에, 내가 15년 동안 본 한국과 다른 나라 이민자들의 모습이, 작게는 내 모습이 겹쳐 보였다.

서울에 돌아와 하루는 예전에 좋아하던 경복궁에 갔다. 고요한 정취가 좋아 즐겨 가던 경복궁에는 중국과 동남아에서 온 외국인 관광객들이 정말 많았다. 예전의 경복궁이 아니었다. 같이 간 사람이 저렇게 많은 외국인이 보이는 모습은 솔직히 싫다고 했다. 그 순간 내가 그 관광객이 된 듯했다. 내가 로스앤젤레스나 런던에서 구경을 하고 다닐 때, 그곳 원어민 몇몇은 외국인들, 특히 더 못사는 나라에서 온 외국인들이 너무 많아졌다고, 다 자기 나라로 가버리면 좋겠다고 투덜거렸을 테다.

'어쩌다 나라를 잘 만나서 큰소리치는 한국 사람'이 이런 말을 하기에는 조선족이 겪는 고생이 너무 크고 깊다. 그렇지만 직종을 가리지 않고 다른 나라에 사는 사람들 중에 몇이나 조선족들이 겪는 돈 문제, 비자 문제, 외로움, 외국어 문제에서 자유로울까. 거기다 삶의 성패를 가르는 '적응' 문제, 얕보이거나 배척당하지 않을까 하는 불안감, 고국으로 돌아갈까 말까 하는 망설임까지, 조선족 이야기는 우리, 떠나온 사람들의 삶을 옹골지게 보여준다. 이제 그 사람들의 이야기를 시작한다.

조선족, 중국 조선족

나는 중국 조선족을 뜻하는 '조선족'이라는 용어를 쓴다. '조선족'에 비하하는 뜻이 담겨 있다고 해서 지각 있는 사람들은 '중국 동포'라는 말을 쓰기도 한다. 일본인들이 한국인을 낮춰 부른 조센징처럼, 몇몇 한국인들도 조선족이라는 말에 부정적 이미지나 차별의 시선을 담은 탓이다. 조선족들도 한국 사람들이 그 말을 하면 감정을 상하기도 한다.

그런데도 그나마 조선족이 가장 알맞은 단어기 때문에 나는 조선족이라고 부른다. 조선족은 중국에서 쓰는 공식 용어다. 중국의 여러 소수 민족 중 하나다. 한족이라는 말이 중국을 구성하는 민족 중 하나를 가리키듯, 조선족도 하나의 민족을 일컫는 단어다. 조선족끼리도 서로 조선족이라고 부른다. 학교 이름도 '길림성 조선족 중소학교' 같은 식이다. 중국에는 한족과 55개 정도 되는 소수 민족이 있으니 이름이 필요했고, 조선족은 자기들을 조선족이라고 불렀다. 북한과 남한으로 나뉘지 않은 시절 중국으로 이주한 이들은 둘을 나누지 않고 스스로 조선족이라 했다.

국내외 학술지에서 조선족을 부르는 용어로 쓰이는 단어는 'Korean Chinese', 'Chinese people of Korean descent', 'Joseonjok', 'Chosonjok', '朝鲜族'(간체), '朝鮮族'(정체), 'Cháoxiǎnzú'(병음) 등이다. 이 중 재중 조선인은 한국에서 나고 자라다가 중국에 사는 사람들을 포함한다.

'중국 동포'는 한국인 중심의 표현이다. 예전에는 한국에서 한국이나 한국인을 가리킬 때 '우리'라고 부르는 데 무리가 없었다. 한국말을 할 수 있는 비한국인이 정말 적기 때문이었다. 지금은 한국에 사는 다른 나라 사람들이 있는 자리가 많기 때문에 '우리나라'나 '우리'라는 말은 배제의 표현이 된다. 이 책을 읽을 수 있는 사람이 국적이나 민족을 기준으로 한국 사람이라는 보장이 없는데 '동포'라는 단어는 알맞지 않다.

굳이 따지면 중국에 있는 사람들 처지에서는 '중국 조선족'도 정확하지 않다. 중국 조선족은 중국에 있는 조선족, 곧 한민족을 다 가리키기 때문에 한국에서 간 사람도 중국 조선족이고, 150년 전부터 여러 이유 때문에 넘어간 (보통 조선족으로 부르는) 조선족도 중국 조선족이 된다.

이런 한계가 있지만 나는 중국 조선족을 뜻하는 조선족이라는 용어가 그나마 낫다고 생각한다. 그 말에는 조선족을 깔보는 사람들 때문에 조선족을 조선족이라 부르지 못한 과거를 돌아보자는 마음도 담겨 있다.

런던, 칭다오, 서울

내가 다루는 장소는 런던, 칭다오, 서울이다. 조선족이 많이 모여 있는 런던의 한인 타운인 뉴몰든New Malden, 칭다오청도, 青岛, 青島, Qīngdǎo의 한인 밀집 지역인 청양, 서울의 구로와 대림을 사례로 진행한 연구의 결과다.

런던의 한인 타운 뉴몰든은 조선족 문제에 내가 눈을 뜨게 해준 장소다. 조선족의 세계적 이동성, 생존 전략, 국제적 나그네라는 특성을 잘 보여주는 사례다. 게다가 한인과 탈북자 사이의 관계가 가까워 갈등과 적응을 잘 드러내는 장소다.

런던의 조선족을 연구한다고 하면 많은 사람들이 신기해하며 묻는다. "런던에도 조선족이 살아요?" 뉴욕, 도쿄, 로스앤젤레스, 암스테르담, 파리, 로마 등 세계 여느 큰 도시들마다 나타나는 조선족이 런던에 없을 리 없다. 유럽에서 한국 민박집에 머물라치면 대부분 조선족 집주인이나 관리자를 만난다. 주인인 한국 사람이 조선족에게 관리를 맡기고 매달 일정한 돈을 받는다.

많은 조선족이 뉴몰든에 산다. 한국 사람들끼리는 이곳을 '뉴몰동'이라고 부른다. 불법으로 들어오는 조선족들이 많아 정확한 수는 알 수 없다. 조선족협회 관계자들의 추측에 따르면 뉴몰든에만 1000명 정도, 런던 시내에 500명이 좀 넘게 산다고 한다. 누구는 3000명 정도 되는 조선족이 사는데 지난 몇 년 동안 줄어들고 있다고 했다. 모두 1500명에서 2000명 정도 되는 조선족들이 런던에 산다. 2만 명 정도 되는 런던 거주 한인들의 10분의 1 정도인 셈이다.

영국으로 온 조선족의 삶은 고달프다. 합법 비자가 없어 불법 이민자로

런던 뉴몰든에 있는 한국 가게들.

런던 뉴몰든 기차역 입구.

살아야 하는 사람들이 많고, 대부분 영어를 못하며, 높은 물가 때문에 웬만큼 잘살지 않고는 쪼들린 생활을 해야 하는 이 도시에서 조선족이 지는 부담은 크다. 그런데도 영국에 오래 산 조선족들은 편안하다, 대체로 재미있게 지낸다고 말하는 편이었다.

뉴몰든에서는 조선족이 한국 사람들하고 부딪칠 일도 많다. 거의 모두 작은 가게에서 한국인 주인하고 같이 일하기 때문이다. 조선족이 마사지업과 물류 산업에 몰려서 일하는 미국에서는 아예 가게를 맡아서 하게 하니까 한국인을 매일 마주치며 서로 차이를 느낄 일은 상대적으로 적다. 반면 뉴몰든에서는 조선족도 한국 사람도 다 할 말이 많았다. 서울에서는 독립해서 가게를 하거나 가정집 등에서 일하며 더 고립된 환경에서 한국인들을 만나는 조선족들이 많다. 뉴몰든에는 탈북자도 300~400명 정도 살아서 한국인뿐 아니라 탈북자들하고 함께 일하는 조선족들도 많다.

칭다오는 중국 안에서 조선족이 이동해 중국으로 옮긴 한국 회사에서 일하는 모습을 보여주는 대표 사례다. 동북 3성에 모여 사는 조선족들은 일자리를 찾아 칭다오뿐 아니라 베이징과 상하이 등으로 옮겼다. 영국, 일본, 미국, 러시아를 포함한 다른 나라로 가지 않고 중국 안에서 이동한 이유는 그만큼 경제적 기회가 많기 때문이다.

산둥 반도 남쪽에 있는 칭다오는 산둥 성의 부성급 도시다. 여러 국적의 회사와 노동자가 있고 외국인 투자와 국제 무역이 활발한 초국적 도시transnational city다. 1903년에 독일 정착민들이 만들기 시작한 칭다오 맥주가 상징하듯 전통적으로 외국 기업이 많은 도시다. 중국에서 넷째로 큰 항구 도시인 칭다오는 1984년에 중국 정부가 지정한 경제 특구가 됐다. 한-중 수교 뒤에 한국 기업들이 꽤나 진출했다. 838만 명이 사는데, 그중 8만여 명이 한국인이다. 대부분 중국의 값싼 노동력을 노린 중소기업이다. 한국 정부가 그런 기업에 지원을 많이 했다. 많은 한국 기업인들이 자녀들을 한국 국제 학교에 보내고 있었다. 미국, 영국, 캐나다 쪽에서 세운 국제 학교는 초등학교 학비가 1년에 한국 돈으로 2000만 원에서 3000만 원 정도라 사업체를 운영하는 사람들이 많이 몰리고, 일반 사원들은 한국 쪽에서 세운 국제 학교에 자녀를 보내는 편이다.

칭다오에 간 한국 기업들은 믿는 구석이 하나 더 있었다. 한국말도 하고 중국말도 하는, 그래서 중국 노동자와 한국 사장을 이어줄 수 있을 듯한 조선족의 존재다. 칭다오는 조선족의 새로운 대표 정착지다. 동북 3성에 살던 조선족들은 한국 기업이 진출한다는 소식을 듣고 칭다오로 왔다. 한국에서 일을 해본 사람도 있었고, 한국이나 다른 나라로 갈 엄두는 안 나지만 중국 안에서는 옮길 만하다고 생각한 사람도 있었다.

기업에서 일한 적 없는 조선족이 처음부터 관리자가 되면 계층 상승이었다. 동북 3성은 거의 농촌이라 젊은 사람들 일자리가 별로 없었는데, 높은 자리까지 주니 괜찮은 기회였다. 사실 사회주의 국가인 중국에서 이사는 거주 이전의 자유를 제한하는 호구제 때문에 손해 보는 일이었다. 중국 안의 다른 곳으로 이사해도 자격증을 따거나 여권을 만드는 업무는 계속 고향에 가서 해야 했다. 그런데도 많은 조선족이 칭다오로 옮긴 이유는 한국 사장들이 준 관리자 자리, 그리고 노동자보다 많은 월급이었다.

칭다오의 코리아타운은 여기저기 흩어져 있다. 그중 하나인 청양구城阳区에는 한국어 간판을 건 식당, 빵집, 커피숍, 마트, 부동산이 즐비하고, 그런 가게 2층에서는 민박도 한다. 호텔에는 번듯한 한식 식당이 있다. 그렇지만 한국말을 잘하는 점원은 드물었다. 물건을 사고파는 정도의 중국말은 쉬우니까 굳이 한국 사람을 고용할 필요가 없고, 한국말을 하는 한국 사람이나 조선족이 그런 가게에서 일하지도 않는 듯했다.

칭다오에 사는 한국인들 중에는 한국 사이트를 운영하는 사람이 많다. 봉사 활동이라든지 사업을 하는 사람들은 정기 모임도 한다. 한국 사이트

운영진, 여행객, 이주자가 함께 만나는 열린 모임이다. 한국인이 이민을 해서 중국 국적을 딸 방법은 아직 없다. 중국은 외국인이 비자는 낼 수 있지만 이민을 할 수는 없다. 언젠가는 자기 나라로 돌아가야 된다.

마지막으로 서울의 구로, 대림, 가리봉이다. 런던은 뉴몰든이 조선족이 집중된 동네이듯, 서울은 영등포구와 구로구가 조선족 밀집 지역이다. 한국에는 체류자, 한국 국적 취득자, 2세 합쳐 조선족이 70~80만 명 있다는데, 안산이나 전주의 총인구에 맞먹는다. 중국 국적 조선족 190~200만 명의 3분의 1이 한국에 왔다고 보면 된다. 2015년 말 기준으로 한국에 거주하는 외국인 189만 9519명 중 조선족을 포함한 중국 국적자가 50.3퍼센트다. 귀화한 조선족은 여기에 포함되지 않는다. 불법 체류자를 더하면 더 많을 듯하다. 다른 곳들처럼 서울도 조선족이 정확히 몇 명 있는지 모른다고 한다. 공식 통계가 현실을 반영하지 못한다고 보는 탓이다.

2016년 기준 영등포구 전체 인구 38만 명 중 16퍼센트가 조선족이다. 공식 등록자가 5만 6000명이고 미등록자까지 합치면 6만 명을 훌쩍 넘긴다. 특히 대림2동은 불법 체류자까지 포함하면 3분의 2 정도가 조선족이라고 본다. 대림동에 있는 초등학교 재학생의 45퍼센트가 다문화 학생이고, 그중 대부분이 조선족이다. 중국에 사는 조선족들 사이에서도 유명하다는 '2호선 대림역 8번 출구'나 중앙시장이 여기에 있다. 중앙시장과 가리봉시장은 상인과 고객이 대부분 조선족이다. 런던과 칭다오에는 코리아타운에 조선족이 있고, 서울에는 차이나타운에 조선족이 있는 셈이다.

서울 서남단에 있는 구로는 전통적인 제조업 중심지였다. 1964년에 설립된 사단법인 한국수출산업공단이 구로에 수출산업공단 제1단지를 세운 뒤 구로공단이라 불리게 됐다. 구로공단은 2000년에 구로디지털단

대림역 8번 출구 주변.

지로 이름을 바꿨다. 서울 땅값을 감당하기 힘든 제조업 공장들이 하나 둘 경기도로 떠났다. 공장 노동자들이 살던 값싼 월세집이 비기 시작하고, 2003년 가리봉 일대는 '가리봉 뉴타운'으로 지정됐다. 2005년에는 서울시가 '디지털비즈니스 시티'로 만든다는 개발 계획을 발표했다. 그러다가 2008년 세계 금융 위기가 닥쳐 부동산 경기가 가라앉았고, 사업 시행자인 한국토지주택공사는 2014년 2월 가리봉 사업을 포기하고 도시 재생 사업을 한다고 최종 통보한다.• 이미 집주인들은 뉴타운 개발을 반기지 않는 분위기였다. 낮은 월세와 가까운 지하철역 덕에 영등포구와 구로구에 조선족들이 꾸준히 몰려들었다. 1992년 한-중 수교로 한국 진출이 쉬워진 뒤 한국에 들어오는 조선족들이 빠르게 늘기 시작한 뒤였다.

• 서울시는 11년 만에 뉴타운 지구 지정 해제를 결정하고 가리봉동 도시 재생 사업을 한다고 발표했다(〈가리봉, 11년만에 뉴타운 해제…'벌집촌' 살려 활기 되찾을까〉, http://www.hani.co.kr/arti/society/area/655546.html, 2015년 6월 5일 확인).

런던과 칭다오하고 다르게 서울에서는 조선족끼리 모이는 밀집 현상이 뚜렷하다. 한국 사람들이 있고 얼마 전부터는 한족들도 많아졌지만, 런던과 칭다오처럼 한국인들하고 부대끼며 일하고 사는 대신 구로와 대림에서는 대부분의 가게가 조선족을 상대로 물건이나 음식을 판다. 조선족 인구가 늘어서 따로 시장을 만들 수 있기 때문이다. 세월이 흐르면서 이 조선족 타운은 넓어지고 세련돼졌다. 한국에 길게 머물다 가려는 조선족이 늘어난 때문이다. 예전에는 한국에서 잠깐 돈 벌어 중국에 집을 샀는데, 요즘은 중국에 있는 집을 팔아 한국에 집과 가게를 장만하는 조선족이 늘었다. 한 조선족은 말했다. "이곳에 오면 한국 사람 눈치 보지 않고 조선족 억양을 막 쓸 수 있어서 편안하다."

런던, 칭다오, 서울은 이주자 밀집 지역이 있는 초국적 도시다. 이런 초국적 도시는 두 가지 모습을 보인다. 한편으로 이방인이 동네로 들어올 때 왠지 불편한 감정을 느끼거나 직장에서 함께 일하며 적극적 갈등을 겪는다. 이방인은 차별을 겪고, 이방인을 직접 겪은 원주민은 오히려 편견을 강화해 자기 집단에 속한 다른 사람에게 선입견을 물려준다. 절레절레 고개를 흔들며 상대를 비난하는 사람도 많이 생긴다. 이미 전세계의 여러 다문화 도시가 보여준 대로 앞으로 우리는 일상적 폭동을 겪으며 살지도 모른다. 다른 한편으로는 다양한 정체성이 공존하고 여러 문화가 섞여 새로운 문화가 태어나면서 다문화 특유의 역동성과 생동감이 넘친다. 다른 문화를 지닌 사람들이 만나 함께 일하는 경험은 불편하고 때로 고통스럽지만 상대를 이해할 수 있는 계기가 된다. 왜들 저런 행동을 하는지 나름대로 생각하고 분석한다. 그런 환경에서 살아야 하니 어쩔 수 없이 이해의 폭을 넓힌다. 대도시에서는 익명성에 기대어 아예 무관심으로 대처하기도 한다.

눈 굴리기, 눈 돌리기

런던, 칭다오, 서울에서 많은 조선족을 괴롭혔다. 무시로 다가가고, 여러 번 거절당하고, 조금은 사적인 질문을 던졌다. 이 책은 이렇게 만나고 들은 조선족들의 이야기다. 신분 없이 지내는 조선족, 남에게 알려지면 곤란한 이야기를 해준 많은 조선족들에게 미안하다. 말뜻을 해치지 않는 범위에서 곳곳에 보호 장치를 둬 사생활을 최대한 보호하려 했다.

런던과 서울의 조선족 인터뷰는 여러 해에 걸쳐 진행됐다. 이주자 연구에서는 시간이 흐르며 일어난 변화가 핵심이기 때문에 종단 연구longitudinal study가 효과적이다. 특히 같은 연구 대상을 여러 해에 걸쳐 살펴보는 일이 중요하다. 이민자 밀집 지역이 중요한 만큼 나는 지역의 변화에 초점을 맞췄다. 변동이 심했지만 계속 한 지역에 살고 있는 조선족은 몇 번에 걸쳐 인터뷰했다. 런던의 조선족을 집중 인터뷰한 때는 2010년, 2012년, 2014년이다. 뉴몰든에 2005년부터 2007년까지 2년 동안 살고 2014년까지 런던에 8년 동안 살면서 얻은 비공식 지식도 도움이 많이 됐다. 구로와 대림에 사는 조선족은 2011년과 2013년에 많이 만났는데, 2015년까지 조사가 이어졌다. 칭다오는 2013년에 현장 조사를 했다.

조선족 연구에 쓴 방법은 심층 인터뷰, 비공식 인터뷰, 현장 조사, 참여관찰, 포커스 그룹, 문헌 자료 분석이다. 심층 인터뷰는 피면접자가 얘기하기 편한 장소에서 일대일로 만나 한 시간에서 세 시간까지 솔직하게 사생활과 속마음을 듣는 식이었다. 왜 이곳으로 이주했는지, 어떻게 왔는지, 어떻게 살았는지, 일자리는 어떻게 구했고, 일한 경험은 어떤지, 앞으로 계획은 어떤지 물었다. 눈물을 보이는 조선족도 많았다. 조선족, 한국인, 탈북

질적 연구 방법

정치 지리와 이민자 문제를 연구하는 나는 질적 연구 방법Qualitative research methods을 많이 쓴다. 양적 연구 방법Quantitative research methods은 숫자로 된 양적 데이터를 이용해 전체를 조망하거나 어떤 변수들이 얼마큼 상관이 있는지를 통계 기법으로 측정해 보여준다. 질적 연구 방법은 인터뷰 같은 질적 데이터를 주로 수집하고 분석한다. 연구 결과를 일반화하고 평균적 상을 보여주는 일은 희생하는 대신에 과정과 구체적 맥락을 잘 드러내며 깊이 있고 생동감 넘치는 연구 결과를 보여준다.

정치 지리와 도시 정치 연구를 위해 도시 개발, 문화 재생, 신도시 개발, 협상 사례에서 주요한 구실을 한 정부, 기업, 시민 사회에 있는 엘리트들을 심층 인터뷰했다. 이민자 연구를 위해 한국 이민자, 조선족, 탈북자도 많이 만났다. 개인적으로 잘 모르는 연구자에게 자기 시간을 내주고 솔직한 얘기까지 할 사람을 만나는 일은 늘 어렵다. 지나가는 사람을 붙잡고 1분만 시간을 내달라고 하면 얼마나 귀찮아하는가. 그렇지만 한번 이야기를 시작하면 참여자가 보람을 느끼며 아주 구체적인 얘기를 해줄 때가 많다. 이론적으로 해석하는 과정에서 본뜻을 해치지 않을까 조심스러울 때가 많다.

포커스 그룹focus group은 일대일이 아니라 여러 명이 함께 모여 공통 경험을 이야기하는 연구 방법으로, 장점과 단점이 다 크다. 여러 명이 얘기하기 때문에 목소리가 큰 사람이 주도해서 분위기가 쏠리는 경향이 있다. 그렇지만 참가자들이 편안해하며 공통으로 느끼는 점을 활발히 얘기할 수 있다.

간단한 설문지도 어디에서 하는 조사인지, 조사원이 어떤 사람인지, 질문의 뉘앙스가 어떤지에 영향을 받는데, 얼굴을 맞대고 장시간 얘기하는 심층 인터뷰에서 연구자의 존재는 아주 중요하다. 성별, 연령, 직업, 외모가 주는 느낌, 반응, 표정에 모두 영향을 받기 때문에 질적 연구 방법을 쓰는 연구에서는 연구자가 스스로 자기가 어떤 사람인지를 밝힌다. 연구자가 연구 대상 집단의 내부자라면 사람들이 하는 얘기와 걸러내는 얘기가 달라지기 때문에 그 점도 밝힌다. 내가 한국 사람, 교수, 영국에 사는 사람이라는 사실은 런던, 칭다오, 서울에서 만난 조선족, 한국인, 탈북자에게 영향을 끼쳤을 것이다. 연구자가 카메라나 신처럼 객관적으로 관찰한다는 신화를 깔끔히 포기한다는 뜻이다. 카메라에도 영향을 받으니 말이다.

인터뷰는 시간과 감정에서 품이 많이 드는 일이다. 낯선 사람에게 다가가 캐묻는 일은 얼굴이 두꺼워져도 매번 어렵다. 승낙을 받은 뒤 인터뷰를 시작해도 듣는 도중에 상대를 판단하는 태도를 갖지 않으려 조심해야 한다. 당연한 말 같지만 그 자리에서 판단하고 해석하고 조언하려 드는 연구자가 의외로 많다. 남이 하는 얘기에 그런 반응을 보이기 쉽기 때문이다. 개인적으로 어려운 이야기를 하는 이주자 앞에서는 내 반응이 흐름을 깰까 조심스러워진다. 도시 정치 연구를 하느라 만나는 사람들은 자기 직업상 이미 가려서 얘기하기 때문에 그런 벽을 뚫으려면 긴장이 된다. 편안한 태도로 듣는 게 좋은 만큼 그런 태도까지 갖추려고 신경을 많이 쓰게 된다. 하루에 두 인터뷰를 연달아 하는 방식은, 특히 밥때를 건너뛰는 일은 좋지 않다.

자들이 분통을 터뜨리는 내용은 비슷했다. 어렵게 산 이야기, 개인이 어떻게 할 수 없는 언어 장벽과 문화 차이 이야기를 많이 들었다. 정확히 기록하려고 허락을 받아 녹음도 했다. 런던과 서울에서는 허락하지 않는 경우가 많았고, 노트에 기록하지 못하게 막기도 했다. 세 도시에 있는 한국인 고용주, 조선족 관련 단체, 조선족 지원 단체, 지자체에서 일하는 한국인들도 인터뷰했다. 서울에서는 한국인 경찰, 지방 정치인, 목사도 만났다.

런던과 서울에서 만난 조선족은 인터뷰하기가 정말 어려웠다. 들인 노력과 시간에 견줘 인터뷰한 사람이 정말 적었다. 연구자인데 몇 가지 여쭤봐도 되냐고 하면 아무 말 없이 내가 건넨 명함을 바로 버리기 일쑤였다. 신분 없는 이민자 연구가 거의 그렇듯이 런던에서는 아는 사람을 거쳐 심층 인터뷰를 할 조선족을 겨우 만날 수 있었다. 눈 굴리기 방법도 잘 통하지 않았다. 눈덩이가 굴러가지 않았다. 아는 사람이 없다, 소개해도 그 사람이 안 할 것이다, 우리는 이런 일 싫어한다며 거절했고, 어렵게 소개를 받아도 약속 장소에 나타나지 않는 경우가 많았다.

대안으로 쓴 방법이 직접 부딪치기였다. 런던에서는 조선족이 일하는 식당과 찻집에서 시간을 많이 보내면서 조금씩 얘기를 했다. 서빙하는 직원이나 주인은 인터뷰를 거절하더라도 몇 마디 물어보는 말에는 대답하는 편이었다. 찻집에 앉아 있으면 좁은 동네라 아는 사람들끼리 만나기도 했다. 그럴 때는 끼어서 얘기할 수도 있었다. 북한 사람과 한국 사람이 함께 서빙을 하거나, 내 오른쪽 테이블에 앉은 한국 사람들과 왼쪽 테이블에 앉은 조선족들이 아는 척을 하기도 했다. 한국 사람이 하는 가게에 앉아 있으면 한국인 손님 여럿이 들어와 같이 얘기하기도 했다. 길을 물어 안내해 주는 사람이 조선족이거나 한국 사람이면 최대한 많이 물어보려 애썼다.

눈 굴리기

인터뷰를 진행할 때는 한 번 인터뷰한 뒤 아는 사람을 소개해달라고 부탁해서 다음 인터뷰를 잡는 식의 눈 굴리기 방법snowball method을 쓴다. 일반화를 하려는 연구에서는 무작위 추출random selection로 연구 대상을 뽑아야 한다. 20대 미혼 남성들을 얘기하려면 신림동에 어울려 다니는 남성 여럿을 집중적으로 만나서는 곤란하다. 그렇지만 일반화는 조금 희생하더라도 깊은 얘기를 많이 끄집어내야 하는 심층 인터뷰에는 눈 굴리기 방법이 도움이 된다. 일단 상대가 인터뷰를 하려는 뜻이 있어야 하니 소개를 받는 쪽이 인간적으로 매달리기 쉽다. 연구 대상이 꽤 구체적일 때, 이를테면 '대학 다닐 때 휴학을 두 번 넘게 한 20대 미혼 남성'이나 '송도 개발 과정에 직접 참여한 주요 행위자' 같은 경우는 조건에 맞는 사람을 찾아 인터뷰에 초대해야 한다. 도시 정치 연구나 이민자 연구에서는 일단 한 명을 인터뷰하고 난 뒤 다른 사람을 또 소개해달라고 부탁한다.

서울에서도 인터뷰 대상을 찾아야 했다. 서울이니까 런던보다 조선족을 만나기가 훨씬 쉬우리라고 생각했다. 조선족 숫자도 많고, 대부분 합법 신분이고, 아는 조선족을 소개해준다는 말도 몇 군데에서 들었다. 놀랍게도 심층 인터뷰에 응하는 조선족 피면담자는 정말 드물었다. 이유는 또다시 '신분'이었다. 서울에 사는 조선족에게는 신분상 불법과 합법의 경계가 뚜렷하지 않았다. 법이 자주 바뀌어서 합법으로 왔다가 불법이 되거나 불법으로 왔는데 합법이 될 기회를 얻기도 했다. 합법이 될 기회가 생겼지만 상황이 안 맞아 자의 반 타의 반 불법이 되기도 했다. 이런 정보는 인터넷과 상담 기관을 거쳐 전달되기 때문에 모르고 있다가 손해를 보기도 했다.

급변하는 상황 때문에 조선족들은 좀처럼 자기 얘기를 하지 않았다. 조선족 단체, 조선족교회 목사, 경찰, 조선족을 고용한 한국인 등 조선족에게 가닿을 수 있는 사람들을 거쳐 소개를 받아도 딱 잘라 거절하는 경우가 많았다. 스치듯이 만난 조선족들이 건넨 한결같은 얘기는 법이 하도 자주 바뀌어 언제 불법 신분이 될지 모른다는 말이었다.

뉴몰든에서 조선족을 인터뷰하는 모습.

서울에서 만난 조선족들은 또한 바빴다. 거의 억지로 약속 장소에 나타나서는 빨리 몇 마디만 하고 끝내라고 재촉했다. 런던에서는 인터뷰 승낙을 얻기가 힘들어서 그렇지 일단 시작하면 두세 시간은 얘기할 수 있었다. 런던의 조선족들도 노동 시간이 정말 길었지만, 자기 얘기를 솔직하게 할 기회가 없고 외로워서 그런지 긴 인터뷰를 마다하지 않았다. 어차피 불법이니까 인터뷰가 신분에 영향을 끼칠 일도 없었다. 그렇지만 서울의 조선족들은 다른 많은 한국 사람들처럼 약속이 많았고, 전화도 많이 왔으며, 다른 일을 하는 동시에 만나려 했다. 연구비에서 나오는 인터뷰 사례비를 한사코 받지 않으려는 태도도 비슷했다.

몇 번이나 허탕을 친 뒤 서울에 있는 조선족을 심층 인터뷰 대상으로 만나기는 힘들다고 결론 내렸다. 이런 특징을 알게 된 일은 기대하지 않은 수확이지만, 다른 접근이 필요했다. 조선족이 모여 있는 '조선족 장소'를 찾아 나섰다. 영등포구와 구로구에는 조선족 장소가 여럿 있었다. 그곳에서 시간을 넉넉히 보내니 조선족들을 만날 수 있었다. 조선족 직업소개소 간판이 몰린 대림역 8번 출구에 가면 서성거리는 조선족들을 많이 볼 수 있다. 아니, 조선족밖에 없다는 표현이 더 맞다. 중국에서 막 들어와 가장 먼저 대림역을 찾은 듯한 조선족도 꽤 보인다. 무거운 가방을 들고 눈동자가 불안한 사람들이다. 사람들이 몰린 구인 광고가 궁금해 끼어서 보고 있는 내게 다가와 좋은 일자리 많다고 말 거는 직업소개소 직원도 만났다.

구로와 영등포 곳곳에 있는 조선족 단체에는 어려운 문제가 있거나 싼 비행기 표를 구하는 조선족이 많았다. 차례를 기다리는 사람들에게 커피를 타주며 자연스레 얘기를 나눴다. 신분 없이 머무는 사람을 만나 인터뷰할 수는 없다고, 불법인 사람은 절대 자기가 그렇다는 얘기 안 한다던 조선족이 조금 뒤 다시 돌아와 자기가 그런 사람이니 물어봐도 된다고 한 경우도 있었다. 그 사람은 흔쾌히 자기가 사는 집도 보여줬다.

위장 결혼을 할까 망설이는 아주머니도 있었다. 오래 기다리기가 지루해 함께 분식점에 간 어느 조선족 여성은 배를 타고 몰래 한국으로 밀항해 들어왔다고 했다. 갈 곳 없는 조선족 여성들이 지내는 여성 쉼터에서도 시간을 보냈다. 그러다 보니 자리까지 은근히 정해져서 내가 들어가면 사람들이 반가워하면서 내 자리를 가리켰다. 한 명당 하나씩 깔고 있는 담요를 돌돌 말아 자리를 표시했다. 사람들 사이에 오가는 말을 듣고, 인터뷰를 하고, 무료 급식을 받으면서 같이 얘기했다.

런던에 있는 조선족교회와 북한 교회, 서울에 있는 조선족 교회에 갔다. 그나마 조선족 교회는 많이 열려 있는 분위기였다. 함께 손뼉 치며 찬송가를 부르고 예배를 드렸다. 서울에 있는 조선족 교회는 예배가 끝난 뒤 병원 무료 진료권을 나눠줬다. 런던에서는 밥 먹으며 친교를 나누는 시간이 중요했다. 이렇게 교회에서 예배와 친교 시간을 함께하는 일은 큰 도움이 됐다. 이 두 교회에서 만난 사람들 중 몇 명은 심층 인터뷰를 할 수 있었다. 내가 직접 물어보기도 했고, 교회 사람들이 추천하기도 했다. 인터뷰도 소중했지만, 조선족들의 사회생활에 직접 참여해 관찰할 수 있는 좋은 경험이었다.

서울에서는 조선족 식당에 몇 시간씩 앉아 외로움을 달래려고 마련한 남녀 집단 미팅을 구경하기도 했다. 조선족이 이용하는 '커맥 가게'(커피와 맥주를 함께 파는 가게로 다방과 술집을 합친 형태)에서도 시간을 보내면서 한국인 다방 주인, 한족 직원, 조선족 직원하고 이야기를 나눌 수 있었다. 조선족이 찜질방 대신 간다고 알려진 체육관에 딸린 사우나에도 드나들었다. 과연 조선족인 듯 한국인인 듯 보이는 사람들이 많았다. 낮에 운동 기구로 운동하고 수영이나 사우나를 하는 사람들이 꽤 되는 이유는 직업이 없거나 근무 시간이 저녁인 경우가 많기 때문이었다. 그곳에서도 조선족들은 행태가 달랐다. 옆에 있는 사람들하고 얘기도 하고, 하기 싫더라도 어떤 사람이 말을 걸면 이렇게 저렇게 응대하게 되는 편안한 장소가 사우나다. 그렇지만 같이 온 사람하고 얘기를 좀 하던 조선족 여성도 내가 다가가 물어보면 단답형 대답을 하고는 팔짱을 낀 채 눈을 감았다. 더는 말을 걸지 말라는 뜻이었다.

그러다가 칭다오에 가니 모든 일이 쉬웠다. 중국은 조선족이 시민권을 갖고 살아가는 나라여서 처음 가 위축돼 있는 나를 따뜻하게 맞아주고 도와줬다. 인터뷰 약속을 잡지 않고 가도 시간 여유가 있었고, 표정도 자신 있고 자상해서 세련된 분위기를 풍겼다. 일대일도 괜찮았고 여럿이 함께 얘기하는 자리도 마다하지 않았다. 한국인 기업인의 얘기도 들어야 해서 칭다오 거주 한인들이 모인 온라인 사이트에 인터뷰 요청을 올리니 연락을 주는 사람들도 있었다. 한국 기업을 방문할 수 있게 허락해줄 뿐 아니라 직접 운전까지 해서 데려가 관찰할 수 있게 해줬다. 포커스 그룹도 알차게 꾸려졌다. 미리 약속을 잡은 그룹도 있었고 그 자리에서 제안해 마련된 그룹도 있었다. 비공식 인터뷰도 여러 번 했다. 가게에서 사업 관련 전화를 거는 사람에게 다가가 인터뷰를 요청하거나 길을 가르쳐주는 사람하고 기대 이상으로 오래 얘기하는 식이었다.

이렇게 헤매면서 만나는 조선족, 한국인, 탈북자들이 늘어나고 조선족 장소들을 파고드니, 조선족이 보였다. 이동과 적응의 과정이 입체적으로 이해됐다. 내가 다른 도시로, 미국으로, 영국으로 옮기며 겪은 일들, 내 주변 사람들하고 나눈, 떠나는 사람들의 희로애락이 더 험한 형태로 조선족의 경험 속에 있었다. 쑥스러운 순간들이 많았고, 두려움과 의심 때문에 질문하기 미안할 때도 있었다. 정말 마음 아픈 사연을 들을 때는 연구자의 담담한 태도로 들었지만 어쩔 수 없이 마음이 힘들었다. 더는 못 듣겠다 싶어 몇 달을 쉰 적도 있었다. 여기 실린 조선족 이야기는 그렇게 모은 사연들이다.

2장

삶을 떠나다

살 만한 곳 찾아 어쩌다 보니

"왜 엄마는 아직 여기 있어?"
— 내모는 힘과 당기는 힘

조선족들은 돈 벌러 떠났다. 또한 다른 사람들이 떠나는 모습을 보고 떠났다. 왜 떠났냐는 질문에 바로 나오는 대답은 비슷했다. "다른 사람들이 다 돈 벌러 가니까요." "고향에 남아 있는 사람이 없어요." "어쩌다 보니 이렇게 됐어요."

외국으로 나가 짧은 기간에 목돈을 만들려는 조선족이 폭발적으로 많아진 때는 1992년 한-중 수교 뒤다. 한국에 진출한 사람들이 고생해서 모은 돈으로 중국 고향에 집도 사고 식당도 차렸다. 그때는 지금보다 인권 침해나 차별이 심했지만 묵묵히 참고 일해 고향에 집을 몇 채 사기도 했다. 중국에 있는 가족에게 정기적으로 돈을 부치는 경우도 많아서 조선족 사회 전체의 씀씀이도 커졌다.

요즘 전지구적 이주는 경제적 요인이 가장 크지만 그저 절대 빈곤에서 벗어나려는 수준은 아닐 때가 많다. 남들 사는 만큼 자기 삶에서 전망이 보이지 않아 이주하는 경우가 많다. 빈곤의 양상이 그만큼 복잡해졌다. 김만국(70대·남·가명) 씨도 중국 회사를 다니며 그럭저럭 살기가 괜찮았다. 그렇지만 남들처럼 좋은 아파트에 살려면 월급보다 더 많은 돈을 벌어야 했다. 집값이 폭등한 때문이었다. 지금은 한국에서 번 돈으로 중국에 아파트를 2채나 샀다. 이렇게 보면 이주는 국제 질서의 움직임과 경제적 서열 속에서 개인에게 기회가 보이고, 합법이건 불법이건 외국에 갈 수 있는 제도가 있을 때, 어떤 이유에서든 먼저 그 기회를 잡으려 시도할 마음가짐, 정보, 돈이 준비되는 사람이 감행하는 프로젝트다.

이주, 이민 이론

이민자들을 관찰하고 분석해 나온 이론들•은 이민을 떠난 이유를 여러 가지로 설명한다. 먼저 출발지에서 '내모는 요인pushing factor'과 정착지에서 '끌어당기는 요인pulling factor'이 있다. 각 개인이 임금 차이를 기준으로 결정해 임금이 낮은 곳에서 높은 곳으로 이동한다며 경제적 차이에 초점을 맞추는 이론이 대세였다. 자본주의 국제 질서를 중심으로 국제 사회의 서열을 강조해 못사는 나라에서 잘사는 나라로 노동력이 이동한다고 보는 이론도 있다. 이때는 임금 차이에 더해 환율이 이동의 원인이 된다. 지금 돈 벌고 있는 나라가 아니라 내 가족이 머무는 중이거나 결국 내가 살려 하는 나라에서 내 노동으로 벌 수 있는 돈이 얼마인지가 중요하다.

사람들이 돈 벌기 좋은 곳으로 우르르 떠나지 않는 이유는 기회가 있어도 일단 기다리면서 다른 사람들이 어떻게 하는지 살펴보기 때문이라고 보는 이론도 있다. 독일 통일 때 동독 사람들이 더 잘사는 서독으로 많이 이주하리라는 예상하고 다르게 생각보다 덜 움직여서 나온 설명이었다.

비자 등 제도상의 규제가 이민을 결정하는 요인이며 규제의 성격은 국제 정치에 좌우된다고 보는 이론도 있다. 한 나라 안에서 하는 이주하고 다르게 국제적 이동에서 이민법은 아주 중요하다. 여권, 비자, 영주권, 시민권을 신청할 수 있는 자격 기준을 정하는 법이 많은 개인의 삶을 결정한다. 조선족이 한-중 수교 뒤 봇물 터지듯 이주한 현실을 보면 잘 알 수 있다.

또 다른 학자들은 선진국에 먼저 정착한 가족이나 친구들에게 정보를 얻어서 연달아 이민을 하는 데 초점을 맞추기도 한다. 네트워크가 중요하다는 말인데, 가족 중 한 명이 먼저 떠난 뒤 가족들을 데려오는 방식이 국제 이주의 일반적 형태인 점을 보면 그렇다. 합법 초청을 하거나 심지어 불법 이주한 사람이 다른 가족도 불법으로 올 수 있게 브로커를 주선하는 식이다.

• Douglas S. Massey(et al.), "Theories of International Migration: A Review and Appraisal," *Population and Development Review* 19, 1993, pp. 431~466; Douglas S. Massey(et al.), "An Evaluation of International Migration Theory: The North American Case," *Population and Development Review* 20, 1994, pp. 699~751.

스스로 이주를 선택하기보다 사업 실패나 이혼 등으로 밀려난 경우도 많다. 조선족들이 하나같이 얘기하는 '중국에 일이 없다'는 현실도 내모는 요인이다. 일이 없어서 사람들이 외국으로 빠지고, 사람들이 없어지니 일자리는 더 줄어든다. 외국에 나가 큰돈을 부친 사람들에 관한 소문도 '내모는 요인' 중 하나다. 끼니를 해결하는 생존 문제를 넘어 사회적 지위와 경제적 지위의 문제, 그런 지위를 향한 경쟁의 문제기도 하다. 이 내모는 요인과 끌어당기는 요인은 시간이 흐르면 크게 바뀔 수 있다. 이를테면 중국의 성장은 많은 변화를 불러왔다. 내모는 요인이 줄고 끌어당기는 요인이 커졌다. 그렇지만 대체로 한번 이주가 시작되면 관련 정보가 친지들에게 들어가 확대되는 경향이 있다.

세계화와 떠남은 앞으로도 계속 확산될 듯하다. 이제는 '국제 이민international migration'의 양상이 다양해진 만큼 '이동'이나 '이주'라고 부르는 게 좋다. 이민과 이민 아닌 것을 구별하기가 쉽지 않기 때문이다. 단기 어학연수, 유학, 단기 노동 이민을 떠나 이민자가 되는 경우가 많고, 다른 나라로 다시 옮기는 일도 잦고, 계속 옮겨 다니며 사는 사람도 많아졌다.

요즘 사회과학에서는 분과 학문 전체가 이동 전환mobilities turn•했다고 할 만큼 이동과 이주가 중요한 화두다. 그런 전환의 하나가 이동을 자유freedom와 역량capability••의 문제로 보는 시각이다.••• 지금까지는 실제로 일어난 이동을 바탕으로 자료를 분석해 교통수단이 필요하다거나 사람이 많이 몰리는 곳에 가게를 내야 한다는 식으로 접근했다. 그런데 개인이 자기가 원하는 곳으로 옮기는 선택, 그 선택을 할 수 있는 능력을 개인 역량의 강화, 곧 자유의 확대로 보는 시각이 발전했다. 이동의 자유를 빼앗긴 장애인이나 여성 억압이 심한 사회

• John Urry, *Mobilities*, Polity, 2007.

•• Amartya Sen, *Development as Freedom*, New York: Anchor Books, 1999. 아마티아 센의 이론은 다음을 참고하라. M. Nussbaum, "Capabilities as fundamental entitlements: Sen and social justice," *Feminist Economics* 9(2/3), 2003, pp. 33~59; S. Alkire, *Valuing Freedoms: Sen's Capability Approach and Poverty Reduction*, Oxford: Oxford University Press, 2002.

••• HaeRan Shin, "Spatial capability for understanding gendered mobility for Korean Christian immigrant women in Los Angeles," *Urban Studies* 48(11), 2011, pp. 2355~2373; Tanu Priya Uteng, "Gender, Ethnicity, and Constrained Mobility: Insights into the Resultant Social Exclusion," *Environment and Planning* 41, pp. 1055~1071, 2009; V. Kaufmann, *Rethinking Mobilty*, Aldershot, Hants: Ashgate, 2002; K. H. Sørensen, "Rush-hour blues or the Whistle of Freedom? Understanding Modern Mobility," Working Paper Centre for Technology and Society, Norwegian University of Science and Technology Department of Interdisciplinary Studies of Culture, 1999; T. Sager, "Freedom as Mobility: Implications of the Distinction between Actual and Potential Travelling," *Mobilities* 1, 2006, pp. 465~488.

에서 여성이 마음대로 다니지 못하는 사례를 다루며 나온 견해다. 얼마든지 다닐 수 있지만 안 가기로 결심하게 되면 이동이 일어나지 않는 결과 자체가 중요하지 않게 된다.

그럼 세계화 시대의 이동, 이주는 개인의 자유가 확대된 형태일까, 아니면 떠날 수밖에 없게 내몰린 걸까. 저개발국에서 선진국으로 이주해 고생하는 이민자들의 모습을 보면 이주를 강요당했다고 생각하게 된다. 누가 강제로 잡아끄는 식이 아니라 주위 사람들이 떠나고 끼니를 걱정하는 가족들의 눈빛이 등 떠미는 식이다. 그래도 막상 선진국에 가 고생하면서 경험이 쌓이면 그 이동이 자기가 성장하는 데 큰 도움이 됐다고 말하는 사람이 많다. 그러나 다시, 계속 이동하게 되는 그 사람의 삶을 자유로운 삶이라고 보기에는 가족생활과 심리적 측면에서 치러야 할 비용이 너무 크다.

조선족의 경우 미디어와 학계에서 이제껏 초점을 맞춘 지점은 엄마와 아빠의 부재 때문에 상처받는 아이들이었다. 그렇지만 런던에서 만난 조선족들 중 많은 사람이 아이들이 직간접으로 넣은 압력 때문에 고향을 떠났다고 했다. 한국이나 미국이나 유럽으로 간 다른 조선족 부모들이 큰돈을 부쳐주자 아이들은 이렇게 말했다. "다른 집 엄마 아빠는 다 떠나서 돈 부치는데 왜 엄마는 아직 여기 있어?" 나중에 부모가 보고 싶어 자기가 한 말을 후회할 수도 있지만, 자녀들 때문에 떠나온 경우가 꽤 많았다.

끌어당기는 요인은 거의 아는 사람들이 전해주는 정보다. 먼저 간 사람들이 거기 가면 돈을 잘 번다, 집세도 감당할 정도다, 어느 브로커를 통하면 신분을 얻을 수 있다는 정보를 준다. 흔히 말하는 이동 엘리트들, 중요한 일을 처리하느라 몇 시간을 비행기를 타고 날아가 시내로 갈 여유도 없이 공항에서 회의를 한 뒤 다시 다른 곳으로 날아가는 '글로벌한' 사람은 어떨까? 아마 꽤나 특권층일 테지만, 그 사람도 밥줄 끊기지 않으려 무리하고 있는지도 모른다. 이렇게 이동의 자유는 간단하지가 않다.

이동의 결과도 그렇다. 등 떠밀려 떠난 조선족이 경험한 선진국의 삶은 중국에 돌아간 뒤 사회적 지위와 경제적 상황이 좋아지는 데 도움이 된다. 그래서 이동은 사회 불평등을 이해하는 데 혼란을 불러온다. 저임금으로 고생하지만 막상 받는 임금은 자기 나라보다 높기 때문에 계속 일할 의지가 있고, 컨테이너 박스에 살지만 돈 벌려고 잠깐 머무는 곳이니 굳이 돈을 더 내고 인간다운 주거 환경에서 지내려 하지 않는다.

조선족들은 이런 새로운 떠남에 적응해 살고 있다. 시대를 앞서가는 경험을 하는 셈이니 훗날 혁신의 선두 주자로 평가받을지도 모른다. 어찌 보면 본격적인 도시화 전에는 조상 대대로 살던 고향을 떠나는 선택도 대단한 일이었다. 1960~1970년대에 많은 사람이 부모에게 불효자가 되고 형제에게 배신자가 되기를 감수하고 도망치듯 상경해 눈물을 삼키며 일을 배웠다. 개인에게는 좀더 좋은 삶의 기회를 찾아가는 모험이었지만, 사회 전체로 보면 산업화와 도시화의 어두운 단면이었다. 그 결과 인구 이동에 따른 사회 혁신이 시작됐다. 고향을 떠나 다른 곳에서 온 사람들하고 섞여 지내야 하는 징병제가 사회 개혁을 앞당겼다는 평가가 있듯이 말이다.

'떠남'은 자기가 당연하게 생각하던 것에서 거리를 두게 해 성찰하게 하는 효과도 지닌다. 이동의 시대에 '고향'은 만들어지고, 새로 태어나고, 다듬어진다. 태어난 고향, 많이 산 고향, 살고 싶은 지향점이 닿는 고향이 다 다를 수 있다. 타고난 고향을 따지는 일이 더는 의미가 없는지도 모르겠다. 경험으로서 고향, 애착으로서 고향, 내 선택으로서 고향이 부모가 한 선택의 결과인 태어난 장소, 곧 고향을 대체한다.

왜 굳이 런던, 칭다오, 서울

세 곳에 있는 조선족 이야기를 글로 쓴다고 하면 많은 사람들이 궁금해 했다. 왜 누구는 런던에 가고, 누구는 칭다오로 가고, 누구는 서울로 갔는지. 인터뷰 때 빠지지 않은 질문도 장소를 선택한 이유였다.

삶을 송두리째 뒤흔드는 떠남이지만, 조선족이 영국행을 결정한 계기는 싱겁기 짝이 없다. 조선족의 입에서 시원하게 나온 선택의 '이유'는 없었다. 딱히 자기가 한 선택이 아니었고, 영국행을 권한 브로커도 영국을 잘 몰랐다. 몇몇은 많은 돈을 벌 수 있다, 덥지도 춥지도 않다, 한국처럼 긴 시간 일하지 않아도 된다는 말을 듣고 결정했다. 그렇다고 날씨나 노동 시간을 무척 중요하게 생각한 것도 아니다. 본 적도 없는 옆집 사람의 동생이 런던으로 간 얘기를 듣고서 먼길에 오르기도 했다. 같이 올 사람이 없어 혼자 비행기 타고 오는 도중에 브로커가 목적지를 바꾸거나, 요즘은 어디에 조선족이 너무 많고 단속이 심하다는 이야기면 그만이다. 오스트레일리아로 가려던 한 조선족은 브로커가 거기로 가는 사람이 한 명 있어서 한 명밖에 책임을 못 진다며 영국으로 가라고 해서 그냥 왔다고 했다. 다른 연구를 하느라 만난 한국 이민자들은 '팔자'라거나 '하나님의 뜻'이라는 표현을 많이 썼다. 사회주의 사회에서 살다 와서 그런지 조선족들은 쿨한 태도로 어쩌다 그렇게 됐다고 말했다. 삶에서 그런 우연은 당연하다는 듯이.

어떤 사람이 굳이 런던까지 오느냐는 질문에 조선족들은 고개를 갸우뚱거렸다. 런던처럼 멀고 낯선 외국으로 오려면 더 큰 결심이 필요하기 때문에 브로커에게 줄 큰돈을 마련할 수 있는 사람, 어느 정도 교육받은 사람, 큰돈을 벌어야 하는 절실한 이유가 있거나 야망이 큰 사람일 수 있다

뉴몰든 코리아타운에 있는 조선족 식당.

고 짐작했다. 서울행은 많은 사람이 이미 경험하고, 흔히 들어보고, 늘 염두에 둔 선택이었다. 한국인에게 많이 당하고, 놀거리가 많으며, 돈은 적당히 벌게 되는 선택이었다. 자기를 한국인으로 생각하지 않더라도 말이 통하고 부모나 조부모가 살던 땅에 가는 만큼 친근한 느낌도 줬다. 친근한 만큼 불평등과 착취에 분노했고, 그런 경험들을 익히 들어 포기했다.

스스로 한 결정이라기보다는 '어쩌다 보니' 오게 된, 결과적으로 선택하게 된 과정이었다. 대개 그곳에 있거나 있다 온 가족이나 친구가 해준 얘기가 시작이었다. 어떻게 보면 지난 시절의 장소 선택은 골똘히 생각할 주제가 아닌 듯했다. 앞으로 가게 될 후보지에 관한 정보를 더 얻고 싶어했다.

조선족 이동의 특징은 그곳이 어느 나라건 결국 한인 타운으로 이주한다는 점이다. 영국의 조선족들도 영국으로 이주했다기보다는 영국 안의 한인 사회로 이주했다는 표현이 더 정확하다. 조선족들은 세계 여러 나라, 한인들이 모여 사는 도시라면 어디든 진출했다. 뉴몰든에 있는 한국 식당

조선족은 어떤 음식을 먹고 사나

조선족은 밥, 국, 김치를 먹는다. 전통 한국 음식의 기본을 유지하면서 오늘날 한국인이 즐기는 식단에 견줘 담백하며, 중국식 요리법도 섞여 있다. 조선족들은 한국 음식이 너무 짜고 맵고 달다고 했다. 조선족은 찌개를 끓일 때 거의 다 돼지고기를 넣는다. 그리고 고수를 많이 넣는다. 중국 문화의 영향을 받아서 그렇다.

런던에 있는 조선족은 무엇을 먹고 살까? '일하는 곳에서 먹을 수 있는 것'을 먹는다. 특히 런던은 주거지에서 음식을 제대로 하기 힘든 경우가 많다. 많은 사람이 한집에 살고 부엌에서 사람이 자는 일도 흔하기 때문이다. 가정집이나 식당에서 일하는 경우도 많아 거기서 자기나 다른 조선족이 만든 음식으로 끼니를 해결하기도 한다. 음식 종류는 고용주인 한국인의 취향을 따를 때가 많다. 요즘 조선족이 연 식당들은 조선족이 먹을 만한 음식을 메뉴에 따로 표시하기 시작했다.

서울에 있는 조선족은 구로나 대림에 조선족 식당이 많아 선택 폭이 넓다. 가격은 거의 1만 원을 훌쩍 넘지만 양이 많다. 넷이 와서 음식 네 개를 시켜 같이 먹는다. 가사 도우미, 육아 도우미, 건설 일용직 노동자로 일하는 조선족은 일하는 곳에서 끼니를 대충 해결하는 사람이 많다.

런던 뉴몰든에 있는 조선족 식당의 3개 국어 메뉴판.

에 조선족들이 속속 들어갔다. 청소, 아기 돌보기, 집수리, 이삿짐센터, 술집, 마사지 숍 등 몸 쓰는 모든 직업군에 진출했다. 한국어를 할 수 있고 인건비가 싸니 한국인들도 조선족을 환영하고, 외국어가 자유롭지 않은데 일자리는 절실한 조선족도 한인 사회가 좋은 터전인 셈이다.

런던에서 조선족들이 갑자기 사라지면 한국인들이 꽤나 어려움을 겪을 듯하다. 런던 조선족들에게 뉴몰든 아무개 한국 식당의 닭튀김이 맛있다고 하면 당장 그곳 주방장이 친구인데 음식 좀 한다는 대답이 돌아온다. 한번은 엄순향(40대·여·가명) 씨가 조선족들 연말 파티에서 겪은 일화를 전했다. 뉴몰든 한인 식당의 주방장과 조리사들이 모여 있어서 각 식당의 대표 음식이 나왔다는데, A식당의 생선 조림이니 B식당의 전골 같은 메뉴를 듣자 나는 그만 입맛을 다시고 말았다. 엄순향 씨는 그런 게 뭐가 맛있냐며 심드렁했다. 입맛에 맞지 않는데다 돈 벌려고 식당 주인이 하라는 대로 한 음식이어서 특별해 보이지는 않는다는 말이었다.

학교에서 일어를 제1외국어로 배운 탓에 영어를 한마디도 할 줄 모르는 조선족들이 영어권 사회에 용감하게 들어오는 이유는 이제껏 진출한 한국 사람들이 있기 때문이다. 런던에 6년째 살고 있는 리화(50대·여·가명) 씨는 영어 알파벳도 읽지 못한다. 곧잘 시내에 있는 집으로 청소하러 다니는 리화 씨가 영어 문제를 해결하는 방법은 두 가지다. 첫째, 의뢰인이 영어로 지명을 말하면 한글로 받아쓴다. 'Islington'이라고 말하면 들리는 대로 '이스링톤'이라고 적은 뒤, 지하철역에서 손짓에 발짓까지 동원해 '이스링톤'을 반복하며 물어물어 찾아간다. 둘째, 영어로 쓴 지하철역이나 기차역 이름을 받아서는 그 쪽지를 들고 지하철역에 가 영어 주소를 그림 삼아 안내판하고 맞춰 본다. 한국어 간판을 내건 한국 가게들이 있고 길에서 한국말을 곧잘 들을 수 있는 뉴몰든은 리화 씨에게 고마운 곳이다. 영어를 그림처럼 보는 약점은 아무 문제도 되지 않는다. 친절하고 일 잘하고 한국인 직원보다 더 적은 돈을 받는 리화 씨는 한국인 고용주들에게 인기가 좋다. 몇 년 뒤 리화 씨가 인도나 파키스탄 사람들 집으로 일을 나간다는 소식이 들렸다. 한국 사람들보다 돈은 더 주고 간섭은 덜 하는 비한인 가정에서 일하고 싶어했는데, 결국 그렇게 됐다.

많은 조선족이 인생이 이렇게 될 줄, 여기 살게 될 줄 몰랐다고 말했다. 어쩌다 보니 이렇게 됐다는 말로 자기 삶을 요약하는 사람이 많았다. 남들은 여러 번 신청해도 안 나오는 비자가 그냥 한번 넣었더니 바로 나와 런던으로 오게 된 리경옥(40대·여·가명) 씨는 삶의 우연에 관해 얘기했다.

> 내가 영국 땅을 선택한 게, 원해서 그런 건 아니고, 상황에 밀려서 눈앞에 열려진 길이 여기였어요. 그 당시 왜 한국에 가려고 생각을 안 했는지 모르겠어요. 눈에 보인 길이 영국이었어요.

영국행 초창기인 1997년에 영국에 온 리경옥 씨는 드물게 유학 비자를 받았다. 정말 공부하려던 게 아니라 영국에 가는 수단이었다. 그때 옌볜은 한국, 미국, 일본으로 돈 벌러 나가는 분위기가 많았다. 인생이 잘 풀리지 않는다고 느끼며 무슨 직업을 가질까 헤매고 있었는데, 마침 영국의 글래스고와 중국의 다롄이 자매결연을 해 유학을 갈 기회가 생겼다. 영국에 도착하니 학생이 떠날까봐 걱정되는지 공항에서 학비를 걷어갔다. 학비는 이미 내고, 말은 통하지 않고, 아는 사람은 없었다. 그래서 직장을 못 찾고 학교에 들어갔다. 그때는 학교에 이름만 걸어놓고 일을 해도 괜찮았다.

리경옥 씨가 말한 '눈에 보인 길'은 비자 발급을 뜻했다. 그냥 따라가자는 마음으로 그 길을 택했는데, 처음에는 희망도 많고 바람도 많았지만 이제 살다보니 다 포기가 된다. 베이징에서 살기도 힘들다. 그러니 말도 안 통하는 런던에 살면서 이 정도 고생은 당연하다. 교육을 많이 받거나 지식이 높거나 돈이 많지도 않은데, 잘살고 싶다는 생각은 현실감이 떨어지는 욕심이다. 맨땅에 헤딩하는 셈치고 그런대로 잘됐다. 이민자인 자기가 척척 잘되면 영국에 사는 사람들은 뭔가 하고 생각하니 포기가 됐다.

"이제 살았구나"
— 런던 뉴몰든에서 보낸 첫날

자기 나라를 떠나 낯선 나라에 가본 사람이라면 도착한 뒤 며칠을 언제든 생생하게 그릴 수 있다. 대개 어리둥절하고 불쾌한 경험이다. 짐 쌀 때 드는 복잡한 심정, 속마음하고 다르게 퉁명스럽기만 한 작별 인사, 기계음과 마음속 소음을 분간하기 힘든 채 계속된 비행, 그러다 내린 낯선 나라의 공항, 익숙하지 않은 냄새, 지루하고 긴장되는 입국 수속(히드로 공항은 줄이 유난히 길어 악명 높다), 만나기로 한 사람을 못 만나면 어쩌나 하는 불안, 그 사람 연락처는 맞을까 조마조마하던 입국장 가는 길. 긴 여정을 지나 드디어 도착한 곳을 둘러보면서 비로소 깨닫는다. 자기는 여기에 안 어울린다는 사실을. 외모부터 어색하다. 다른 바지를 입을 걸 그랬나. 공항에서 만난 친척이나 친구는 숙소로 가는 차 안에서 아직 와 닿지 않는 이민자의 '삶의 지혜'를 막 쏟아낸다. 소개해준다거나 도와준다던 약속은 나중에 조금씩 달라지기도 한다. 그 사람들도 겨우겨우 살고 있거나, 잘살더라도 이렇게 도와야 하는 사람이 너무 많아 질려버리기 일쑤다.

조선족들은 다른 이민자들보다 비행시간이 몇 배로 길고, 공항에서 줄 서 있을 때는 쿵쾅거리는 심장 소리가 들릴 만큼 떨린다. 공항에 나오기로 한 가이드를 찾느라 눈동자가 바빠지고, 엇갈린 약속 때문에 다리에 힘이 빠져버린다. 잘 간직한 전화번호를 서둘러 꺼내 공중전화를 찾는다. 공중전화 걸기는 또 왜 그렇게 어려운지. 몇 년이 지나도 이날의 두려움과 떨림은 잊지 못하는 듯했다. 영국행이 얼마나 용감한 결정인지 그제야 실감했고, 거의 스무 나라를 거쳐 도착한 뒤 찾아온 안도가 기쁘기보다는 서러웠다. 런던에 온 지 10년이 넘는 조선족도 처음 입국한 날 이야기를 꼭 했다.

빅토리아 역에 도착한 원이화(40대·여·가명) 씨는 가이드를 기다렸다. 아무도 오지 않았다. 돈도 바꿔야 했고, 기차를 어디서 어떻게 타는지도 몰랐다. 3시간 정도 헤매면서 기다리다가 지나가는 중국 사람을 붙잡고 뉴몰든에 가는 방법을 물었다. 뉴몰든에 도착한 뒤에는 지나가는 한국 사람에게 한국말로 물어봐서 가이드가 데려다주기로 한 ○○민박을 찾을 수 있었다. 민박집에서 일하는 조선족이 배고프겠다며 밥을 많이 담아줬다. 그 전날 잘 먹지도 못한 탓에 이제 살았다고 안도하며 숟가락을 드는데 눈물이 그렇게 많이 났다. 원이화 씨가 런던에서 보낸 첫날 이야기다.

박문창(50대·남·가명) 씨는 형, 형수, 누이가 먼저 런던에 살고 있었다. 가짜 여권인데다 영어도 못하니 계속 잠을 못 잘 정도로 불안했다. 뉴몰든에 도착한 날짜도 정확히 기억하고 있었다. 다행히 공항에 나오기로 한 사람을 만나 잘 왔다. 박문창 씨는 가장 먼저 중국에 있는 부인에게 전화를 걸었다. 잘 도착했다고.

공항에서 기다리기로 한 가이드하고 엇갈리는 일은 많았다. 박채옥(40대·여·가명) 씨도 일자리를 구해주기로 한 가이드를 못 만나 답답한 마음에 직접 가게를 찾아다니면서 일자리가 있냐고 물어봤다. 누가 일자리보다는 비싼 민박을 나와 싼 방을 구하는 일을 먼저 하라고 했다. 그래서 다른 조선족들이 있는 집을 구했지만, 그 집에서는 생각처럼 바로 일자리를 구할 수 없어 운 기억이 많다. 기껏해야 11일이었지만 말이다. 시차 적응하는 데 써야 할 시간인데도 마음이 많이 급했다. 가족이나 친구가 없는 조선족이 런던에 도착한 뒤 처음 찾는 숙소는 어김없이 뉴몰든의 한인 민박집이다. 여독 푸는 건 관심 밖이고 일자리 구하느라 애태운 시간이 그렇게 길고 초조하더라고 박채옥 씨는 말했다. 돈 번다고 가족하고 떨어져 위험을 무릅쓰고 이 먼 땅에 혼자 왔다는 죄책감과 조급함 때문이었다. 반나절이라도 쉬면 살아야 할 이유가 없다는 듯 팽팽하던 긴장은 시간이 지나면 조금씩 느슨해진다. 그래도 도착한 뒤 며칠은 두고두고 잊히지 않는다.

"영국 가면 호미로 금을 긁는다"
— 리경옥 씨 이야기

리경옥 씨는 2000년부터 뉴몰든에 살았다. 그때는 조선족들이 꽤 많이 있었다. 1997년에 영국에 막 들어와서는 다른 도시에 살았다. 직업을 찾기 힘들었고 수도가 아니어서 한국 이민자들을 만날 기회가 없었다. 한국 교회가 하나 있기는 했는데, 다 떨어져 있다 보니 도움을 구하거나 직업을 찾을 때는 별 도움이 안 됐다. 도움을 받으면 좋겠다 싶어 교회를 한두 번 나가다가 믿음도 없고 한국 사람들도 어색해 그만뒀다.

런던에 가면 직업 찾기가 좀 쉽지 않을까 궁금해하던 무렵, 누가 런던 어떤 타운에 가면 한국 사람들이 집중해서 산다고 알려줬다. 리경옥 씨는 학교를 제쳐놓고 다른 사람들하고 뉴몰든으로 돈 벌러 왔다. 그때 직업을 찾았으면 처음 온 곳으로 돌아가지 않고 런던에서 일했을지도 모른다. 그런데 1997년에는 뉴몰든에서 조선족을 고용하려는 사람이 없었다. 육아 도우미나 웨이트리스를 하려고 신문을 보고 전화를 돌려도 쓰겠다는 사람이 없었다. 영국에 살던 한국 사람들에게 조선족은 아직 많이 낯설고 믿을 수 없는 사람들이었다. 조선족이 있다는 사실은 어렴풋이 알았지만 고용할 만큼 믿음이 가지 않았다. 조선족 억양에도 거부감이 많았다.

"저, 조선족인데요."

"그럼 안 되겠는데요. 애들이 사투리를 배울 것 같고. 그리고 식당에 가도 취직은 못할 것 같아요."

전화를 걸면 거절을 당하고 충고까지 받기 일쑤였다. 뉴몰든에 지낼 곳이 마땅찮아 리경옥 씨 일행은 오래 기다릴 수 없었다. 중국 대사관이 만든 기숙사 같은 곳에서 하루에 6파운드를 내며 사흘 머물렀는데, 없는 돈에 큰 부담이었다. 이미 학비를 낸 탓에 다들 돈이 없으니 돌아가야 했다. 내가 영국 뉴몰든에 살기 시작한 2005년은 올 사람은 다 온 때라고 리옥경 씨는 말했다. 유학 오는 '젊은 애들' 빼고는 더 올 사람이 없을 정도였고, 그 뒤로는 돈 벌러 오는 사람들이 끊겼다고 했다.

리경옥 씨가 아는 브로커도 그때 잡혔다. 영국 정부도 중국에서 들어오는 사람들을 알고 있었다. 영국 여권이 바뀌면서 브로커를 거쳐 들어오기가 어려워져 불법 입국 길이 끊겼다. 한때는 한 해에 몇 십 명, 심지어 백 명씩 들어올 때도 있었다. 한 번에 몇 십 명씩 여행 팀으로 오기도 했는데, 그 길이 막히니까 들어오는 조선족이 없었다. 영국에 신노동당 정권이 물러나고 보수당 정권이 들어선 뒤 이민법이 바뀌고, 대학 당국도 유학생이 정말 학교를 다니는지 확인하기 시작했다. 런던 대학교에 있던 나도 지도 학생하고 연락이 되는지 알려달라는 말을 듣고 변화를 피부로 느꼈다.

리경옥 씨는 초기 개척자 집단에 속한 셈인데, 다른 사람들 덕에 그나마 버텼다. 같이 온 사람들 중 나이또래가 넷이었다. 사람 모으고, 인터뷰 연습 하고, 비자 받으러 가고, 그 뒤에 준비하는 기간까지 거의 반년을 자주 만나 가족처럼 지냈다. 덕분에 영국에 나와서 서로 의지가 많이 됐다.

영국에 관해 아는 사람이 없던 때고, 아는 게 없는 만큼 환상이 많았다. "영국 가면 호미로 금을 긁는다." 리경옥 씨는 그때 수준이 딱 이 정도였다고 회상한다. 만두 하나 사서 넘겨주면 1파운드 받는다고 했고, 어디 박혀 있는 동네인지도 모르지만 뉴캐슬 쪽에 가면 한국 기업이 많아서 일자리를 쉽게 구할 수 있다는 말도 들었다. 영국 가서 일하고 오면 그래도 영어는 배우겠다는 생각도 있었다.

인생 어떻게 될지 모른다는 말은 인터뷰하다 보면 더 실감났다. 같이 온 사람들 중 한 사람은 중국에서 택시 기사였는데, 돈 버는 방편으로 등록한 어학원을 1년 다니고 나니 공부하고 싶다는 생각이 들었다. 가족들의 반대에도 흔들리지 않고 글래스고 대학교를 다녔다. 아내가 생활비를 벌어 대학 4년을 다니고 베이징에 들어갔는데, 때가 잘 맞아떨어져 외국에서 공부하고 들어오는 사람에게 베이징 호구를 줬다. 처음에는 베이징에 본사를 둔 한국 기업에서 일하다가 베이징에 지사를 둔 영국 회사로 옮겼다. 돈 벌러 나왔다가 인생이 바뀐 사례로 손에 꼽는 사람이라고 한다.

런던하고 다르게 글래스고에는 리경옥 씨가 만날 사람이 별로 없었다. 중국 사람들은 많지만 돈 벌기 바빠 자주 못 만났다. 그래서 3~4년 뒤에 외로움을 못 견디고 중국으로 돌아가려 했다. 그때가 2000년이었다. 리경옥 씨 수중에는 10만 위안(한국 돈 1400만 원 정도), 8000파운드가 있었다. 요즘 8000파운드면 아무것도 아니지만 2000년에는 중국에 집 한 채 사고 저축도 좀 하면서 살 만했다. 리경옥 씨는 돈 욕심도 크게 없었다.

그 2년 전에 리경옥 씨는 런던 여행을 한 적이 있었다. 영국까지 왔는데 시골에만 있다 갈 수는 없다는 생각이었다. 같이 지내는 언니가 1998년에 런던으로 옮긴다고 해서 둘이 사흘 동안 런던 구경을 하고 리경옥 씨만 다시 돌아왔다. 그 뒤 연락이 끊겼다가 2000년에 전화 통화를 했다. 아직도 그 시골에 있냐고 그 언니는 물었다. 그때 리경옥 씨는 시골에 있었다. 글래스고에서 차로 40분 정도 떨어진 곳에 있는 중국 음식점에서 일하고 있었다. 숙식이 해결되고 다른 곳에 견줘 월급이 많았다. 2년 동안 학비 내고 이름만 걸어놓은 채 일만 했다. 그때는 4년 동안 비자를 연장할 수 있었다. 언니가 연락을 해오니 당장 대도시 런던으로 가고 싶었다. 워낙 시골 생활이 싫었다. 잠시 있으려고 한 영국에 20년이 다 되게 머물게 됐다.

조선족은 영국에 돈 벌러 오기 때문에 앞으로 큰 변화가 없는 한 자연 증가는 없으리라고 리경옥 씨는 말했다. 환율과 임금 수준으로 중국과 영국 경제를 비교해서 영국이 더 나아야 올 텐데, 지금은 차이가 크지 않기 때문이다. 15년 전에 1파운드가 중국 돈 15위안이 넘었는데 지금은 10위안도 안 된다. 환율만 따져도 30퍼센트 넘게 손해를 본다. 그러니 굳이 올 이유가 없다. 불법으로 올 필요도 없고, 한국이나 오스트레일리아로 가면 된다고 했다. 새로 오는 사람들은 못 봤고 중국으로 돌아가는 사람들은 많이 봤다고 했다. 그러니 당분간 조선족이 더 늘어날 가능성은 낮다.

중국의 성장은 조선족의 행보에 여러 측면에서 영향을 끼쳤다. 특히 준거 집단이 되기 쉬운 옛 주거지의 변화는 이주자들에게 예민한 주제다. 떠나온 곳이 빠르게 성장해서 세계 경제의 중심이 되리라는 예측이 나올 정도고, 물가나 임금도 많이 올랐다. 나도 런던에 살면서 서울 물가보다 거의 두 배는 비싸다고 느꼈는데, 2014년에 런던에 사는 가족들에게 생활비를 부쳐주는 중국 기러기 아빠가 있다는 얘기를 들었다. 이미 나온 조선족들은 앞으로 어떻게 해야 할지 모르겠다는 말을 자주 했다.

은인, 얌체, 사기꾼

곳간에서 인심 난다고 했다. 이민자, 특히 조선족은 풍족하지도 않고 안정되지도 않아서 그런 곳간 만나기도, 누군가에게 곳간 되기도 힘들다. 정착하려는 사람들이 많이 모이면 서로 처지를 이해하고 돕기도 하지만, 전반적으로 여유 있는 인심 나기는 더욱 어려워진다. 그래서 콩 반 쪽 나눠 먹는 따뜻한 이야기도 많았고, 벼룩의 간을 빼먹는 각박한 사연도 흔했다.

런던 조선족들에게는 도움과 정보가 절실히 필요하다. 그래서 인터뷰는 그런 도움과 정보를 주는 '은인', 받기만 하는 '얌체', 가로채는 '사기꾼'들 이야기로 채워졌다. 조선족들은 지금 자기를 이렇게 살게 해준 은인, 나중에도 별로 보고 싶지 않은 얌체, 우연히 만나기만 하면 혼내줄 사기꾼들 이야기를 했다. 조선족들이 만난 한국 사람들도 세 종류였다. 마음 넉넉한 데다 통장이나 병원 등 신분이 필요한 일에 이름을 빌려주는 은인, 쉴 틈 안 주고 무시하는 말은 곧잘 하는 얌체, 월급을 몇 달째 떼먹으면서도 오히려 조선족을 비하하는 사기꾼. 집과 직장만 오가는 조선족들에게는 이 두 곳에서 만나는 한국인과 조선족들이 영국 인심의 거의 전부가 된다.

대부분의 조선족들은 자기가 만난 많은 조선족과 한국인들을 얌체과에 넣었다. 영어가 꼭 필요한 사무에 따라가 통역을 해주고 시간당 30파운드(6만 원 정도)를 받는 한국인 할머니도 있었다. 자기 일자리를 다른 조선족이나 탈북자에게 한 달 치 월급을 받고 판 조선족 여성은 돈을 챙기고 인심을 잃었다. 마찬가지로 그렇게 말한 조선족들도 대부분 다른 사람들에게 얌체과였다. 필요하면 다른 이들을 속이기도 했다. "착한 사람도 외국 와서 몇 년 살면 다 변한다." 의심하는 눈초리를 보여준 한 조선족은 말했다. 한국에서 만난 조선족들이 충고했듯, 이 조선족 여성도 내게 충고했다. 자기들은 의심이 많고 조심조심하면서 외국에 살기 때문에 자기가 진실을 얘기한다고 생각하지 말라고, 아무도 믿을 수 없다고.

이런 불신과 경계는 이민자 사회에서 흔히 볼 수 있다. 크고 작은 사기도 많고, 과장도 흔하고, 도움 주기와 이용하기가 구별되지 않는 때도 많다. 삶의 터전을 정리하고 온 사람들이라 과거 이야기가 사실인지를 따지기도 쉽지 않다. 생존에 도움만 되면 도덕성도 기꺼이 포기하려는 사람이 많다. 어느 정도 영국에 산 조선족들은 그동안 당한 이야기를 해주고 이민 온 사람 말은 믿지 말라는 충고를 많이 했다. 어느 나라든 이민자가 많은 한국 민박집에서 며칠 지내보면 이런 얘기를 쉽게 접할 수 있다.

런던의 조선족들은 무엇보다 자기들에게 지독한 얌체였다. 지하철이나 기차를 타면 시내에 있는 일터에 한 시간이면 가는데 더 싼 버스만 두 시간 반을 타면서 하루에 다섯 시간을 버스에서 보낸 아줌마, 중국을 떠난 뒤 늘 두 끼만 먹은 사람, 물도 커피도 마시지 않다 보니 이제 목마를 일이 별로 없다는 사람도 있다. 무척 순해 보이는 한 남성은 늘 치약을 아주 조금씩 짜서 쓰는데 한번은 치약이 많이 나와 그렇게 짜증이 나더라고 말했다.

그렇게 박해지고 강해졌다.

3장

건너온 사람들

합법과 불법 사이에 머물다

합법, 불법, 초법

세계화 시대의 인구 이동은 불법 체류자나 불법 이주 노동자• 없이 얘기할 수 없다. 이민법이 허용하는 범위를 넘어서서 이주해 계속 머물고 싶은 이들에게 '불법'이라는 딱지를 붙인다. 불법이면 법대로 처벌하면 될 듯하지만, 그게 그렇지 않다. 불법 체류자 때문에 골치 아프다고 하면서도 결과적으로 대부분의 나라에서 모른 척 눈감고 만다. 국가 정책의 우선순위에 들어가지 않아 출입국관리사무소 인력이 부족한 탓일 수도 있고, 저임금 이주 노동자가 기업과 사회에 필요해서 그럴 수도 있다.

• G. Engbersen, M. San, A. Leerkes., "A Room with a View: Irregular Immigrants in the Legal Capital of the World," *Ethnography* 7(2), 2006, pp. 209~242.

이주자들이 이미 자리를 잡아 그 사회를 움직이는 시스템의 중요 부분이 된 현실이 중요하다. 런던의 코리아타운인 뉴몰든에 조선족이 없으면 한국 식당은 문을 닫아야 한다. 런던의 많은 불법 이민자들이 갑자기 사라지면 도시의 많은 호텔과 육아 도우미가 필요한 부모들은 당황하게 된다. 미국 로스앤젤레스에 불법 체류하는 멕시코 이민자들이 붙잡혀 멕시코로 돌아가면 대도시 로스앤젤레스는 멈춰야 한다. 그래서 불법 이민을 허용하지 않겠다고 선언하는 정부가 결국에는 불법 이민자들을 실질적으로 허용하게 된다.

한 국가의 이민 정책은 윤리 문제라기보다는 국가의 이해관계, 곧 지정학적 관계에 따라 만들어진다. 원래 살고 있는 사람들에게 우선권이 있다면 원주민을 학살하거나 쫓아내고 주인 행세를 하는 미국은 어떤가. 이런 점을 많은 사람들이 이해하면서 요즘 학계에서는 '불법 이민자illegal immigrants'라는 말이 부당하다고 여기는 경향이 있다. 대안 개념으로 '신분 없는 이민자undocumented immigrants 또는 immigrants without documents'라고 표현한다. 국가의 경계도 끊임없는 긴장 속에서 재탄생하듯 법도 그렇다고 생각하는 셈이다.

이민자들의 생활을 가깝게 들여다보면 생존 노력이 극대화돼 있다. 이민자들은 교육, 언어, 문화, 네트워크에서 불리한 점을 메우려 노력한다. 도착한 곳에서 법률과 제도의 틈새에 관련된 정보에 민감하다. 생존이 걸린 문제에 맞닥뜨리면 합법과 불법 사이를 넘나드는 일도 마다하지 않는다. 잠깐이라도 외국에 살아본 사람은 안다. 그곳에 새로 온 사람들 사이에 편법을 이용한 생활의 지혜가 얼마나 발달해 있는지.

이런 특성을 얘기하는 데 '초법성trans-legality 또는 semi-legality'• 개념을 쓴다. 이민자들은 합법과 불법 사이를 넘나들 뿐 아니라 가만히 있는 이민자도 이민 정책이 변덕을 부리면 오늘 합법이다가 내일 불법 신세가 되기도 한다. 몇 년 동안 불법 체류자로 살다가 구제책이 발표돼 합법이 될 기회가 열리기도 한다. 신분 없이 사는 외국인은 불안함과 불편함이 이루 말할 수 없지만 길게 보면 결국 해결되는 경우가 많다. 정부가 제시하는 구제책이 해결의 계기가 되기도 하고, 비공식 제도, 불법, 편법이 다 한데 모이기도 한다. 이 초법적 세계에서 합법과 불법을 이어주는, 중간 단계를 견딜 수 있게 하고 신분 없이 살 수 있게 해주는 사람, 제도, 장소가 초법적 중재자trans-legal mediator 구실을 한다.

• Mikkel Rytter, "Semi-legal family life: Pakistani couples in the borderlands of Denmark and Sweden," Global *Networks* 12(1), 2012, pp. 91~108.

인터넷 네트워크 기술도 한몫한다. 인터넷 담배 거래는 당국이 규제하려 하지만 런던 사람들 사이에 공공연히 퍼져 있다. 담뱃값이 비싸 한국 공항에서 사는 값의 거의 8배다. 허용치 넘게 사와 런던에서 2배를 받고 팔면 산 사람은 또 그 값의 2배로 판다. 그래도 사는 사람에게는 시중 가격의 절반 가격이다. 시중에 팔리는 담배 중에 가짜도 있다고 한다. 런던 등 대도시를 달리는 한국 택시도, 싼값에 한국말을 쓰는 택시를 이용하고 싶은 사람들과 택시 면허 없이 자기 차로 짬짬이 돈을 벌고 싶은 사람들의 욕구가 만난 결과다. 운송 네트워크 기업인 우버가 많은 사람들의 환영을 받으면서 서비스를 시작한 한편 서울 등 많은 도시에서는 불법으로 규정되는 상황하고 비슷한, 합법과 불법의 혼재다.

조선족들이 주변 사람들에게서 듣는 이주할 수 있는 행선지에는 합법으로 갈 수 없는 곳도 있다. 영국이 그렇고, 한국도 사람에 따라 그렇다. 그런데 이주 정보가 버젓이 돌아다닌다면 불법 이주 경로가 이미 개척돼 있다는 말이다. 갈까 말까 망설일 때 누군가 건네는 브로커 연락처, 그 덕에 결심한 조선족이 많았다. 불가능도 가능으로 만드는 비싼 경로다.

"목숨 걸고 왔다"
— 스무 나라 찍고 영국으로 데려오는 브로커의 힘

조선족이 어떻게 영국에 들어가느냐고 묻는 사람들이 많다. 유학생이 아닌 중국 여권 소지자가 취업을 목적으로 영국에 장기 체류하는 일은 허용되지 않기 때문이다. '브로커'의 힘이다. 브로커가 여권을 위조하고 여행 경로를 조정해 마치 한국 관광객처럼 입국할 수 있게 도와 4000명이 넘는 조선족이 영국에 들어올 수 있었다. 많은 조선족이 브로커들의 손에 큰

돈을 쥐여준 뒤 가짜 한국 여권을 들고 영국에 들어온다.

영국을 선택한 이유를 묻는 질문에도 브로커가 결정적 영향을 미쳤다고 대답이 많다. 요즘은 영국이 돈 벌기 좋고 들어가기 쉽다는 브로커의 권유에 두말없이 선택한 경우가 많았다. 다른 나라에 가려다가 브로커가 같이 가라고 정해준 파트너가 중간에 영국으로 행선지를 바꿔서 엉겁결에 영국으로 온 사람도 있었다. 일단 안전한 입국이 무엇보다 중요한데다 좋은 환경이 문제가 아니라 돈만 벌면 된다는 절박함 때문이다.

인터뷰에 응한 조선족들은 영국에 올 때 1만 3000~1만 5000파운드(한국 돈 2000~3000만 원 정도)를 브로커에게 건넸다. 식당에서 일하면 2010년 기준으로 한 달에 1000파운드 정도를 버니까 아무리 아껴도 2~3년은 브로커에게 준 돈을 갚는 데 써야 한다. 진짜 돈은 그다음부터 벌 수 있다. 학생 한 명이 영국에서 지내려면 매달 800파운드를 최저 생계비라고 보고 비자를 내주는데, 런던에서는 1000파운드가 우습다. 브로커 돈을 몇 년 안에 다 갚는 착실한 조선족들은 훨씬 더 적게 쓰면서 산다는 얘기다.

사업 자금하고 별로 다르지 않다고 할까. 빌려서 사업을 시작한 뒤 다 갚고 나면 순이익이 발생하는 대출 말이다. 이성용(50대·남·가명) 씨는 브로커를 거쳐 한국에 가 번 목돈을 영국으로 오느라 다시 브로커에게 썼다. 목돈을 벌었지만 그새 물가도 오르고 더 큰돈을 버는 기회와 그 기회를 찾아 떠난 다른 사람들이 눈에 보이기 때문이었다. 돈도 부담이었지만 중국에서 영국으로 오는 여정은 한두 번 비행으로 끝나지 않았다. 런던의 조선족들은 하나같이 다 비장했다. 서울에서 만난 조선족들은 그냥 다 한국으로 가니까 왔다며 지나가는 말처럼 한국에 온 이유를 설명하는 반면, 런던의 조선족들은 목숨걸고 왔다고 힘주어 말했다. 영국으로 올 때의 긴장과 불안이 떠오르는지 목소리가 파르르 떨리기도 했다.

브로커는 한국인이 주로 시작한 뒤 나중에는 조선족을 고용했다. 브로커 업자들은 한국으로 조선족을 보내며 노하우를 익힌 다음, 조선족 인력 시장이 한국에만 있지 않다는 사실을 알아차려 국제적으로 사업 영역을 확장했다. 브로커의 사업 영역은 세계 곳곳에 퍼져 있는데, 처음 시작하고 아직도 중심이 되는 집단이 중국인을 전세계에 보내는 '뱀머리snakehead'들이고 멕시코 사람들을 미국으로 보내는 '코요테Coyote'들도 주요한 구실을 한다. 브로커들은 이제 세계적인 협력 네트워크를 갖고 있다. 많은 멕시코 사람들이 목숨걸고 미국 국경을 넘을 때 이용하는 길을 미국으로 가는 조선족이 건너간다.

노하우도 많이 늘었다. 중국에서 떠날 때 브로커 이름으로 된 통장을 만들어 돈을 넣은 뒤 비밀번호를 가르쳐주지 않는다. 목적지에 도착하면 전화로 비밀번호를 가르쳐준다. 몇 번이라도 시도해서 성공한 뒤에만 돈을 받을 수 있는, 전적으로 순전한 결과 중심의 성공 보장 지급 방법이다. 브로커가 비용을 다 대야 하니 되도록 빨리 입국하게 노력할 수밖에 없다.

조선족들이 만난 브로커는 보통 한국 사람과 중국 사람(조선족)이 함께 꾸린 팀으로 구성돼 있다. 한국에서 여권을 만드는 유명한 한국인 브로커 '강 부장'이 있고, 중국 옌볜에서 사람을 모집해 교육하는 조선족 '아줌마'가 있는 식이다. 브로커는 준비가 된 사람들을 한두 명씩 출국시켰다. 상황을 주시하다가 떠나는 일정을 갑자기 잡는 경우가 많았다.

박광성(40대·남·가명) 씨도 갑자기 그 전날 연락을 받고 다음날 새벽 5시에 떠났다. 웬일인지 15명이 같이 떠났다. 말레이시아에 가니 또 다른 사람이 마중나오고, 어느 집에 가 며칠 또 교육받았다. 그 뒤 남아공에서 며칠, 프랑스에서 며칠 머물렀다. 잘사는 나라에서 잘사는 나라로 가는 길은 안전한데 못사는 나라에서 잘사는 나라로 가는 길이 까다롭다고 하더니, 정말 그랬다. 프랑스에만 잘 들어가면 다 된 일이라더니, 프랑스에서 영국으로 올 때는 묻는 말에 '예스'만 해도 쉽게 통과됐다.

긴장된 표정으로 입국 과정을 묘사하던 박광성 씨는 뿌듯한 듯 웃었다. 다른 사람들보다 운이 무척 좋았다. "네 나라만 거쳐서 15일 정도밖에 걸리지 않았어요." 실제로 운이 좋은 경우였다. 스무 나라를 거쳐 오는 사람도 태반이고, 어떤 때는 사람을 못 만나 중간에 다시 돌아가거나, 돌아가다 또 걸려서 그 전 나라로 가 영국에 다시 오는 데 6개월 걸린 사람도 있었다. 심하면 1년에서 3년이 걸리기도 했다. 박광성 씨 뒤에 온 팀도 3번 정도 단속에 걸려서 돌아가고 다시 오느라 한참이 걸렸다.

아는 사람이 영국으로 간 소식을 듣고 귀가 솔깃하던 김회정(40대·여·가명) 씨는 두바이에서 브로커하고 엇갈려 초조한 시간을 보낸 뒤, 터키, 그리스, 프랑스를 거쳐 마침내 영국으로 왔다. 영국에 있는 대머리 검사관이 깐깐하니 다른 곳으로 가라는 전갈을 받았지만, 누가 대머리인지 구별이 안 돼 그냥 갔다가 대여섯 시간을 사진 찍고 지문 찍으며 기다린 뒤 가짜 여권인 사실이 들통났다. 영국은 김회정 씨를 다시 파리로 돌려보냈다. 파리에서 브로커에게 전화하고 다시 여권을 만드느라 17일을 기다려야 했다. 앉아 있어야 해서 누가 대머리인지 못 본 게 지금도 아쉬운 듯했다.

브로커는 뉴몰든에서 첫 직장을 주선해주는 일까지 책임지는 게 보통이다. 최여희(50대·여·가명) 씨는 아무리 기다려도 가이드가 오지 않자 답답한 마음에 주변 가게마다 돌아다니며 일자리 있냐고 물어보고 다녔다.

그러다가 어느 가게 주인이 일자리보다 방 구하기가 급하다고 말하면서 거기에서 일하는 중국 사람을 소개해줬다. 그 중국 사람이 집을 소개했고, 집주인이 일자리를 찾아줬다. 최여희 씨는 도착하자마자 일을 시작하지 못한 게 많이 답답했는지 11일 만에 아기 돌보는 얻었다고 정확히 기억했다. 아는 사람이 많은 오스트레일리아라면 아무 문제가 없을 텐데 하고 후회하며 많이 울었다.

최여희 씨는 그 뒤 혼자 일자리를 알아보고 다니다가 프리랜서 청소 노동자로 정착했다. 착실한 덕분에 일이 많이 몰려 예약을 못 받을 정도로 일정이 다 짜여 있다. 학생들이 방학 때 한국으로 가면 일이 끊기기도 해 여름에는 신문에 50파운드(한국 돈 10만 원 정도) 드는 광고를 낸다. 그래도 자기 브로커 팀의 한 명인 가이드를 놓친 안타까운 경험은 아직도 잊을 수 없다고 했다.

브로커의 힘은 대단하다. 2010년에 만난 한 조선족은 2009~2010년 동안 영국으로 들어오는 조선족이 반으로 줄었다고 말했다. 보수당 정부의 이민자 정책이 까다로워진 탓인가 보다 하는데 돌아온 답은 뜻밖이었다. "브로커 한 명이 잡혔다고 해요." 앞에서 말한, 불법 이주 업계의 전설인 한국인 강 부장 이야기였다. 영국 이주를 주선하는 사람이 사라지고, 다른 사람들은 무서워서 브로커로 나서지 못하고 있었다. 박광성 씨는 말했다. "이러다 보니 조선족 수가 부족해서 임금이 올라가는 효과는 있어요. 식당은 늘어나고 사람은 안 들어오니 일할 사람이 너무 부족해요." 조선족 숫자가 갑자기 줄어들고 임금이 올라 한국 사람이 받는 임금하고 별 차이가 나지 않게 된 상황, 이런 상황은 브로커 한 명이 체포되는 바람에 생긴 일이다.

신분 없는 사람들
— 불법과 합법 사이 그 조그만 비자

이민자가 정착지에서 갖는 직업은 공항에 마중하러 온 사람에 달려 있다는 말이 있다. 빵집에서 일하는 친척이 나오면 이민자는 그 빵집이나 빵집 옆 가게에서 일하게 되기 쉽다. 공장 관리자 겸 열성 교회 신도가 오면, 이민자는 시차도 적응하기 전에 사흘째부터 그 공장에서 일하고 첫 일요일부터 그 교회에 나가게 될 가능성이 높다. 받은 교육과 가진 기술이 제대로 통하지 않는 상황이니, 겁먹고 조급한 이민자는 아주 한정된 네트워크에 기대어 직업을 정하게 된다.

조선족과 브로커가 맺은 계약에는 종종 첫 일자리 보장이 포함돼 있다. 기본에다 500파운드(한국 돈 100만 원) 정도를 더 내면 일자리까지 다 보장해준다고 말한다. 특히 조선족을 잘 고용하지 않던 1995년 전에는 이력서를 넣고 한두 달 놀아야 해서 구직 보장이 포함된 풀 옵션 계약으로 온 사람이 많았다. 계약에 따라 영국에 도착하면 일자리가 기다리고 있어야 하지만, 그렇게 순조롭게 되는 경우는 많지 않았다.

공항에서 만나기로 한 가이드하고 어긋나면 조선족은 끈 떨어진 연이 돼 혼자 영국 생활을 개척하는 수밖에 없었다. 민박집 바로 옆 가게의 문을 두드려 물어보기도 하고, 한인 신문에 돈을 내고 구직 광고를 하면 된다는 정보를 우연히 얻어 그렇게 구하기도 했다. 아니면 조선족들이 모여 사는 집에 방을 구해서 그 집 사람들에게 정보를 듣거나 일자리를 물려받기도 한다. 영국에서 만난 조선족들은 중국에서 전화 회사 사무직, 학교 교사, 극단 직원, 사업가로 일했다. 그런 직업을 버리고 영국에 온 사람들인 만큼 아무 일이나 닥치는 대로 열심히 하려고 했다.

열심히 사는 사람에게는 늘 신분이 걸림돌이었다. "신분이 없어서…." 많은 조선족이 깊은 한숨을 쉬며 말했다. 길거리 다니면서 경찰만 봐도 가슴이 철렁 내려앉는 이유도 다 그 '신분'이다. 합법 신분으로 있는 이민자들도 여권에 있는 그 조그만 비자가 외국에서 자기를 규정하는 데 얼마나 중요한지 거듭 느끼게 된다. 하물며 이민법의 망을 뚫고 들어온 이들은 그 과정의 긴장과 비참함을 두고두고 잊지 못한다. 정착한 뒤 투명 인간으로 있는 듯 없는 듯 살아야 한다. 그렇게 10년이 갈 수도 있는 일이다.

입국 심사가 까다로워진 뒤 영국에서 5년을 외롭게 산 엄순향 씨의 남편도 영국 입국을 시도했다. 엄 씨 남편은 여러 나라를 걸쳐 드디어 파리까지 왔다. 파리에서 런던으로 해저 터널을 달리는 유로스타를 타고 2시간만 오면 되는데, 그 기차를 타기 전 입국 심사에 걸렸다. 몹시 긴장한 남편은 국경 통과에 실패했고, 다시 시도할 엄두를 내지 못한 채 중국으로 돌아갔다. 입이 마르고 아무것에도 집중할 수 없던 엄순향 씨는 유로스타에서 내리는 사람들 중에 남편이 없자 가슴이 철렁 내려앉았다고 했다. 중국에 간 뒤 엄순향 씨 남편은 다시 시도하라고 채근하는 아내에게 선언했다. "내 다시는 그렇게 무섭고 치욕스런 짓은 안 한다."

조선족들은 신분 없이 사는 삶이 불편하고 기죽는다고 했고, 브로커 얘기가 한국 신문에 나서 자기들의 떳떳하지 않은 속사정이 공개된 데 분개했다. 불법을 저질렀다는 죄책감이나 자괴감은 아니었다. 국경과 이민법은 어떤 사람들의 편리 때문에 생긴데다 변덕도 심하니, 선악의 문제가 아니라 돈 많이 드는 치사한 일일뿐이라고 여겼다. 운 없이 타고 난 자기들이 살아보려 애쓰는 노력을 불법이라 비난하니 화가 났다.

이민법이 정치적 이익과 경제적 이해관계에 따라 일관성 없이 바뀌는 현실을 보니 옳고 그르다는 가치 판단하고는 멀게 느껴진다. 진위를 둘러싸고 논란이 있기는 하지만 목화씨를 들여온 문익점 사례처럼 모호한 일들이 많았다. 돈 많은 중국 관광객들의 씀씀이가 눈에 띄게 커지자 당장 영국 최대 백화점 해러즈 관계자들은 중국 관광객 비자 요건을 완화해야 한다고 주장했다. 내 삶의 도덕성은 내 국적과 내 부의 정도에 휘둘리는, 팔자소관이 돼버린다.

불법 체류자의 존재는 이 세계화 시대에 잘사는 나라들에서는 상식이 됐다. 저임금 노동자가 필요하니까 큰 물의를 일으키지 않는 한 단속하는 척 대충 눈감아주는 듯 보이기도 한다. 어떤 면에서는 불법 이민자들은 '보고 싶지는 않지만 사실상 허용된 존재'다. 조선족뿐 아니라 한 사회를 떠나 다른 사회로 들어간 사람들 사이에서는 불법과 합법의 구분이 모호해진다. 허술한 법망을 피할 이민자 네트워크도 쉽게 생긴다. 살아남으려고 수단과 방법을 가리지 않을 자세가 된 사람들이니 이민자들을 상대로 사업을 하면서 누이 좋고 매부 좋은 방법들이 생겨났다. 외국의 한인 사회가 형성되면 당장 불법 택시(나가시 택시)가 생기고 환전 수수료를 아끼는 국제적 거래망이 뒤따른다.

게다가 집단 정체성이 강할 때는 법보다 '다른 사람들이 다 하니까'라는 생각이 큰 버팀목이 된다. 런던 사람들은 워낙 교통 신호를 무시하기 때문에 정작 신호등을 지키려 기다리는 사람은 대부분 관광객이다. 런던 사람들은 차에 치이지 않게 조심할 뿐인데, 그 덕인지 런던의 교통 사고율은 대도시 중에서 꽤 낮은 편이다. 같은 맥락에서 보면 조선족들은 돈 떼이지 않게, 걸리지 않게 조심할 뿐이다.

파리에서 새 (가짜) 여권을 기다리며 내내 마음 졸인 김회정 씨는 찜찜한 얼굴로 말했다. "후회됩니다." 법을 어겨서 너무 힘들었다는 얘기인가 했는데 아니었다. "그때는 돈 아낀다고 구경도 못했어요. 지금 생각하면 왜 그때 구경을 안 했는지……. 아깝죠." 궁핍과 두려움에서 배짱이 많이 생긴 연륜의 힘이다.

"이 없으면 잇몸으로 산다"
— 법과 문화를 뛰어넘는 삶의 지혜

이민자들이 많이 사는 대도시에는 다른 주거 형태가 나타난다. 한 집에 여럿이 살거나, 차고를 개조해 살거나, 차에서 살거나, 직장에서 사는 식이다. 도착지보다 주거 환경이 나쁜 가난한 나라에서 온 이민자들이 많아서 감당할 만한 수준일 수 있다. 런던에 온 조선족에게 주거 관련법이야 알 것 없고 문화가 원인이 되기도 하지만, 결과적으로 그렇게 될 때가 많다.

자기가 어떻게 할 수 없는 환경의 제약 아래 생존하기, 이 없으면 잇몸으로 씹는 전략과 지혜는 떠나온 사람들이 스스로 터득한 삶의 형태다. 이 점이 핵심이다. 게다가 많은 이민자들은 당분간 허리띠를 졸라매야 하는 특수 상황이라고 생각해서 모국이라면 감당할 리 없는 빈곤 상태를 기꺼이 견딘다.

한때 이민자 연구에서 미국의 이민자들이 사는 고밀 주택High-density Housing을 둘러싸고 논란이 일었다. 한 사람이 차지하는 공간 크기는 삶의 질에도 연관이 있어 어느 정도는 돼야 한다고 법에도 정해놓기 마련이다.

그래서 이민자들의 주거 형태를 보고 법의 보호를 받지 못하는 비참한 삶이라며 미국 학계가 관심을 보이기도 했다. 반면 문화 차이를 주장하는 학자들은 '건너온 사람들'에게 똑같은 기준을 들이대는 사고를 비판했다. '집이 북적댄다'는 말은 꽤 상대적 개념이라는 말이다. 박사 과정 시절 중국에서 온 친구하고 얘기하던 중 학부 때 기숙사 방 하나에 8명이 살았다는 말에 놀란 적이 있다. 사회마다 중요하게 여기는 요소도 달라서 집에 가장 큰 투자를 하는 사회, 차에 돈을 더 쏟는 사회, 외모 가꾸기 또는 건강이나 교육 등에 돈을 쓰는 사회가 다 달랐다. 박사 과정이 조교로 일해 받는 돈이 빠듯하기도 했지만 집에 거는 기대가 상대적으로 높지 않은 그 친구는 참 소박한 곳에 살았다. 그런 친구가 비싸서 내 처지에서는 엄두를 내지 못한 발레를 보러 갈 때, 나는 다시 한 번 놀랐다.

리경옥 씨를 보면 어떤 식이든 방법이 있다는 생각이 든다. 유학 비자는 학교를 가지 않으니 곧 끝날 참이었다. 그런데 1998년에 중국에서는 명상 수행을 하는 파룬궁 수련자들이 탄압을 받고 외국으로 정치 망명을 했다. 1억 명이 넘는 중국인이 믿기 시작하자 강력한 조직이 될까 염려한 중국 정부가 파룬궁을 단속하고 있었다. 리경옥 씨 남편은 1999년에 한국 브로커를 거쳐 영국에 왔다. 여권에 얼굴만 바꿔 넣어 영국에 온 뒤 브로커가 여권을 걷어가 신분 없는 채로 사는 상황이었다. 먼저 온 중국 사람들이 파룬궁 수련자로 난민 신청을 해보라고 권했다.

난민 신청을 하고 기다리는 동안 '노동 허가work permit'를 받을 수 있었다. 노동 허가 덕에 길면 몇 년까지 가는 난민 심사 기간 동안 그런대로 살 수 있었다. 리경옥 씨 남편도 난민 신청을 해놓고 노동 허가를 받아 일을 했다. 2001년에 딸이 태어난 뒤 4년 동안 비자 없이 불법 체류자로 살았다. 영국 이민국이 리경옥 씨 남편이 낸 서류를 믿을 수 없다고 고소해서 불법으로 있었다. 다행히 사람을 붙잡아서 돌려보내지 않으니까 일은 할 수 있었다. 여권을 보지 않아서 병원에 갈 수도 있었다. 결혼식도 여권만 가져가면 해줬고, 난민증에 사진이 있으니까 이민국을 거치지 않고 결혼 등기도 쉽게 해줬다.

이민법은 정권의 성격에 따라 바뀌고 같은 법도 집행자의 성향에 맞춰 달라지기 일쑤다. 정치적으로 보수적인 정당이 대개 이민자들에게 깐깐하다. 리경옥 씨가 처음 런던에 살던 2000년대 초반만 해도 불법 체류자가 살기 괜찮았다. "토니 블레어의 10년은 우리에게 황금 같은 시기였어요." 그때 영국에 들어와서 그 덕을 많이 봤다고 리경옥 씨는 말했다.

블레어 정권 때인 2004년, 너무 많은 난민들이 자기 나라로 돌아가지 않는다며 새 법이 시행됐다. 2000년 전에 난민 신청을 한 사람 중에서 결혼을 하고 아이가 있는 사람에게는 영주권을 주는 특사가 있었다. 반드시 2000년 10월 전에 태어난 아이여야 했다. 리경옥 씨 아이는 아깝게도 2001년 6월생이었다. 변호사들도 다 안 된다고 했다. 그런데 이듬해가 되니까 지원자가 별로 없었는지 기한이 연장됐다. 2003년까지 태어난 애들한테도 영주권을 줬다. 2005년에 리경옥 씨 가족은 난민 신청 없이 바로 영주권을 받았다. 그 뒤에는 이민법이 많이 바뀌었다.

남편이 신분이 없어서 힘들었을 듯하지만, 리경옥 씨는 외롭고 힘들어서 신분 문제를 크게 염려할 틈이 없었다. 아내는 결혼하고 살다가 비자를 버렸고, 남편은 변호사를 통해 난민 신청을 해놓은 상태였다. 어떻게 그 시절을 견뎠냐고 묻자 리경옥 씨는 담담하게 대답했다.

사람이 그런 것 같아요. 다른 것들도 많이 아프고 힘들지만, 하나가 특별히 힘들면 나머지는 까먹고 사는 거지요. 우리가 애 낳고 먹고사는 게 힘드니까 비자가 없어서 힘들다는 생각은 가끔 한 번씩 했을까요? 집에 가고 싶어할 때만 생각하지, 이 생각을 못하고 살았어요.

하나가 특별히 힘들면 나머지는 까먹고 산다고, 살아내는 게 너무 바빴다고 리경옥 씨는 말했다. 연애, 결혼, 신혼, 출산을 겪으면서 바깥 일은 생각할 겨를이 없었다. 이가 없으면 잇몸으로 살기도 하지만, 너무 여유가 없으면 지금 이가 없다는 사실을 크게 의식하지 못한다는 얘기다. 마음 한쪽에 늘 불안과 걱정이 도사리고 있는 그런 상태를 거의 10년까지 견뎌낸 버팀목은 바쁜 노동이다.

"큰일나는 것도 없어요"
— 북한 난민 신청의 유혹

아무리 그래도 합법 신분이 없이 사는 삶은 불편하기 그지없었다. 직장을 구할 때도 살 수 있는 자격, 일할 수 있는 신분을 가졌느냐에 따라 대우가 많이 달라진다. 동네 병원에 등록할 때나 은행에 계좌를 열 때를 비롯해 많은 곳에 내 신분을 밝혀야 한다. 북한 난민으로 신청해 난민 허가를 받으면 그나마 이 문제를 해결할 수 있다.

영국에는 탈북자가 많이 산다. 유엔 난민기구United Nations High Commissioner for Refugees·UNHCR에서 발표한 탈북자 현황 자료를 보면 2011년 말 망명자 지위를 인정받은 북한인 중 영국 거주자가 603명으로 가장 많았다. 2004년부터 2009년까지 조선민주주의인민공화국 출신으로 영국 땅에 사는 난민은 1500여 명으로 추산됐다. 북한을 정식 국가로 인정하는 동시에 인권 문제도 있다고 보는 영국은 북한에서 탈출한 사람들에게 난민 지위를 부여한다. 난민이 누리는 복지 혜택도 꽤 좋은 편이다.

탈북자들도 뉴몰든에 많이 몰려 있다. 300~400여 명은 된다고 탈북자 단체와 한인 단체 관계자들은 추측했다. 런던에 살면서 보고 들은 내용으로 짐작해도 등록 탈북자 중에 조선족이 꽤 있는 듯하다. 영국 이민 당국에도 이런 이야기가 흘러들었는지 심사가 매우 까다로워졌다. 영국 내무부 산하 기관인 국경청은 2009년 탈북 위장 망명자 20여 명을 적발해 한국 정부에 통보했다. 한국 정부가 준 탈북자 지문 정보도 받았다. 그 뒤 영국 정부는 2009년부터 탈북자가 낸 망명 신청을 한 건도 받아들이지 않았다.

많은 한국 사람이 처음 조선족을 대할 때 텔레비전에서 듣던 북한말하고 비슷한 억양에서 깊은 인상을 받았다. 조선족들은 중국으로 이주한 뒤 지리적으로 북한에 더 가까운 중국 땅에서 살았다. 한국을 생각할 때 굳이 남인지 북인지 구분하지 않고 산 사람들이다. 그렇지만 북한이 고향인 많은 조선족은 북한을 조국이라 생각하며 살았다.

그래도 탈북자처럼 보이기가 그렇게 쉬운 일은 아니다. 북한 억양만 갖고 있다고 해서 끝나지 않고, 북한 체제, 주체사상, 북한 노래 등을 묻는 심사를 거쳐야 한다. 심사에 필요한 정보가 담긴 두터운 '족보'도 조선족들 사이에 손에서 손으로 넘겨진다. 조선족이 탈북자로 난민 신청을 할 수 있다는 생각은 심사 때 통역을 하던 한국인 목사에게서 나왔다고 한다. 주변에 고생하는 조선족들을 보고 도와주려 한 듯하다.

북한 난민 신청은 조선족에게 큰 유혹이다. 심사를 통과하면 안정된 신분과 복지 혜택을 받을 수 있고, 통과되지 않더라도 처벌이 크지 않기 때문이다. 영국 정부가 북한과 중국에서 개인 정보를 얻지 못해 제대로 확인할 수도 없다. "뭐 큰일나는 것도 없어요." 난민 신청을 준비 중이던 김회정 씨가 자세히 설명해줬다.

탈북자 자격으로 난민 신청을 하는 조선족은 심사 과정에서 의심을 받는다. 그렇지만 이 조선족은 자기가 북한 출신이라 중국으로 보내지면 아는 사람이 아무도 없다고 주장한다. 개인 기록이 없는 상태에서 영국 심사자는 난감하다. 혹시 진짜 북한 출신일까 봐 중국으로 보내지도 못하고, 북한으로 되돌아가면 처형된다고 생각하니 그러지도 못한다. 그래서 영국에서 풀어주거나 중국으로 보낸다. 북한 출신이 아니라는 사실이 들통나는 최악의 상황이 돼도 조선족은 실망하게 되거나 무료로 중국에 돌아가게 될 뿐 큰 처벌을 받지 않는다.

난민 신청을 하는 조선족이 도덕적으로 비난받고 있다는 사실을 조선족들도 잘 알기 때문에 자세한 이야기는 꺼리는 편이다. 난민 신분을 얻으면 합법 신분뿐 아니라 영국 정부가 주는 주택 자금과 생활비 보조를 받는다. 그래서 불법 이민은 생존이 달린 일이라 이해할 수 있지만 난민 신청은 자기 돈이 아니라 남의 돈을 받으려는 부끄러운 꼼수로 여겨진다.

내가 만나본 조선족들은 다들 신분만 주면 세금 내면서 떳떳하게 일하고 싶다고 했다. 그런 일이 불가능하니까 불법 이민자와 난민을 놓고 저울질하게 된다. 처지가 너무 다른데 난민으로 가는 길이 열려 있는 편이니까 자연스레 생각해보게 된다. 불법 이민자는 길거리 다니기도 무척 불안한 반면 난민으로 인정받으면 병원 등록도 할 수 있고 필요할 때 중국에 가 가족을 만나고 올 수도 있다.

도덕보다 생존이 중요한 이민자 사회지만, 도덕적 가치가 우선인 종교 집단에서는 이런 문제를 어떻게 대하고 있을까. 연구자인 내게는 도덕적 판단보다 현상 자체가 중요하지만, 교회는 선악을 이야기해야 하니 다를 듯했다. 북한 사람으로 꾸며 난민 신청을 하는 사람이나 가족이 떨어져 살 때 현지에서 파트너를 찾는 사람 등 법망을 피하는 조선족들을 교회는 어떻게 생각하는지 물었다.

조선족들하고 가까이 지내며 신앙생활을 하는 한국인 박동욱(50대·남·가명) 씨는 그런 주제에 관해 이야기를 나누기는 하지만 자주 그럴 수는 없다고 했다. 거듭 이야기하면 잔소리가 되기 때문이다. 강연을 자주 했고, 먼저 신분 문제를 많이 고민했다. 교회는 도덕적으로 접근해야 하는데, 그렇게 보면 합법 신분 없이 영국에 온 일도 정당하지 않다. 그래서 박동욱 씨는 이런저런 생각과 고민을 많이 했다. 결국 조선족들의 처지를 이해했고, 비판은 하고 싶지 않다는 결론을 내렸다. 조선족들이 법적으로 정당하지 못한 방법으로 영국에 왔고 거짓말을 해 신분을 얻었지만, 그렇게 비판만 할 일은 아니라고 생각했다. 영국이나 한국이나 권력자들이 저지르는 범죄에 견주면 이 사람들의 잘못은 새발의 피라고 했다.

약자들을 착취해 큰 이득을 얻는 사람들에 견주면, 조선족이나 탈북자가 먹고살려고 하는 짓은 아무것도 아니지 않느냐고 박동욱 씨는 물었다. 절대적 기준에 따르면 나쁜 짓이지만, 상대적 관점으로 보면 아무것도 아니다. 누군들 깨끗해서 비판하고 꾸짖을 자격이 있냐는 말도 했다. 지금도 북한 난민을 신청하는 조선족을 돕는 한국인들이 있는데, 자기는 직접 도와주지는 않지만 비판하고 싶지는 않다고 했다. 일단 온 만큼 살려면 누구나 난민 지위 신청을 생각할 수밖에 없다고 박동욱 씨는 말했다. "브로커한테 많은 돈을 들여서 여기 왔는데, 어떻게 그분들을 돌아가라고 해요? 브로커들도 실비만 받고 하면 좋은데 굉장히 많은 비용을 취하거나 안 좋은 의도가 많다고 들어서, 그건 아니라고 생각해요."

"내가 불법이니까 나한테 말해요"
— 없는 듯 꽤 있는 서울의 불법 체류자

2011년 봄, 서울에서 신분 없이 지내는 조선족을 인터뷰하러 찾아다닐 때였다. 자기가 불법으로 지낸다고 얘기할 사람은 없다며 많은 사람들이 못 구할 것이라고 말했다. 한국에서는 불법 체류가 드물기 때문에 조선족들 사이에서도 불법이라는 사실을 대놓고 말하기 어려운 듯했다.

이를테면 오정희(50대·여·가명) 씨는 자기는 늘 합법으로 있었고 불법으로 지내면 안 된다고 했다. 불법 체류자는 신고가 들어가면 잡히기 때문에 식당 같은 곳에서 일하기 힘들다고 했다. 불법으로 한국에 있는 조선족은 외출이 필요 없는 가정집에서 일하는 경우가 많은데, 불법이기 때문에 일요일도 쉬지 못한다고 했다.

> 왜 불법으로 있는지 모르겠어요. 합법으로 등록을 할 수 있는데, 왜 그러는지……. 불법인 사람들은 일자리도 마음대로 나가지도 못하고, 돈도 많이 못 받아요. 소개소에서도 불법은 잘 소개를 안 시켜주려고 해요.

오정희 씨는 신경이 예민해서 불법 체류는 생각할 수 없다고 했다. 자기 친구의 남자 친구도 은행에 돈 찾으러 갔다가 경찰에 붙잡혀 바로 공항으로 끌려갔다고 했다(나중에 출입국관리사무소에 물어보니 말도 안 되는 소리라 했다). 오정희 씨는 친척 방문으로 3년 비자를 받고, 중국에 다녀오면서 5년 비자를 받았다. 처음에 직업소개소를 거쳐 숙식을 제공하는 식당에서 1년 반 일한 다음 명동에 있는 가정집에서 가사 도우미를 했다. 직업을 찾을 때마다 첫 달 월급의 10퍼센트를 소개소에 냈다.

재미있게도 서울에서 만난 많은 사람들은 이제는 불법 체류자가 거의 없다고 했다. 있어도 단속이 심한 서울에는 없다고 했다. 그런데 합법 신분 없이 일하는 조선족을 만나 물어보니 불법 체류 조선족이 사실 매우 많다고 했다. 다들 자기가 그 세계에 속하니 그곳이 잘 보이기도 하고 사정도 잘 안다고 장담했다. 체류 자체나 노동이 불법인 사람들이었다.

합법 신분이 없는 조선족을 만날 수 있을까 싶어 구로와 대림 지역에서 조선족 신문사와 상담소를 겸하는 곳에 갔다. 대기하며 기다리는 사람들에게 커피를 타주며 말을 걸었다. 60대로 보이는 남자 두 명이 있었다. 그 사람들도 다른 이들처럼 설사 불법으로 있는 사람이 있어도 자기가 그렇다고 말할 리는 절대 없다고 하고는 사무실을 떠났다.

조금 뒤 그중 한 명이 다시 사무실로 들어와 내게 빠르게 속삭였다. "내가 불법이니까 나한테 말해요!" 집도 좀 볼 수 있느냐고 하자 흔쾌히 들어줬다. 집으로 가는 길에 만난 사람에게 이 남자는 90도로 깍듯하게 절했다. 길에서 마주쳐 송구하고 죄송한 모양새로 하는 인사를 자연스럽게 받은 상대는 세 들어 사는 다세대 주택의 집주인이자 다니는 교회의 목사였다. 고마우면서도 무서운 존재인 모양이었다.

자기 얘기를 하고 싶어하던 이 불법 체류자 이관수(60대·남·가명) 씨는 중국에 있을 때 농장에서 일했다. 아내는 집에서 농사를 지었다. 한국에서 돈 벌어온 주변 사람들을 보고 한국에 나왔다. 딸이 없는데 있다고 꾸며서, 2003년에 돈 주고 방문 취업으로 왔다. 누가 초청하면 3년 만기로 들어올 수 있는 제도를 이용했다. 중국 돈 6만 위안(한국 돈 840만 원 정도)을 브로커에게 줬다. 다른 사람들처럼 일이 성사되면, 곧 비자가 나오면 돈을 주는 식이었다. 그 뒤 계속 있었다. 처음에는 벌금 200만 원만 내면 합법으로 해준다는 말에 돈을 내려 했는데, 조건이 안 된다고 해 그만뒀다.

이관수 씨는 한국에 올 때 얼마 동안 있고 싶다는 생각은 없었고, 일단 들어올 수만 있으면 된다고 생각했다. 한국에 사는 친척이 꿔달라고 해서 2000만 원을 빌려줬는데 불법 체류가 되더라도 이 돈을 받은 뒤에 중국에 돌아가자고 생각했다. 2011년에 정부가 불법 체류자를 구제하는 정책을 폈지만, 10년 된 사람이 기준이어서 이관수 씨는 혜택을 받지 못했다.

한국에 있는 조선족들은 흔하게 합법과 불법 사이를 넘나들고 있었다. 이관수 씨도 정부의 이민 정책과 조선족 정책이 변화무쌍하니까 앞으로 또 바뀔 수도 있다고 보고 기다리는 참이었다. 상담도 받으면서 돌아가는 형편을 지켜보고 있었다. 서류를 만들어준다는 곳은 돈을 많이 달라고 했다. 한국에 있는 다른 조선족들이 한 말하고 비슷하게 이관수 씨도 아예 합법 절차와 불법 관행을 구분하지 않고 있었다. 정부가 내라는 200만 원은 낼 마음이 있지만, 브로커가 요구하는 큰돈은 부담이 됐다. 어떤 곳에서는 1000만 원을 내라고 하는데, 그 나이에 그 큰돈을 내고 있느니 중국으로 가는 게 낫다고 생각했다. 여행사를 비롯해 다른 곳들도 모두 돈으로 해결하려 한다. 400만 원, 700만 원, 1000만 원도 달라 하고 이 비자로 된다거나 안 된다는 등 모두 다르게 말하기 때문에, 이관수 씨는 덥석 믿고 돈을 주기가 망설여졌다. 자기가 벌써 65세라 앞으로 돈 버는 일이 별로 재미없으리라고 생각하기 때문이었다.

일할 때는 불법 신분이 큰 문제는 아니었다. 이관수 씨는 건설 업체에서, 부인은 의류 업체에서 일하고 있었다. 구로공단으로 가는 길에 회사가 많다고 했다. 일만 잘하면 신분 확인도 안 하고 돈을 벌 수 있었다. 까다로운 곳은 신분증을 보여달라고 하는데, 안 가면 그만이었다. 그래도 늘 불안했다. 일용직 일을 하려고 아침 5시에 나가 사무실에 모여 있으면 이름 불러서 나가라 하고 현찰로 돈을 받는 식이었다. 임금은 합법 신분이 있는 사람들하고 같았다. 구로와 대림 지역을 돌아다닐 때 이관수 씨를 길에서 여러 번 우연히 만났다. 출퇴근이 일정한 곳에서 일하는 듯하지는 않았다.

합법 신분을 받으려고 애쓰는 큰 이유는 중국에 있는 36살 아들이 한국에 오고 싶어하기 때문이었다. 부모가 불법 체류자라서 자식들이 한국에 나오려 해도 영향을 받는다고 했다. 그 아들이 온전한 직업이 없어서 이관수 씨가 번 돈을 생활비 하라고 보내주고 있었다. 언제든 단속에 걸려 정리할 틈도 없이 중국으로 쫓겨갈 수 있으니 버는 돈은 모두 중국으로 보냈다. 이관수 씨는 합법이 되면 전세를 얻어 아들과 며느리를 불러서 같이 살고 싶다. 생활이 편리한 한국에서 살고 싶다고 했다. 특히 중국에 있을 때부터 이미 기독교인이라 신앙생활을 하는 데 한국이 좋다는 게 중요했다. 중국은 교회 믿는 사람을 환영하지도 않고, 수도 적으며, 일반적으로 신앙이 깊지 않기 때문이었다.

이관수 씨 부부는 한국 교회에서 많은 도움을 받았다. '한국에서 생활하는 모든 것'을 교회가 도와줬다. 우연히 한국 목사를 만나서 가게 된 교회다. 무슨 곤란한 일이 있으면 다 해결해준다. '하나님'을 믿고 지내니까 사는 데 힘이 된다고, 한 번도 단속에 걸리지 않고 지낸 5년을 하나님께 감사드린다고 했다. 부부는 아침 5시 새벽 기도도 가고 밤 9시 기도에도 간다. 모든 일을 하나님에게 맡기고 살기 때문에 마음이 편하다.

커피를 타주며 만난 또 다른 조선족 불법 체류자는 40대 여성이었다. 그 사람도 처음에는 불법 체류하고는 상관없는 듯 앉아 있었다. 기다리기 유난히 지루해하는 그 여성하고 같이 분식점에 가서 중국식 튀김을 먹고 있는데 갑자기 쑥스러운 듯 웃더니 말했다. "저는 배 타고 밀입국했어요." 극단적으로 들리는 방법을 쓴 건 무슨 특별한 이유 때문이 아니었다. 그저 자기 손에 닿는 브로커가 그런 방법을 써서 그렇게 됐다. 식당과 가정집에서 일했는데 합법 신분이 없는 문제를 그렇게 불안해하지도 않는 듯했다. 자기 신분에 관해 얘기하지 않는 태도가 버릇이 된 듯 보이기도 했다.

1995년에 한국에 온 김만국 씨는 부산에 있는 아는 회사에 갔다가 불법 체류자가 됐다. 초등학교는 조선족 학교를 다니고 중학교부터는 중국 학교에 다녔다. 선양에서 직원이 1만 명이 넘는 큰 회사를 다니며 중국 사람들하고 함께 일하고 일요일에는 같이 술도 먹었다. 공장이 5개 있었는데, 그중 한 곳이 한국으로 와서 따라 나왔다. 함께 일하는 사람 하나가 여행사에 김만국 씨 일행을 소개했다. 중국 여행사가 서류를 작성하고 한국에 있는 사람들하고 연결해서 입국 절차가 진행됐다.

처음부터 불법 체류자로 살자는 마음을 먹지는 않았지만, 일을 끝낸 뒤 집에 돌아갈 사람은 가고 남을 사람은 불법으로 있는 식이라는 설명을 들은 만큼 입국 수속을 해준 여행사는 불법 체류의 가능성을 열어둔 듯했다. 한국에서 15일 있어 보고 불법이라도 더 있으려면 그렇게 하라고 했다. 회사가 보낸 공식 출장을 개인이 마음만 먹으면 불법 체류 기회로 쓸 수 있게 해놓은 셈이었다. 불법 체류자로 있을 때는 경찰이 검문할까봐 늘 조심스럽게 다녔다. 조심조심 다녀서 검문을 받은 적은 없었다. 불편하고 불안해서 떠나려고 했는데, 법이 자주 바뀌니까 합법화될 때까지 기다렸다.

혼자 살 때 구로동을 계속 옮겨 다녔다. 보증금 없이 월세 15만 원인 곳에서 살았다. 보증금 없이 월세 20만 원을 미리 내는 곳에서도 살다가 보증금 100만 원에 월세 15만 원인 곳으로 옮겼다. 가족 없이 혼자 살다 보니 큰 방에서 살 필요가 없었다. 샤워할 수 있고 밥이나 해 먹을 수 있는 곳이면 됐다. 아침과 점심은 회사에서 먹고 저녁은 사 먹거나 집에서 해 먹었다. 하루 일과도 단순했다. 아침에는 알람에 맞춰 일어나 세수하고 일하러 가고, 일 끝나면 술 한잔하고 알람 맞춰놓고 잤다. 구로동은 일자리도 있고, 교통도 편하고, 조선족도 많았다. 보일러 관련 기술을 배워 일했는데, 서울에 있는 웬만한 아파트가 기름보일러에서 도시가스로 바뀌면서 일이 차츰 줄었다. 여행사 일도 잠깐 했지만, 인터뷰할 때는 무직이었다. 그동안 번 돈으로 중국에 아파트를 2채 사서 하나는 세를 주고 있다.

"이게 다 브로커 때문이다"
— 더 많은 돈을 쓰는 불법 체류자들

신분 없이 10년을 산 조선족 김만호(50대·남·가명) 씨는 불법 체류자가 원래 돈을 더 많이 쓴다는 흥미로운 얘기를 들려줬다. 신분 없는 조선족이 더 많이 다니고, 쓰고, 마신다고 했다. 신분이 없어서 낮은 임금과 노동 착취를 견뎌야 하는 불법 체류자를 상상하고 있었는데, 이해할 수 없었다. 바로 브로커 비용 때문이었다. 합법으로 올 때는 브로커에게 줘야 하는 돈이 만만치 않기 때문에 처음 와서는 그 빚을 갚느라 돈을 쓸 수 없다는 말이었다. 불법으로 한국에 오려고 브로커를 이용한다기보다는 합법으로 올 때 더 많은 돈을 쓰기 때문에 불법을 저지르게 됐다. 조선족들의 처지를 생각하면 말이 되는 듯하기도 했다.

조선족들에 따르면 중국에서 한국으로 오는 경로에서 합법과 불법 사이의 차이는 정말 희미했다. 이를테면 비자 업무는 여행사가 맡아서 처리하는데, 많은 조선족들은 여행사에서 부르는 돈을 지불할 뿐 합법과 불법은 한국에 온 다음의 상태를 뜻하는 말일 뿐이었다. 여행사는 합법이고 브로커는 불법이냐 하면 그렇지도 않았다. 여행사가 수고비를 받고 정부가 요구하는 문서 작업을 대행하거나 이주자를 연결하는 일을 한다면 브로커하고 다른 것도 아니었다. 불법 신분을 합법화할 수 있는 정보가 불법 체류자에게 도달하지 않았다. 불법 체류자를 고용한 사업장이 벌금을 내야 한다는 정보도 브로커가 흘렸다. 합법화 작업을 하는 브로커가 받는 수고비도 300만 원에서 700만 원 정도로 올랐다.

김만호 씨도 구로와 대림 지역에 있는 많은 여행사가 다 법무부를 끼고 영업한다고 말했다. 어느 선에서 통과할 수 있느냐 없느냐가 문제인데, 돈을 들고 오면 통과시킨다면서 더 많은 돈을 요구한다. 지인이 없으면 웃돈을 많이 얹어줘야 한다. 똑같은 서류를 접수하는데도 통과와 거부가 때에 따라 달라진다. 어떤 사람이 접수에 성공했다고 소문이 나면 너도나도 그쪽에 맡기려 한다. 그럼 다른 곳에서 내가 잘 소개해줄 테니 웃돈을 더 얹어달라고 제안한다.

조선족이 합법으로 오려면 한국에 조상이 산 사실을 입증하거나 사촌 등 친인척이 살고 있어야 하고, 부모의 호적이 필요하다. 김만호 씨는 어머니가 호적이 있어서 귀화 신청을 했다. 그전에는 귀화 신청 제도가 없었다. 한 교회 목사가 불법 체류자들이 합법 신분을 얻는 과정을 많이 도와준다는 말도 들었다. 1992년에 처음 와 2002년에 중국에 갔다가, 다시 어머니하고 함께 한국에 왔다. 정권에 따라 대우도 달라졌다. 노무현 정부는 조선족에게 관대했다고 김만호 씨는 기억한다. 이명박 정부는 거칠게 다뤘다. 법무부가 일하는 방식은 계속 바뀌었다. 예전에는 서류만 하나 갖고 오면 된다고 했는데, 이제는 여러 개를 들고 오라고 시킨다. 여러 조선족들이 일관되지 않은 대우에 관해 말했다.

한국인들이 많이 오기 시작한 1990년대 초반에 중국에서 옷가게와 식당을 한 김만호 씨는 남는 시간에 한국 사람들 가이드도 했다. 그때는 할 일이 있어서 한국에 오고 싶은 생각은 없었다. 그런데 아버지와 형님을 비롯해 아는 사람들이 한국에 가면 잘될 것이라고 했다. 생각해 보니 중국과 한국이 돈벌이에서 차이가 많이 났다. 그때 한국 돈 1만 원이 중국 돈 100위안이었다. 한국에서 몇 만 원만 벌어도 중국에서는 큰돈이었다. 1992년에는 한국에서 받는 일당이 4만 5000원에서 5만 원 정도라 일주일 벌어서 5000위안을 보냈다. 중국 부모님은 아들이 사람됐다고 감동했다.

그 무렵 김만호 씨 주변에 있는 조선족은 대부분 불법 체류자였다. 가리봉동과 대림동에 많았고, 천호동에도 좀 있었다. 잡힐 상황이 되면 너무 절박해서 2~3층에서 뛰어내리기도 하고, 다리에서 떨어지기도 했다. 그래서 현장에서 죽는 비극까지 있었다. 예전에는 법무부가 관리했는데 조선족이 칼을 쓰는 범죄가 난 뒤 경찰이 개입하게 됐다. 사복 입은 형사가 갑자기 나와 허리를 확 쥔다. 처음에는 신분증을 달라고 한다. 도망가면 잡아서 수갑 채우고 구치소에 넣는다. 결국 중국으로 보낸다. 이렇게 잡힌 사람들은 빚만 지고 가는 셈이었다. 중국에서는 빚을 갚을 길이 없어서 자살도 많이 생각했다. 열심히 일하면 돈을 많이 벌 수 있다는 말만 듣고 왔으니, 일이 힘들다는 말은 안 한다. 일이 힘들고 잡혀가면 돈을 못 갚을 수도 있는 현실은, 와보면 안다.

김만호 씨는 자기가 한 번도 검문에 걸리지 않았다고 뿌듯해했다. 지하철역, 공장, 밥집 같은 곳에서 검문에 걸려 잡힌 불법 체류자는 본국으로 호송된다고 했다. 조선족들마다 한목소리로 한 얘기였다. 그렇지만 출입국관리사무소 직원은 모두 잘못 알고 있다고 지적했다. 또한 체포 방법과 체포 뒤 처리 방법은 기밀이라 정확히 말할 수 없다고 했다.

런던에 사는 조선족처럼 잡히면 북한 사람이라고 둘러대는 경우는 못 들어봤다고 했다. 오히려 조선족으로 위장해 들어온 북한 사람은 좀 있을 듯하다고 말했다. 중국으로 건너가 돈 주고 호적을 만든 사람이 꽤 있으리라는 추측이었다. 예전에는 전산 시스템이 없어서 그런 식으로 호적을 만들 수 있었다. 김만호 씨도 2002년에 국적을 회복한 어머니를 따라 귀화 신청을 했다. 그때는 디엔에이 검사 같은 것도 필요 없어서 브로커를 거쳐 쉽게 했다.

브로커 비용을 대지 않고 신분 없이 지내던 조선족들도 처음에는 그 돈을 아껴 여유롭게 살지만 나중에는 합법 신분을 받느라 일종의 브로커에게 돈을 쓰게 된다. 딱히 '비싼 합법'과 '싼 불법' 사이에서 선택을 한다기보다는 나이, 가족 관계, 일자리 등을 고려해 최선의 선택을 하는 방식이다.

8년 동안 신분 없이 버티다가 합법 신분을 얻게 된 박계인(30대·남·가명) 씨는 커맥 가게에서 만났다. 활발하고 성질이 급해 보이는 박 씨는 신분 없이 8년을 살았다며 고개를 저으면서 웃는다. 2003년에 방송대학교에 유학을 왔는데, 공부가 목적이 아니라 한국에서 살 계획이었다. 어머니는 한국 남자하고 결혼해 한국 국적을 갖고 있었다. 그때는 18세 이하나 25세 이상인 사람만 부모 초청으로 입국할 수 있었는데, 박계인 씨는 이도저도 아니어서 신청할 수가 없었다. 그리고 그때는 시험도 없었다. 그사이 정책이 바뀌어 출입국관리사무소에 벌금 200만 원을 내고 합법으로 바꿨다. 여행사에는 600만 원을 냈다. 브로커인 셈이다. 여행사가 안 끼면 돈이야 덜 들 테지만 개인으로 하면 일이 안 된다고 박계인 씨는 생각했다. 8년 동안 불법 체류한 탓에 출입국관리사무소에서 400~2000만 원을 벌금으로 내라 하는데, 여행사를 거쳐 한 덕에 200만 원만 냈다고 했다. 진짜 돈이 어디로 얼마큼 갔는지는 모를 일이다.

박계인 씨는 신길동에 있는 산업 학원을 다니고 있었다. 뭘 하고 싶은지 결정한데다 어차피 공부는 안 할 테니까 가까운 데로 정했다. 8년 동안 막노동 일을 한 박계인 씨에게 학원에서 시험을 봐야 연수 비자를 주는 정책은 말이 되지 않았다. 대학생이 할 공부를 우리한테 하라면 어떻게 하냐고 되물었다.

시험을 보라는 건 말이 안 되죠. 할머니들도 있는데, 영어로 돼 있고, 3개월마다 시험 보는데, 아무도 통과되기 힘들 거예요. 디자인 시험이라서, 옷 만들고, 시험도 통과해야 하는데……. 할머니, 할아버지들은 더 힘들어요. 일주일에 두 번, 토요일하고 일요일에 4시간씩 수업을 받아야 돼요. 그리고 3개월에 3번 결석하면, 비자는 안 주거든요.

토요일과 일요일에 공부하러 가야 하는 게 문제였다. 많은 회사가 주말에도 일할 수 있는 사람을 원해서 회사를 다니지 못한다. 막노동은 벌금 때문에 할 수 없고 회사도 못 다니니까, 결국 제 돈을 내면서 다닐 수밖에 없다. 정부에서 공부하라고 한 만큼 어쩔 수 없다고 했다. 학원 수강생이 100명이 넘는데, 한 사람당 달마다 25만 원씩 내니 큰 돈벌이라고 했다. 9개월을 다녀야 일할 수 있는 비자로 바꿀 수 있다. 1년 비자라서 에이치25[H25] 비자로 바꿔야 하는데, 그러려면 1년 뒤에 중국에 가야 하고 그다음에도 몇 번이나 중국으로 갔다 와야 한다. 돈이 많이 든다.

박계인 씨는 처음에는 창원에 있다가 어머니와 일자리가 있는 구로와 대림 지역으로 왔다. 여기가 편하다고 했다. 신분이 없는 비슷한 처지의 사람들이 있어서 그나마 마음이 놓였다. 조선족 식당 음식값이 생각보다 비싸다는 내 말에 중국도 비싸다고 설명해준다. 중국 식당은 보통 5명당 5만 원 정도로 부담이 작지 않다고 했다.

처음에 올 때 한 생각보다 돈은 별로 벌지 못했다. 중국에 있었으면 중국 사람이니까 지금보다는 지위가 더 좋겠지 싶기도 하다. 불법 체류는 몸과 마음이 병드는 삶인데, 술 한잔 걸친 뒤 조심조심 지내면 된다는 주변 사람들의 격려를 들으며 버텼다. 그래도 박계인 씨는 중국 집에 돈이 있으니 괜찮은 편이라고 했다. 돈을 빌려서 온 사람들은 생각만큼 돈벌이가 신통치 않으면 빚 갚을 방법이 없으니 자살을 한다.

불법과 합법 사이에서 줄타기를 할 수 있는 길은 두 가지였다. 브로커와 돈. 비공식 제도인 브로커, 그 제도를 이용하고 현실적으로 말이 되지 않는 듯한 정책에서 버틸 수 있는 돈.

4장

모여 살기

떠나온 이들의 방, 집, 동네

뉴몰든 함지박 식당
— 지혜와 요령 사이 조선족의 런던살이

물가가 더 높은 곳으로 이민 간 사람들은 뭐든 고국의 돈으로 환산하는 버릇이 있다. 생활비를 줄이려 애쓰면서 여러 가지 생활의 지혜를 알게 된다. 아는 사람들이 줄어들고 다 같은 처지다 보니 체면에서 벗어나 생활의 지혜를 더 과감히 실천하는 면도 있다. 자기가 살던 곳이라면 체면 탓에 실천하지 않을 헝그리 정신이랄까. 그 헝그리 정신, 살아남으려는 노력이 이민자 밀집 지역에는 늘 있다.

런던은 비싸다. 한국이나 미국에서 온 여행자들은 하나같이 물가가 비싸다고 혀를 내두른다. 다 비싸지만 집세가 정말 비싸다. 한국인과 조선족이 많이 사는 뉴몰든은 교외라서 런던 시내보다 싸다고는 해도 한국의 두 배 정도다. 한 가족이 뉴몰든에서 한국 기준으로 보면 좋지 않은 방 두 개짜리 아파트를 구해 살려면 적어도 1000파운드(한국 돈 200만 원) 정도 되는 월세를 각오해야 한다. 런던 시내에서 그 정도 아파트는 월세 400만 원을 가볍게 넘는다.

이렇게 비싼 곳이니 이민자들은 처음부터 심리적으로 질리기 쉽다. 조선족과 탈북자 인터뷰에서도 물가 비싼 런던에서 얼마나 고생하고 어떻게 아끼며 살았는지에 관한 이야기가 많이 나왔다. 런던에 아파트를 사놓고 쇼핑하러 올 때만 쓰는 중동 부자가 아닌 바에야 높은 물가에서 자유롭기 힘들기 때문에 많이 공감하며 들었다. 웬만하면 걷고, 뭐든 직접 하고, 사지 않는 습관이 몸에 밴 나지만 나하고는 차원이 달라 놀라기도 했다.

중국에서 초등학교 선생님을 하며 인정받고 살던 리경옥 씨는 비싼 물

이민자 밀집 지역

비슷한 인종이나 국적의 이민자들이 모여 사는 밀집 지역은 이민자들이 이주한 수용 사회receiving society를 서서히 바뀌게 한다. 처음에 한두 명 보이던 다른 사람들이 모여 그 사회에서 눈에 띄는 동네가 된다. 이민자들에게는 어느 정도 생활의 편리함과 자기 정체성을 유지하면서 정서적으로 의지할 수 있는 곳이다. 무엇보다 그 사회에서 살아남을 수 있는 방법에 관련해 경험에 바탕한 살아 있는 노하우가 곳곳에 많다.

이민자 밀집 지역•의 존재는 동화 이론과 초국적주의••의 대립에서 중요하다. 시카고학파의 동화 이론 중 핵심이 바로 이민자 밀집 지역이 사라진다는 내용이기 때문이다. 이민자들이 주류 사회에 동화하면서 지리적으로 밀집해 있을 필요가 없어지고 주류 인구가 사는 곳곳에 스며들어 살게 된다는 주장이다. 그런데 경험 연구에서 이민자 밀집 지역이 사라지지 않고 오히려 발전하는 현실을 밝히면서 초국적주의 비판이 나왔다.

• S. Castles, "Migration and Community Formation under Conditions of Globalization," *International migration review* 36, 2002, pp. 1143~1168.

•• S. Vertovec, *Transnationalism*, Routledge: London, 2009; N. G. Schiller(et al.), "Towards a Definition of Transnationalism," *Annals of the New York Academy of Sciences* 645, 1992, pp. ix~xiv.

2000년대에 들어 이민 연구자, 도시 연구자, 지리학자들은 이민자 밀집 지역에 더 주목하고 있다. 예전에는 이민 정책을 국가에서 결정하기 때문에 도시 연구와 지역 사회 연구에서 이민자의 존재를 눈여겨보지 않았다. 그렇지만 시간이 갈수록 이민자의 존재감이 커지고 장점과 문제점이 드러나게 됐다. 수용 사회와 이민자 밀집 지역의 상호 작용에서 도시, 지역, 동네, 골목의 구체적 맥락이 중요하다는 인식이 많이 생겼다. 이민자 밀집 지역이 홀로 떨어지지 않고 도시를 변화시키는 과정에도 관심이 높아졌다.

이민자 밀집 지역은 다른 문화를 생동감 있게 끌어와 주류 사회에 다양함과 혁신을 가져온다. 그렇지만 모여 있기 때문에 다른 점이 부각되고 수용 사회에 사는 사람들이 위협을 느끼기도 한다. 그래서 이민자 밀집 지역이 곧잘 사회악, 혐오, 반감의 상징처럼 떠올라 집중 공격을 받는다.

이민자 밀집 지역의 초라한 외관도 부정적 이미지에 한몫한다. 많은 이민자들이 경제적으로 여유가 없고 잠시 머물 뿐이라고 생각해 투자를 하지 않기 때문이다. 주된 소비자도 허리띠를 졸라매는 다른 이민자들이기 때문에 가게를 깔끔히 하고 돈을 비싸게 받으면 장사가 되지 않는다. 이민자들이 처음 계획보다 더 오래 머물게 되면 그런 가게들이 새단장한다.

가 때문에 청소 일도 하고 식당 일도 하면서 열심히 살아도 힘든 영국이 너무 싫었다. 말이 안 되니까 사람을 상대할 필요가 없는 보이지 않는 일을 해야 했다. 그러니까 리경옥 씨는 왜 이러고 사나 하는 회의가 많이 들었다. 고생을 너무 많이 해서 지긋지긋했다. 영국에 처음 와 런던에서 일자리를 못 찾아 다시 스코틀랜드로 돌아갔고, 돌아가서도 반 년 동안 일자리를 못 찾았으니 말이다.

독일계 저가형 마트 리들에서 산 19펜스짜리 식빵 하나로 하루 세 끼를 다 해결했다. 빵이 낯설지만 쌀은 너무 비싸 살 수 없었다. 리들에서 냉동 쇠고기가 29펜스였는데, 그걸 사다가 매일 똑같이 빵에 넣어 먹었다. 아는 언니가 중국 식당에 취직해서 살을 다 발라낸 고기 뼈를 가져왔다. 그 뼈를 감자하고 같이 끓여 조금 붙어 있는 고기를 남김없이 뜯어먹으면서 살았다. 나중에 그 언니는 리경옥 씨 일행이 하도 먹을 게 없어서 고생하니까 일부러 고기를 좀 덜 떼어내며 배려했다고 한다.

이런 생활을 6개월 정도 하다가 테이크 아웃 식당에 취직했다. 리경옥 씨는 토마토를 썰었는데, 그게 그렇게 먹고 싶었다. "진짜 맹했던 것 같아요. 그냥 먹어도 될 텐데, 그렇게 못했어요. 그때 솔직히 말해서 내가 하나 먹어도 되냐고 물었더니 그 사람은 내 생활을 모르니까 그걸 왜 먹냐고 하는 거예요. 집에 와서 얼마나 서글펐는지 몰라요." 이런 상처들이 어려울 때마다 생각났다. 힘들 때마다 영국으로 오는 과정에 연관된 사람들을 원망했다. 영국 땅은 정말 지옥이었다. 그러고는 독실한 기독교인이 됐다. "예수님을 만나기 전에는 영국이 정말 싫은 땅이었어요."

리경옥 씨는 뉴몰든에서 청소 노동자로 돈을 벌었다. 아이를 낳은 뒤 잠시 했는데, 영어를 좀 한 덕에 한국인 집은 해본 적이 없다. 한국 사람들은 월급을 정말 조금 줬다. 한국 사람하고 똑같이 일해도 훨씬 적게 줬다. 높은 집값을 감당하기에는 턱없이 모자랐다. 뉴몰든에 와서도 잠깐 콩깍지가 씌어 결혼한 남편의 단점이 슬슬 보이기 시작하면서 내가 이 고생을 하는 이유는 너를 만난 탓이라고 생각하게 됐다. 결혼할 기회가 몇 번 있었다. 한국 남자도 있었고, 며느릿감으로 점찍은 한국 사람도 있었다. 그때는 지금 사는 남편이 좋아서 거절했는데, 쪼들려 살아보니 다 후회된다.

이민자들만 그런 게 아니었다. 런던에는 주거 공간과 작업 공간을 짜임새 있게 쓰는 지혜가 많이 보인다. 교수들이 연구실을 같이 쓰기도 한다. 공무원들 사이에는 정해진 책상 없이 일하는 핫데스킹hot-desking 같은 제안이 나오기도 한다. 주머니 사정이 안 좋은 사람을 위한 호스텔은 작은 방에 이층 침대 모서리를 겹치게 붙여서 디귿 자로 배열해 6명이 잘 수 있다. 세면대는 더는 작게 만들기 힘들 만큼 소형이다. 몸집 큰 사람은 도저히 쓸 수 없을 듯한 작은 샤워 부스 덕에 그나마 씻을 수는 있다. 내 아이가 다닌 어린이집은 런던 대학교 교직원과 학생의 자녀들이 갈 수 있는 곳이었다. 시내에 있지만 반지하층이었고, 저녁에 여는 다른 어린이집하고 공간을 함께 썼다. 한 달 보육료가 한국 돈 200만 원 정도였다.

물가가 비싸고 이민자들이 많이 몰리는 대도시에는 개조한 집이 많다. 엉성하고 비참한 환경이지만 조금이라도 생활비를 아끼려는 젊은이와 이민자들이 많기 때문이다. 물가 비싼 런던에 사는 조선족은 저임금 노동을 해서 중국에 돈까지 부쳐야 하기 때문에 주거 공간을 효율적으로 이용하는 문제는 생존에 필수다. 조선족들이 모여서 사는 집은 겉으로 보기에 보통 집이지만, 안으로 들어가면 느낌이 다르다. 사는 사람이 많기 때문이다. 한방에 서너 명이 같이 지내거나 거실에 두 명 정도 살고, 부엌에 사람이 살 때도 있다. 이경 씨(40대·여·가명)도 그런 곳에서 살았다.

환경이 나빴어요. 한 달에 150파운드(한국 돈 30만 원) 주고 한집에 17명이 살았어요. 방은 5개 정도고요. 집주인은 조선족이었어요. 거실에도 사람이 살았는데, 2명 정도요. 화장실과 샤워실로 돼 있는 곳이 1개밖에 없어서 줄을 서서 기다려야 했어요. 화장실에 들어가면 바로 나와야 했어요. 내가 쓰는 방에 5명이 살았어요. 이층 침대가 3개 있었죠. 좁아서 짐을 풀 수도 없었어요.

이경 씨가 산 이 집은 다른 곳에 견줘 50파운드(한국 돈 10만 원) 정도가 쌌다. 처음에는 50파운드가 매우 큰돈이기 때문에 그냥 내 몸 불편하고 말자며 불평 없이 지냈다. 끼니는 일하는 식당에서 해결했다. 높은 월세에 충격받은 많은 조선족들이 대부분 이렇게 개조한 집에서 살았다. 김회정 씨가 살던 곳에는 부엌에도 사람이 살아서 끼니를 서서 해결해야 했다.

박규성(40대·남·가명) 씨도 다르지 않았다. 조선족이 운영하는 집에 처음 묵었는데, 작은 방에 세 명이 살고 큰 방에 여섯 명이 살았다. 다들 식당에 다녀 출퇴근 시간이 비슷해서 샤워하려면 줄을 서야 했다. "남자들이야 안 씻어도 되지만 여자들은 꼭 씻어야 한다면서요?" 이미경(40대·여·가명) 씨는 한집에 19명까지 산 적도 있었다. 일층 거실 바닥에서 5~6명이 잤다.

여럿이 살다보면 사람들하고 부대끼느라 스트레스도 많이 받는다. 신분이 없으면 은행 계좌를 만들지 못해 현금을 모아두는데, 같은 방에서 지내는 사람들을 경계하게 된다. 그냥 믿고 큰돈을 빌려주기도 한다. "나는 그런 거 안 좋아합니다." 김회정 씨가 말하는 '그런 거'란 직장에서 돌아와 보면 아는 동생이 자기 침대에 자고 있을 때처럼 자기 물건의 소유권이 보장되지 않는 상황이었다. 경계심과 외로움이 커지기 마련인 외국살이는 비슷한 처지의 타인들하고 섞여 사는 북적거리는 생활 공간 속에서 어디에 선을 그어야 할지 늘 고민하게 만든다. 작은 집을 여럿이 나눠 쓰는 정도를 넘어서는 무엇이 필요했다. 그리고 비공식 주택 시장이 발전했다.

알고도 모르는 척
— 조선족과 집 맡기의 경제학

조선족의 런던살이에서 핵심이 되는 생존 전략은 '집 맡기'다. 집주인은 대부분 한국 사람인데, 한 조선족이 세를 얻어 다른 조선족들에게 다시 세를 주는 식이다. 조선족보다는 거주인 숫자가 적지만 한국 유학생들도 다른 유학생들을 상대로 많이 하는 방법이다. 많은 사람들이 살면 집이 망가지니까 집주인이 싫어하지 않느냐고 묻자 모르는 소리라고 리순화(50대·여·가명) 씨는 말했다. 집주인은 알고도 모르는 척하는 때가 많은데, 이런 식의 세놓기가 자기에게도 이득이기 때문이다. 집주인, 관리 세입자, 세입자들이 모두 경제적 부담을 덜어주는 방식이다.

먼저 리순화 씨가 물었다. "조선족들 사는 집들이 왜 이렇게 다 낡은 거 같아요?" 집을 샀는데 집수리할 돈이 없거나, 살던 집이 오래 돼 크게 손봐야 하는데 돈이 모자란 집주인이 이런 방식을 쓴다. 꽤 낡은 집에서 기꺼이 살 조선족들에게 세를 줘 2년 정도 '돌리면서' 목돈을 마련한 다음 집수리를 하는 식이다. 구로동과 가리봉동의 상황이 생각났다. 공장이 다른 도시로 옮긴 뒤 공장 다니는 사람들이 살던 다세대 주택(벌집)이 비어 있었는데, 갑자기 늘어난 조선족들이 그런 집으로 들어가 오히려 월세가 올랐다. 그래서 집을 부숴야 하나 고민하던 집주인들이 반색했다.

둘째, 집 전체를 세내어 세입자를 구하는 '집 맡기'는 관리자 조선족에게도 이득이다. 3개 넘게 방이 넉넉한 집을 월세로 구해 그중 하나만 자기 가족이 쓰고 나머지는 월세를 받으면, 관리해주는 대가로 자기들 집세 정도는 나온다. 한 조선족 가족이 세를 얻어 살다가도 월세 부담 때문에 곧

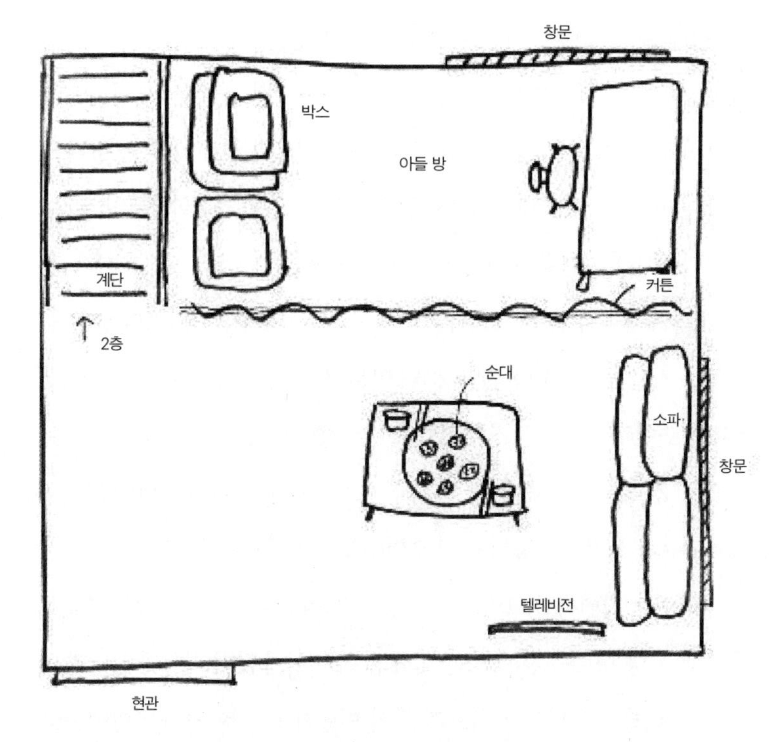

런던에 사는 조선족 주택 내부 구조.
1층 거실을 나눠 어머니와 아들이 쓰고, 2층은 세입자들이 산다.

다른 조선족들에게 세를 내놓는다. 집 맡기를 하면 자기 월세를 내지 않아서 좋은 반면, 여러 사정상 어느 날 갑자기 떠나는 세입자들이 많아 생각보다 신경이 많이 쓰이고 돈이 꽤 들기도 한다.

셋째, 조선족들은 런던 어디서도 못 구하는 싼 월세를 구할 수 있다. 나중에 경제적 여유가 좀 생기면 옮기더라도 처음에는 이렇게 다른 조선족이 있는 곳에서 지내는 쪽이 정보 얻기에서 유리하다.

집 맡기를 하는 리순화 씨는 내게 집을 보여줬다. 한국 집주인에게서 이

층짜리 집을 빌려 다시 세를 놓았다. 집에 들어서는데 집 전체가 꽉 찬 느낌이 들었다. 거실에 놓인 옷, 책, 가방 등이 눈에 띈다. 발을 쳐 개인 공간을 표시했다. 영국 주택의 방은 주로 2층에 모여 있는데, 한 방은 잠겨 있고 다른 한 방은 열려 있었다. 아무렇지 않은 일인 듯 리순화 씨는 잠긴 방을 열쇠로 열어 보여준다. 2층에 있는 두 방에서 집 전체 월세가 다 나온다. 한 방에는 부부가 살고, 다른 방에는 여자 3명이 산다. 1층에 있는 크지 않은 거실에는 리순화 씨와 20대 아들이 산다. 이 집은 뉴몰든 기차역에서 먼 편이라 아주 북적거릴 만큼 인기가 좋지는 않았다.

몇 년 전에 견줘 요즘은 한집에 사는 조선족 수가 많이 줄었다. 경제적으로 여유가 생기고 조용히 살고 싶어해 방 하나를 많아야 2명 정도가 쓴다. 시간이 지나면서 헝그리 정신이 많이 사라졌다는 얘기를 조선족들도 많이 했다. 방 하나를 혼자 쓰는 박규성 씨는 이제 많이 편하게 산다며 웃는다. "우리들도 옛날이랑 다르게 많이 변했어요." 나이들어 한방에 여러 명이 살려면 힘들어서 혼자 방 쓰는 사람도 꽤 많았다. 그러다 보니 방값이 올라갔다. 19명까지 살 때는 월세 120파운드(한국 돈 24만 원)를 냈는데, 요즘처럼 2명만 쓰려면 170~180파운드(한국 돈 34~36만 원), 혼자 쓰려면 250~260파운드(한국 돈 50~54만 원)를 내야 한다.

난민들에게 제공되는 주택 덕에 집 걱정에서 좀 비껴 있는 탈북자들을 조선족들은 부러워하고 시기했다. 탈북자들도 살다보면 만만치 않은 생활비 때문에 여러 궁리를 한다. 부부가 이혼해서 각자 집을 얻은 뒤 한 집은 세를 준다는 극단적인 얘기도 들었다. 난민 혜택이 가족 수에 따라 주어지기 때문이다. 할 수만 있으면 아이를 하나 더 낳아 방이 하나 더 있는 집으로 이사하고 싶어하는 마음도 다들 비슷했다.

같은 집 사는 사람, 같은 말 하는 친구

힘들고 외로운 사람들끼리 서로 의지하고 살면 좋을 듯한데, 자세히 보면 장벽이 꽤 많다. 일단 시간과 돈이 부족하다. 하루 일하는 시간이 길어서 '눈뜨면 일 나가기 바쁘고 일 끝나면 씻고 자기에도 빠듯하다'는 게 공통된 의견이었다.

다른 곳에서도 살아본 김회정 씨에 따르면 런던의 조선족들은 인심이 좋지 않다. 물가가 비싸고, 계약된 일자리가 없으며, 불법으로 일을 하니까 그렇다는 설명이 따라왔다. 계약된 일자리가 없으니 일자리를 두고 늘 경쟁하게 되고, 좋은 일자리를 소개해주는 일도 개인적 관계에 많이 기대게 된다는 얘기였다. 누구에게나 거리를 두는 모습도 다들 비슷했다.

친구를 데리고 가서 같이 일해보지만 일하는 모양새가 마음에 들지 않아 난감해지거나 다시는 안 데려간다고 결심하기도 한다. 일자리를 서로 나누거나 대신 알아봐주기도 한다. 김회정 씨는 한국 사람들 아이 봐주는 일을 했는데, 아이 엄마가 옷장이 좁아 잘 안 입는 옷을 버리려 내놓으면 그 옷을 가져다가 아는 조선족 동생들에게 나눠주는 일을 좋아했다. 동생들 챙겨주는 언니 노릇을 하는 데 좋은 일자리였다. 자기는 베푸는 성격이라는 자부심이 있어서 먼 곳까지 기꺼이 옷을 가져가 나눠줬고, 그런 일을 고마워하지 않는 동생들에게는 섭섭해했다. 그런데 막상 그 동생들 중 한 명은 김회정 씨가 이기적이다, 주위 사람들에게 일자리를 알아봐주고는 꼭 소개비를 받는다, 일 못하는 사람도 잘한다고 밀어 넣기 일쑤라고 전했다.

일의 종류에 따라 사교 범위가 달라지기도 했다. 혼자 청소 노동을 하는 배정자(50대·여·가명) 씨는 자기 일은 혼자 하는 일이라서 아는 사람이 별로 없다고 했다. 식당 다니는 친구들은 아는 사람이 참 많다고 부러워했다. 입주해서 아이 돌보고 살림도 하는 일이 그런 면에서는 최악이었다. 아무리 거리를 두고 그렇게 마음을 줄 수 없다고 하더라도 다른 조선족들하고 보내는 시간은 숨통이 트이는 순간이었다. 입주해서 일하느라 살이 많이 빠졌다는 말도 하고, 주말 자유 시간에 뉴몰든에 가서 친구들 만나 한바탕 수다를 떨고 나면 이 낙으로 산다는 말도 했다.

외국에 사는 많은 한국 사람들은 자기 사는 곳은 심심한 천국이고 한국은 재미있는 지옥이라고 자주 말했다. 다른 나라들에 견줘 변화와 부대낌이 많은 한국을 떠나오면 안도감과 그리움이 함께했다. 런던에서 만난 조선족들도 한국에 있는 조선족 친구나 친척들의 삶과 자기의 삶을 곧잘 비교했다. 가장 자주 하는 말이 '놀기 좋은 한국'이었다. 한국은 노래방, 술집, 찜질방이 있어서 쉬는 날 갈 데가 많은데, 런던은 심심했다. 한국처럼 24시간 영업을 하거나 손님이 있을 때까지 문을 열기는커녕 문 닫는 시간이 정해져 있었다.

시내에 가면 마음에 드는 옷을 보지만 돈이 아까워 살 수는 없으니 아예 뉴몰든에서만 지낸다는 조선족 여성도 있었다. 뉴몰든은 고층 빌딩이 별로 없는 교외 지역이라 시내에 견줘 많이 한적하다. 인기가 좋은 빵집은 오후 3시면 슬슬 문을 닫기 시작한다. 친구가 별로 없이 혼자 일만 한다는 어느 조선족은 시내에 살면 많이 외로울 듯하다고 했다. 요즘은 외국에 산다고 친구가 없는 것도 아니고 자기 나라에 살아도 전화, 문자, 이메일로 연락하는 일이 더 잦은데도 외국의 공기가 사람을 외롭게 한다는 말이었다. 뉴몰든에 있으면서 오가는 조선족들을 보는 일이 무시하지 못할 정도의 위안을 준다. 추석 같은 때는 한잔하고 크리스마스나 1월 1일에는 한

집에 사는 사람들끼리 만두도 빚고 밥도 같이 먹는다. 중국에 있는 가족들은 생일을 잊기도 하지만, 외국에 나와 있는 다른 사람들이 늘 전화하기 때문에 연락을 안 하기도 한다. 그럴 때 옆에 있는 친구들, 같은 집 사는 사람들이 더 잘 챙겨준다.

대림동 — 서울 하늘 아래 조선족 동네

서울의 구로와 대림 지역은 조선족들이 주로 모여 있는 대표적인 밀집 지역이다. 런던에 사는 조선족은 한인 타운 곳곳에 스며들어 있고, 칭다오는 자기 나라기 때문에 밀집해서 살 이유가 없다. 반면 서울에서는 가리봉, 구로, 대림에 조선족이 모여 사는 모습이 눈에 띈다.

나도 이 지역에 산 적이 있다. 1993년에는 공장 노동자와 일용직 노동자들이 많이 살았다. 다세대 주택에서 값싼 월세를 구할 수 있었고, 가게들도 값싼 물건을 팔았다. 가리봉시장에는 값싸고 부담 없이 살 수 있는 물건들이 많았다. 저녁에는 지친 얼굴들이 소박한 술집에 모여들었다.

1990년대 말에 서울의 땅값을 감당할 수 없는 공장들이 외곽으로 옮겨가자 노동자들도 따라 옮겨갔고, 다세대 주택에 들어올 세입자가 없어서 빈집이 늘어났다. 2003년에 구로구 가리봉동 일대를 균형발전촉진지구로 지정한 서울시는 가산디지털단지를 호텔과 패션 상가를 중심으로 업무, 상업, 주거 시설이 들어서는 제 2의 강남으로 만든다고 했다. 그 계획은 재정 문제로 잘 추진되지 않다가 시간이 좀 흐른 뒤 결국 취소됐다.

하루는 서울에 사는 언니가 전화로 알려줬다. “너 살던 곳이 차이나타

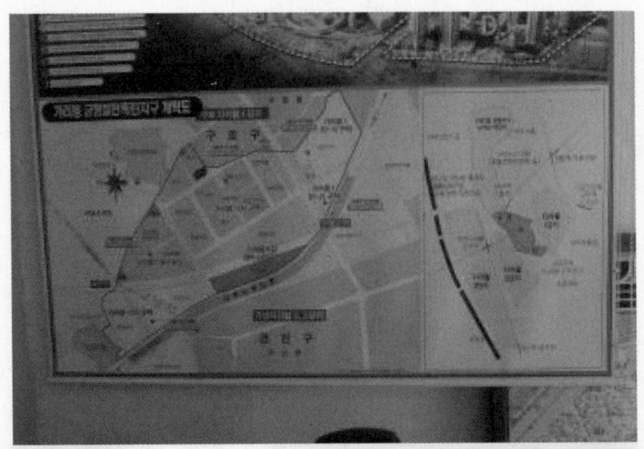

벌집이 남아 있는 가리봉동 풍경.

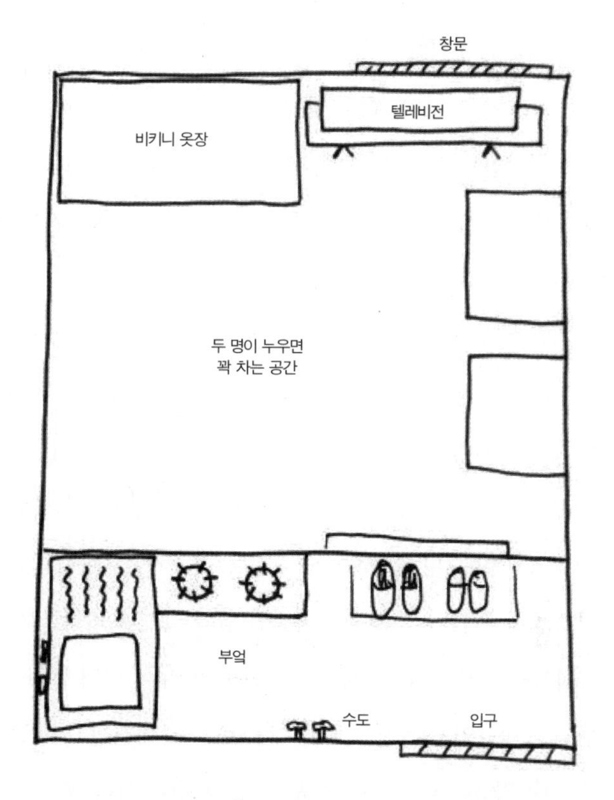

구로에 있는 벌집의 내부 구조. 두 명이 누우면 꽉 찬다.

운이 됐어!" 세계 많은 나라에 하나씩 있는 차이나타운이 한국에는 발붙이지 못한다고 해서 한국 사람들의 배타성을 보여주는 증거로 얘기되더니, 한국과 중국 사이 중간 지대에 있는 조선족이 서울에 만들고야 말았다. 정말이지 그곳은 차이나타운이 돼 있었다. 중국 사람이 보기에는 코리아-차이나타운이기 쉽겠다는 생각은 들었다. 중국어와 한글을 함께 써놓은 식당, 여행사, 핸드폰 대리점, 조선족 단체 등이 있었다. 그 차이나타운의 중심지인 가리봉시장과 대림시장은 중국 시장이 됐다.

조선족을 상대로 상담해주는 단체에 있을 때 만난 이관수 씨는 사는 집이 어떤지 묻자 선뜻 보여준다며 앞장을 섰다. 20년이 지나 다시 찾은 골목은 별로 달라진 구석이 없어 보였다. 골목으로 들어가는 길에서 나는 순간적으로 지금이 1993년인지 2013년인지 분간할 수 없는 비현실적인 느낌이 들었다. 1993년 때의 집 모습하고 어쩌나 똑같은지, 그냥 20년 동안 조금 낡기만 한 듯해 영화 세트장으로 보존했나 싶을 정도였다. 그때나 지금이나 아주 값싼 월세로 지낼 수 있는 불편하고 좁은 집이었다.

1층이라고 하기에는 약간 바닥이 낮은 집으로 들어서는데 입구가 너무 낯익어 20년 전 구로의 여느 집으로 들어가는 느낌이었다. 안 보고도 알 듯했다. 그리고 막상 보니 예상하고 똑같았다. 부부가 산다는 그 집의 하나뿐인 방에는 두 사람이 겨우 누울 공간만 남아 있었다. 쪽잠을 자야 할 정도는 아니지만 둘이 누울 공간만 딱 나오는 방, 두 사람이 함께 움직이기 버겁게 작고 바닥이 낮은 부엌, 바깥에 있는 공동 화장실 등 옛날 모습이 그대로 남아 있었다. 이렇게 작은 공간에도 사람이 사니, 조금 크다 싶은 다세대 주택에 가보면 30~40가구가 거뜬하게 들어차 있다.

구로와 대림 지역에 조선족이 몰려들면서 허물려 하던 벌집의 월세가 오히려 올랐다. 세입자가 떠난 뒤에도 소문만 무성한 채 재개발이 진행되지 않아 저 빈집을 어떻게 하나 고민하던 집주인들은 월세가 싸고 교통이 좋은 이곳에 조선족이 몰리면서 한시름 놓았다. 중국에서는 넓고 그럴 듯한 집에 살았어도 한국에서는 싼 집과 편한 교통을 찾는 조선족들이 떠나간 공장 노동자들을 대신할 세입자를 기다리는 빈집을 만났다. 수요와 공급이 만나자 동네는 활기를 되찾았다. 이관수 씨는 친척의 도움을 받아 이곳에 정착했다. 사실 도와주는 사람이 없어도 살 집을 찾기는 쉬웠다. 나

구로와 대림 지역에는 조선족 여행사가 많다.

가면 어디든 붙어 있는 쪽지를 보고 연락하면 된다.

이관수 씨는 보증금 100만 원에 월세 18만 원을 냈다. 가리봉동이 편안하다고 했다. 사람 관계도 중국보다 복잡하지 않고, 도둑도 적고 밤에도 덜 위험하다고 했다. 이관수 씨가 보기에는, 말로는 나중에 중국으로 돌아가고 싶다고 하지만 다시 한국으로 나오는 조선족들이 많았다. 그런 사람들은 한국을 그리워했다. 2003년에 처음 와서 2006년까지는 합법 신분이어서 본인 이름을 썼지만, 지금은 가명을 쓴다. 불법인 조선족들끼리도 불법인 사실은 알지만 말을 하지는 않는다. 그나마 신앙생활을 하는 사람들이라서 이런 이야기를 해준다는 말도 했다.

선양에 있을 때는 큰 집에서 살았지만 올 사람 하나 없는 한국에서는 좁고 지저분하게 산다고 이관수 씨는 말했다. 중국은 한국보다 더 지저분하다고 했다. 한국 거리는 환경이 더 낫고 깨끗하다고, 합법이 돼서 아들과 며느리도 같이 와 살고 싶다고 생각했다. 합법일 때 만든 통장으로 돈을 계속 보내는데, 중국 물가가 많이 올라서 예전만큼 효과가 없다고 했다.

구로와 대림 지역에서 눈에 띄는 모습 중 하나가 바깥 유리문에 '비자 ○○'라고 써놓은 여행사다. 어떤 곳은 여행사, 비자 상담, 취업 상담, 노동 환경 상담, 신문 발행까지 겸한다. 상담과 신문 발행이 대표 기능이다. 신문사가 꽤 많은 편인데, 조선족은 한국어 사용이 자연스럽고 글 쓰고 읽는 문화가 발달해 종이 신문이나 인터넷 신문이 많다. 온라인 커뮤니티도 활발한 편이다.

한 단체에서 시간을 보내고 있으니 정부 정책이 자주 바뀌는 현실이 피부로 다가왔다. 내가 그 단체에 드나드는 조선족들에게 커피를 타주며 얘기를 나누는 동안에도 그런 정보들이 속속 들어왔다. 출입국관리사무소 홈페이지에 공고가 나면 단체 사람들이 때때로 확인해 되는 대로 알려주는 식이었다. 그때 나온 공고는 60세 이상인 사람들의 체류 조건으로, 바로 며칠 뒤부터 시행되는 조치였다. 조선족들은 그런 변화에 신경을 곤두세울 수밖에 없었다.

점심시간이 돼 근처 식당에 갔다. 다 중국 음식이어서 뭐가 뭔지 몰라 권해주는 대로 시켜먹고 있는데, 주위에 앉아 있는 사람들이 바뀌는 이민 정책에 관해 나하고 함께 간 조선족 단체 간부에게 물었다. 몇 시간 전에 나온 정보를 그 간부도 모르고 있었다. 내가 우연히 들은 게 있어서 알려줬다. 그 식당에 있는 모든 사람들이 고개를 끄덕거리며 내용을 기억했다. 그 사람들도 자기가 만나는 다른 조선족들에게 알려줬다.

앞서 말한 조선족 단체에서 상담을 받으려고 앉아 있던 조선족 아주머니는 위장 결혼을 할지 고민이었다. 위장 결혼의 불법성은 제쳐두더라도 그 폐해를 많이 들은 나는 손사래를 쳤다. 조선족 아주머니는 하면 안 좋으냐고 다시 물어본다. 국적을 따려고 감행하는 위장 결혼은 한국 남자와 조선족 여자가 둘 다 이득만 취하려 하는 탓에 불법이고 위험하며 상처를 많이 남긴다. 내 얘기를 들은 아주머니는 고민에 빠졌다. 내가 조선족이 아니라 한국 사람이라고 하자 믿지 못하는 눈빛이었다. "한국 사람들은 우리랑 이렇게 얘기가 통하지 않아요. 우리 말을 잘 알아듣지도 못합니다."

조선족 시장에는 다방과 술집을 섞은 커맥 가게가 많았다. 지쳐서 커피 한 잔 마시려고 들어간 그곳에는 술시중을 하는 아가씨도 있었다. 낮 시간에는 손님이 거의 없었는데, 조선족 남자 두 명이 들어와 아가씨 두 명을 불러 잠깐 앉아 있다가 갔다. 그런대로 웃으며 대하던 아가씨들은 남자들이 나가자마자 목소리를 높여 욕설이 들어간 거친 말을 쏟아내기 시작했다. 돈 얼마 내지도 않으면서 안 좋은 매너로 아가씨들을 부리려 한다는 불평이었다. 혼자 남은 손님인 나를 오라고 손짓해 모여 앉아서는 조선족 남자들을 욕하기 시작했다.

재미있게도 아가씨들은 한국 남자들하고 조선족 남자들을 비교했다. 조선족 남자들은 뭘 해도 폼이 나지 않고 촌스럽고 매너가 안 좋지만, 한국 남자들은 세련되고 여유 있으며 매너가 좋다고 했다. 외국에 사는 15년 동안 내가 한국 여자들에게서 들은 한국 남자들에 관한 평가하고 무척 비슷했다. 한국 남자들은 뭘 해도 폼이 나지 않고, 세련되지 못하며, 여자를 무시하는데다 마초처럼 군다는 불평이었다. 백인이나 흑인에 견줘 체격이 상대적으로 왜소하고, 여유가 없으며, 조급한 몸가짐에 여자를 무시하거나 희롱하는 분위기 때문이었다. 비난하는 말이기도 했고, 불쌍히 여기는 뜻이기도 했고, 부끄러워하는 얘기기도 했다.

그런 비교에는 인종, 국가 간의 힘 관계, 부, 문화의 풍요로움 등 여러 가지가 들어 있다. 케이팝의 영향을 받아 한국 남자의 이미지가 긍정적으로 바뀐 경우가 좋은 예다. 또한 자기 나라를 떠난 사람은 기가 죽기 때문에 그런 폼이 나지 않는다. 특히 당당함이나 확신에 찬 태도에서 나오는 여유 같은 요소가 흔히 말하는 '남자다움'에 많이 가까운 탓에 출신지보다 더 선진 사회로 간 이민자 남자들이 이미지 타격을 많이 받는다.

대림시장의 변화에 대응하는 커맥 가게 마담의 삶이 흥미로웠다. 마담은 일찍이 다방 레지로 일하다가 꼬마 마담이 돼 한국인 레지 아가씨들을 데리고 한국 고객을 상대로 장사했다. 대림시장에서 20년 넘게 장사를 한 만큼 그동안 일어난 시장의 변화를 온몸으로 느끼고 있었다. 대림시장이 조선족 시장이 된 뒤에는 조선족 아가씨를 고용해 조선족 고객을 상대하다가 '데리고 있기 힘들어' 한족 아가씨로 바꿨다. 내가 조선족 연구를 한다니까 조선족 아가씨를 소개해주고 싶어했는데, 자기뿐 아니라 다른 업소에서도 조선족들에게 질려서 한족을 많이 쓴다고 했다. 한족이 조선족에 견줘 덜 드세기 때문이었다.

마담은 대림시장의 변화에 관해 불평하거나 걱정하지 않았다. 매상에 그리 큰 영향이 없기 때문이었다. 오히려 조선족 남자들이 더 통 크게 돈을 쓰기 때문에 괜찮다고 했다. 마담이 겪은 변화는 중국에 진출한 한국 기업, 외국에 있는 한국 기업과 조선족의 진화하고 많이 닮아 있다. 한국인을 고용하고 있다가 더 싼 임금을 찾아 조선족을 고용한 뒤, 더 임금이 낮고 순하다는 한족으로 바꾼다. 그새 조선족은 독립해 자기 사업을 한다. 조선족의 대도시 진출과 외국 진출이 빨랐듯이 이런 진화도 빨리 진행된다.

이런 밀집 지역에서 지내기가 피곤해서 일부러 거리를 두는 사람들도 꽤 된다. 외국살이의 장점이 그동안 얽혀 있던 관계를 자연스럽게 단절한 뒤 자유롭고 평화롭게 살 수 있다는 점인데, 밀집 지역으로 들어가면 오히려 세계가 더 좁아질 수 있기 때문이다.

오정희 씨는 먼저 한국에 온 동생이 사는 곳으로 가니 조선족이 별로 없고 거의 모두 한국 사람이라 '조용하고 좋았다'고 했다. 한국 사람들하고 사는 게 불편하지는 않았다. 그러나 처음 일하는 가정집에 가면 조심스럽고 뭐든 맞춰야 하니까 어색하다. 오 씨의 많은 친구들이 한국에 있다. 나온 지 10년 된 동생이 친구들 연락처를 다 알아서 오정희 씨도 바로 연락하고 알게 됐다. 친구들은 대부분 대림에 있는 중국 식당에서 만난다. 대림동이 동포들 만나서 먹고 쓰고 하는 데 좋다. 사는 데는 떨어진 곳이라 평화롭게 친구들 만나려면 대림동에 온다.

조선족에 관한 부정적 이미지 중 하나가 칼 들고 싸우는 사람들이라는 시각이다. 김만호 씨는 중국보다 한국에서 오히려 더 심하게 싸운다고 했다. 중국에서는 이렇게 모여 살지 않으니 싸움 날 일이 별로 없었다. 한국에서는 각 지방에서 온 사람들이 모이다 보니 밥 먹고 술 마시다보면 시비도 붙고 큰 싸움이 난다. 중국에서는 칼을 쓰며 싸우기도 한다고 했다. 김만호 씨가 하는 설명은 이렇다. 너무 도수가 높은 술을 먹어서 그렇게 실수를 하고, 한국 법이 약하다고. 중국에서는 절도도 금액에 따라 총살을 당한다. 한국에서는 몰랐고 술김에 한 짓이라고 하면 사형까지 당하지는 않는다.

단순히 모여 있다고 해서 그런 일이 벌어지지는 않는다. 소수 인종으로 팍팍한 삶을 사는 사람들끼리 모여 있기 때문에 드라마가 나온다. 이런 이민자 밀집 지역의 범죄율이 생각보다, 원주민 범죄율보다 낮은 사실을 보면 그런데도 막 나가기 힘든 모양이다.

조선족은 범죄를 많이 저지를까

언론은 조선족이 한국에서 불법을 많이 저지른다고 보도하고 사람들은 악성 댓글을 단다. 조선족 밀집 지역에 관한 이야기를 미디어에서 접할 뿐 그곳에 실제로 가보지는 않은 서울 사람들이 많다. 갈 일이 없기도 하고, 가면 좀 위험하지 않을까 하고 염려하기도 한다. 이민자에 관련된 전형적인 오해다. 대부분의 지역에서 이민자들은 부정적 이미지하고 다르게 자국인보다 범죄율이 더 낮다. 한국인의 범죄율은 한국에 사는 외국인 범죄율의 두 배 정도다. 게다가 한국인 통계에는 미성년자와 노인이 포함돼 있으니 범죄를 저지를 가능성이 큰 사람들만 보면 범죄율은 더 높아진다.•

그런 두려움을 대할 때면 로스앤젤레스에서 본 미국 학생들이 생각난다. 박사 과정 학생이던 나는 강의 조교였다. 강의 담당 교수가 학생들에게 내준 숙제 중 하나가 코리아타운에 직접 가서 관찰한 뒤 보고서 쓰기였다. 몇몇 학생이 불평했다. 그런 위험한 곳에 가라는 과제는 부당하다는 말이었다. 적어도 일주일에 한 번은 장을 보러 코리아타운에 가던 나는 주류 사회 사람들은 그렇게 느낄 수 있다는 사실을 그때 처음 알았다.

• 임광순, 〈국내 조선족 범죄의 실제와 방향성〉, 《역사비평》 2015년 여름(통권 111호), 역사비평사, 2015, 358~384쪽(http://www.mediatoday.co.kr/news/articleView.html?idxno=110192).

"요즘 이 동네 다 춘장 냄새예요"
— 장밋빛 인생에 끼어든 차이나 블루

영화 속의 구로는 어떤 모습일까.•• 1998년 《국토》에 연재한 '영화 속의 도시' 시리즈에 구로 이야기를 썼다(이 글은 '80년대 구로의 회색빛 삶과 장밋빛 희망'이라는 제목으로 단행본 《영화 속의 도시》에도 실렸다). 15년 만에 새로 시작된 연재 때문에 구로를 다시 찾았다.

•• 이 부분은 2014년에 국토연구원에서 발행하는 《국토》에 연재한 '영화 속의 도시'에 실은 글을 조금 고쳤다.

구로동, 가리봉동, 대림동을 가보거나 그 동네를 다룬 영화를 보면 묘하다. 앞에서 묘사한 집 모습뿐 아니라 대체로 칙칙한 동네 풍경, 공사 자재와 잡동사니가 지저분하게 쌓여 있는 모습이 비슷하다. 다만 사는 사람들이 바뀌었다. 이곳을 메우고 있던 공장 노동자와 일용직 노동자들을 조선족이 대신한다. 1990년대 말에 공장 노동자들이 나오는 영화를 보고 글을 썼는데, 지금 보는 영화에는 다 조선족들이 나온다.

저예산 영화 〈차이나 블루〉(김건 감독, 2012)도 이 똑같지만 달라진 동네 얘기로 시작한다. "요즘 이 동네 다 춘장 냄새예요." 운동권 출신으로 예전에 이곳에 산 적이 있는 은혁의 아버지(이경영)가 구로를 다시 찾아와서 들은 얘기다. 이 영화는 서울의 가장 낮은 곳인 이곳의 주요 얼굴이 어떻게 달라졌는지, 그런데도 그 모습들이 어떻게 같은지를 잘 보여준다. 25년 전에 학교를 그만두고 노동 현장에 온 은혁 아버지와 시골에서 상경한 은혁 아버지의 후배는 둘 다 공장에서 일했다.

"여기는 변하지 않네." 25년 만에 구로를 찾아온 은혁 아버지의 소감이다. "여기? 그렇지 뭐. 한국 노동자들이 조선족으로 바뀐 거, 그거 말고는 그대로지 뭐." 15년 동안 변하지 않아 감탄했는데, 25년 만에 찾아도 마찬가지인가 보다.

영화는 지나온 세월만큼 낡기만 한 주택들의 벽을 타고 어지럽게 올라가는 가스관을 비춘다. 수돗물을 조금만 틀어놓으면 된다는 대사를 보니 아직도 겨울에 물이 잘 어는 모양이다. 이 영화에 나오는 집들은 정말 1994년 〈장미빛 인생〉(김홍준 감독)과 1998년 〈구로 아리랑〉(박종원 감독)에 나온 모습하고 똑같다. 희망이 별로 없고 때울 시간은 많은 청년들이 모여서 운동하고 얘기하는 곳이 옥탑방이라는 점도 같다. 다른 점이라면 영화에 나오는 시장(가리봉시장으로 보인다)에 보이는 중국식 호떡 정도다. 시장에는 중국어 간판과 중국 음식점이 흔해졌다.

소외받는 사람들이 모여 사는 이곳을 그린 영화에는 모두 약자들끼리 싸우는 모습이 나온다. 세상을 원망하거나 기득권층을 욕하기보다는 약

영화로 도시 읽기

문화에 관한 연구와 문화적 접근이 다양하게 진행되면서, 1990년대 말에서 2000년대 초에 걸친 도시 연구에서 영화가 많이 쓰이기 시작했다. 영화는 허구지만, 배경이 되는 도시의 모습(건물과 시설물을 뜻하는 도시 경관)이 생생한데다가 사회적 환경과 정치적 배경, 그 공간과 장소의 정서까지 잘 드러내기 때문에 도시를 이해하는 데 큰 도움이 된다.

《영화 속의 도시》(구동회 엮음, 한울아카데미, 1999) 같은 책이 그런 시도였다. 한 도시를 배경으로 하는 영화 몇 편을 통해 그 도시를 소개했다. 한국공간환경연구회(지금의 한국공간학회) 문화분과 회원들을 중심으로 새바람이 불었다. 석사 과정에 있던 나도 글을 두 편 실었다. 영화 비평 유행이 한 차례 지나간 뒤라 영화평과 도시 소개의 중간쯤으로 생각하고 썼다. 한 도시마다 3편 정도의 영화를 집에서 빌려보거나 비디오방에서 계속 돌려봤다. 눈 아프게 자세히 관찰하고 중요한 대사를 적으면서 영화가 장소에 관해 무척이나 많이 알려준다는 사실에 새삼 감탄했다.

영화로 도시 읽기는 그 도시에 관한 이론과 사례를 많이 알고 있으면 효과적으로 잘 쓸 수 있다. 영화의 메시지를 분석하기보다는 영화라는 렌즈를 거쳐 그 도시를 알리는 작업이기 때문이다. 독자는 사례로 제시된 영화를 봐야 재미를 느낄 수 있다. 그렇지만 먼저 읽고 나서 새로운 시각으로 영화를 봐도 좋다.

자들끼리 다투며 스트레스를 푼다. 저임금 일자리를 찾는 한국 청년들이 조선족을 욕한다. 15년 전 소개한 〈장미빛 인생〉에 많이 나온 젊은 실업자들은 공사판, 식당, 가사 도우미 같은 저임금 일자리를 전전했다. 때로는 사채업자들에게 고용돼 불법과 편법을 넘나들며 불법 추심 같은 일을 하기도 했다. 이런 일을 이제 조선족들이 많이 한다. 같은 민족이고 말은 통하지만, 중국에서 쌓은 학력과 경력이 한국에서 잘 먹히지 않기 때문이다.

젊은 실업자들은 일자리를 뺏겼다고 느낀다. 예쁜 여자가 조선족 남자하고 함께 있는 모습을 보고 주먹질하며 살아가는 은혁 패거리는 한탄한다. "여자도 짱깨가 쓸어가는 드러운 세상." 자기 영역을 조선족에게 뺏겼다고 생각하는 피해 의식이 드러난다. 그래서 조선족 길남(김주영) 패거리에게 걸핏하면 싸움을 건다.

가난한 집에 태어난 덕에 고생을 많이 한 은혁은 조선족을 배려할 마음의 여유가 없다. 세상을 한번 바꿔보려다가 자기를 먼저 망친 운동권 출신 아버지는 중병에 걸렸다. 은혁이 조선족에게 따진다. "차별? 있다고 치자. 근데 니가 차별 제대로 받아본 적 있냐? 너 벌집에서 살아본 적 없지? 임금 체불돼본 적 없지? 산재 처리 안 돼서 불구된 거 본 적 없지? 나는 말이야, 이 동네에서 태어나서 그런 거 지긋지긋하게 봤거든." 게다가 은혁의 엄마가 사고를 당한 때 연락하지 않고 지갑을 훔쳐간 사람이 조선족 불법 체류자인 탓에 조선족들에게 원한을 품고 있다.

조선족들도 한국 사람들에게 원망과 두려움이 많아서 한국인하고 친하게 지내는 조선족을 보면 싫은 소리를 한다. 조선족과 중국 깡패들이 한국 청년들에게 싹쓸이 당한 일을 들먹이면서 한국 사람들하고 친하게 지내는 조선족에게 경고하는 장면이 있다. 신의를 저버리는 행동이라고 생각하기 때문이다.

그 구별 짓기에는 한국 사람을 향한 깊은 서운함이 자리하고 있다. 따지고 보면 다 같은 조상인데 다른 민족보다 벌레 취급한다는 서운함 말이다. 이런 데서 비싼 학비 내고 대학 나와도 일자리를 못 구한다고 생각한다. 조선족 청년 길남은 대학교 성적이 더 좋은데도 한국인 친구에게 연구 프로젝트에 참여할 기회를 뺏긴다. 뒤에서 다들 수군거린다. "조선족이 학교 대표라는 게 말도 안 되지."

길남이 괴로운 이유는 단지 차별 탓이 아니었다. 자기 정체성이 모호해 차별을 어떻게 생각해야 하는지 혼란스럽기 때문이었다. "나한테 국내선은 한국선일까, 중국선일까. 가끔씩 혼란스러울 때가 있어. 내가 중국 사람인지 한국 사람인지. 중국에서는 한국 사람이라고 생각했는데, 여기서는…….” 중국은 소수 민족 정책이 잘돼 있어서 차별받지 않고 산 편이라고 하지만, 소수 민족의 몸에 밴 조심성은 있기 마련인가 보다. 길남은 칭칭이 자기에게 필요 이상으로 잘하고 필요 이상으로 챙겨준 이유도 조선족이기 때문이라고 추측하며 자신 없어 한다.

한국인 젊은이와 조선족 젊은이들의 갈등이 무엇인지 알아보는 이는 가수를 하려고 한국에 온 칭칭(정주연)이다. 칭칭은 중국에서는 길남하고 친했고 구로에서는 은혁하고 친해졌다. 조선족들에게 시비 거는 은혁에게 중국은 싫어하면서 왜 중국 음식점 가냐고 따진다. 은혁의 답은 이렇다.

> 그게 아니라……그냥……세상이 싫은 거야. 딱히 중국이 싫고 그런 건 아니고. 그러니까 먼저 선빵을 날리는 거지. 안 그러면 내가 당하는 거니까.

조선족에 부정적인 인터넷 댓글들 중에는 이런 두려움, ‘선빵’을 날리자는 생각이 깔려 있다. 그 두려움의 바탕에는 민족주의도 있겠지만, 그나마 이런 일자리도 뺏길까 두려워하는 젊은이들의 불안이 자리한다.

〈차이나 블루〉와 〈황해〉(나홍진 감독, 2010)는 한국인이 고용한 저임금 노동력인 조선족이 범죄자가 되는 과정을 그린다. 〈차이나 블루〉에서는 은혁과 친구들이 고용주인 사채업자를 도와주며 용돈을 번다. 노숙자를 데려와 노숙자 명의로 대포 통장을 만들기도 하고, 협박과 폭력도 무시로 휘두른다. 북한에 있는 어머니를 데려오느라 사채를 쓴 탈북자 젊은이를 잡기도 한다. 이런 일을 시키는 한국인 사채업자는 가수가 되려고 열심히 노래와 춤을 연습하는 칭칭을 성폭행하려 하기도 한다.

흥행에도 성공한 〈황해〉에서는 살인 청부업자와 의뢰인이 한국인이다.

저임금 한국인 젊은이들을 상대로 경쟁하는 조선족들이 편법이자 불법인 범죄 노동 시장에 들어가는 과정을 잘 보여주는 영화다. 이 스릴러 영화는 조선족들이 한국으로 노동 이주하는 흐름이 정점이던 2000년대 중반에 벌어진 실화를 바탕으로 했다. 조선족 구남(하정우)이 50만 원을 들고 살인하러 한국에 온 일, 중국에 있는 살인 청부업자 면가(김윤석 분)가 잠적해서 구남이 중국으로 돌아가지 못하고 오갈 데 없는 신세가 된 일이 다 진짜 이야기다. 실제 인물은 청부 살인을 저지르는 과정에서 사망했다.

〈차이나 블루〉는 조선족이 한국에 정착하는 과정에서 일어나는 노동 시장의 변화를 얘기했다. 〈황해〉는 조선족이 중국을 떠나 한국으로 오는 이유로 한국과 중국을 잇는 불법 노동 시장을 보여준다. 그래서 이 영화에는 구로와 가리봉이 많이 나오지 않는다. 구로가 많은 조선족이 찾는 정착지기는 하지만, 그 이동을 만드는 주요 인물들은 그곳에 살지 않는다.

많은 조선족이 세계 각국에 가려고 브로커를 이용한다. 조선족들이 한국으로 대거 들어오기 시작한 1990년대 초반에도 한국으로 올 때 브로커를 많이 거쳤다. 〈황해〉에서 구남이 한국으로 가 청부 살인을 저지르기로 결심한 이유도 브로커 비용이다. 구남의 아내가 브로커를 거쳐 한국에 가면서 6만 위안, 한국 돈 1000만 원 정도 빚을 졌다. 아내가 중국으로 돈을 보내지 않자 주위에서는 마누라가 바람났다고 수군대고 집에는 빚쟁이가 찾아와 협박한다. 브로커는 택시 운전을 하는 구남에게 한국 가서 사람 하나만 죽이면 돈도 벌고 아내도 만날 수 있다고 유혹한다.

구남의 아내는 가리봉동으로 갔다. 딸은 구남의 어머니가 키우기로 했다. 많은 조선족 가정이 그렇듯이. 어머니는 너도 얼른 돈 벌어 한국 가라고 한다. 한국은 돈 벌어야 갈 수 있고 돈 벌려고 가는 곳이다. 강남구 논

현동에 사는 어떤 사람 죽이기가 목표인데, 일을 잘 처리하고 오면 비밀번호를 가르쳐준다며 5만 7000위안이 들어 있는 통장을 보여준다. 조선족들이 많이 쓰는 방법이다. 브로커들에게 이런 통장을 주고 도착지에 제대로 가면 비밀번호를 가르쳐준다.

불법과 범죄도 마다않는 조선족을 욕하지만, 국제적으로 이동해 범죄를 저지르는 조선족이 필요한 사람은 한국 중상류 계층이다. 〈황해〉를 보면 꾀죄죄하고 불안한 모습인 구남(조선족들은 현실을 왜곡한다고 비판했다)과 번쩍이는 한국의 야경이 대조된다. 살인 대상이던 변호사 김승현이 죽은 뒤 구남은 김승현의 아내에게 사실은 운전사가 보낸 사람들이 죽였다고 알리고 사죄한다. 그런데 집에 침입한 구남을 보고 벌벌 떨며 눈물 흘리던 단정하고 예쁜 김승현의 아내가 바로 청부 살인 의뢰인이었다.

두 영화가 보여주지 않은 중요한 면은 조선족의 진화다. 사회주의 중국의 농촌에서 지내다가 자본주의 한국의 도시에 와 고생도 많이 하고 더 큰 불평등에 빠지기도 했다. 그렇지만 학습 효과는 컸고, 성공한 조선족도 늘어나고 있다. 조선족의 유목민적 특징은 21세기에 큰 장점일 수 있다. 중국이 부상하고 남북이 통일된 뒤 조선족이 할 수 있는 구실도 많다. 가리봉과 대림과 구로 지역은 어떻게 변할까. 2020년이나 2030년쯤에 이 동네를 배경으로 한 영화에서 우리는 무엇을 볼 수 있을까.

5장

여기에도 있고 저기에도 있는

적응, 동화, 비교, 분석

스카이프, 카카오톡, 페이스북
— 다중 정체성과 미래의 다문화 사회

떠나가서 정착한 곳에 어느 정도 적응하고 동화해야 하는 걸까. 어느 정도까지 가능할까. 이주자가 얼마큼 동화되고 얼마큼 옛 정체성을 지켜야 하느냐를 둘러싼 문제는 오래된 갈등이다. 어느 정도 동화되고 적응하기는 생존의 필수 조건이어서 누구나 어느 정도 노력하게 된다. 그런 상태를 이상적으로 생각하는 측면도 있다. 그래서 짧은 외국 여행 중이거나 아예 이주한 사람도 비한국인, 주로 백인하고 어울리는 사진을 보여주려 애쓴다. 그런데 그런 모습을 보여주는 주요 대상이 한국인인 사실을 보면 자기 삶에서 중요한 평가 집단은 아직 옛 정체성에 남아 있는 셈이다.

그곳 사람이 되려고 떠나간 사람의 능력(직업, 언어, 성격)이나 절실함의 정도가 중요하다. 현지인을 만날 기회가 있는 직업인지, 그곳 언어를 얼마큼 잘하는지, 언어를 좀 못해도 모나지 않게 잘 어울리는지, 안 되면 얼굴에 웃음이라도 띠고 있는지 등이 변수가 된다. 그리고 그곳에 정착해야 할 중요한 이유가 있는지, 아니면 대충 어느 정도 살다가 다시 돌아갈지가 중요하다. 또한 현지인이 얼마큼 이방인을 받아들여주는지도 중요하다. 적극 배척하는지, 서로 상관없이 사는지, 두 팔 벌려 환영하는지를 결정하는 제도와 문화가 중요하다.

적응도 좋고 동화도 좋은데, 자기 정체성 지키기가 정말 중요하다. 자기의 뿌리를 기억하기, 자기가 온 곳을 향한 애착을 간직하기, 몇몇 오랜 인연을 이어가기는 사람에게 안정감을 준다. 요즘처럼 네트워크가 중요한 시대에는 중요한 자산이기도 하다.

동화 또는 다중 정체성?

이민자 개인은 삶과 직업의 새로운 기회, 더 나은 교육, 가족이나 친척의 이주 같은 이유 때문에 이주를 결심한다. 이주자를 받아들이는 사회는 이주자가 그 사회에서 어떻게 살까가 늘 예민한 문제였다. 개인의 안녕과 행복을 걱정하기보다는 애써 일군 통합과 문화를 다른 존재가 들어와 망치지 않을지 염려한다. 이런 정착지의 시각, 특히 정책 결정자들의 시각이 많이 반영돼 이민자 연구가 진행됐다. 가장 강력한 영향력을 행사한 흐름이 동화 이론assimilation theory이다.

동화 이론은 이민자가 시간이 흐르면서 정착지의 주류들처럼 될 수 있으며 돼야 한다고 주장한다. 이민자가 성공했느냐는 질문은 얼마큼 그곳에 동화됐느냐는 질문이나 다름없다. '로마에서는 로마법을 따르라'를 넘어서 '로마에서는 로마 사람처럼 말하고 행동하고 생각하라. 그러면 너는 성공한 사람이 된다'다. 동화 이론은 1920년대부터 1990년대까지 꾸준히 중심에 서 있었다. 시카고학파를 비롯한 동화 이론가들은 이민자 밀집 지역도 시간이 지나면서 없어진다고 내다봤다. 미국의 코리아타운이나 프랑스의 차이나타운 같은 밀집 지역에 살던 이민자들이 점점 현지에 동화되면서 흩어져 원주민들 사이에 살게 되리라고 생각했다.

특히 미국은 '미국 땅에 사는 한 모두 미국인'이라는 정책을 폈다. 아이가 태어나면 태어난 곳의 국적을 갖게 되는 속지주의도 한몫했다. 한국에서 이민을 가 낳은 아기가 미국 국적을 가지면 부모가 미국 땅에 느끼는 애착은 훨씬 커지기 마련이었다.

동화 이론은 학계뿐 아니라 정책과 일상생활에도 녹아 있었다. 많은 이민자들은 도착한 곳에 적응하는 수준을 넘어 동화되려 무척이나 애썼다. 한때 1970년대에 미국으로 이민한 한국 사람들이 집에서도 영어만 써서 이민 2세들이 한국어를 할 줄 모른다는 얘기가 돌았다. 그 덕에 미국 사회에 잘 적응해 성공해서 산다는 평가도 있었고, 아무리 그래도 한국 사람이 한국말을 할 줄 알아야지 하는 질타도 있었다. 반면 로스앤젤레스처럼 한국 사람이 정말 많아 영어를 하나도 할 줄 몰라도 살 수 있다고, 그래서 그곳은 한국 비슷하다는 얘기도 있었다. 그러려면 왜 미국에 사느냐는 비웃음이 많았다.

세월이 지나 1990년대를 건너 경제와 정치에서 국경을 넘어선 관계가 좀더 밀접해지고 다문화의 가치가 부각되는 21세기에 들어서자 사례 해석이 조금 달라졌다. 여러 언어를 할 줄 알고 다양한 문화를 알면 힘이 되는 시대가 됐다. 미국으로 이민한 한국 사람들은 아이들에게 한국어를 가르치지 않은 선택을 후회하기 시작했다.

동화 이론을 비판하면서 나온 이론이 바로 초국가주의transnationalism다. 초국가주의로 많이 옮기지만 '다중 정체성'이라고 해야 의미가 가장 잘 드러난다. 다중 정체성 이론은 한마디로 '나는 여기(도착지)에도 있고 저기(출발지)에도 있다'다. 한국에 살던 사람이 미국으로 이민한 경우 그곳에 적응하고 동화하기도 하지만, 한국에 사는 가족이나 친구들하고 끈을 유지하고, 한국 드라마를 보며, 인터넷 뉴스로 한국 소식을 접하면서 산다.

초국가주의 이론이 동화 이론을 대신해 중심에 선 이유는 이론이 지닌 힘 덕이라기보다는 동화가, 동화 정책이 실패한 결과다. 수십 년 동안 많은 나라에서 이민자들을 동화시키려 했지만 그렇게 되지 않았다. 특히 통신 기술이 발전한 결과 인터넷을 이용한 스카이프, 카카오톡, 페이스북, 각종 블로그를 거쳐 떠나온 곳에 사는 사람들하고 얼마든지 소통할 수 있게 됐다. 예전에는 비싼 전화비를 들여가며 어렵게 대화했지만, 지금은 스카이프로 얼굴을 보면서 얘기하고 카카오톡 그룹 채팅방에 들어가 친구들의 근황을 다 알 수 있다. 이렇게 여러 정체성을 발전시키는 방식이 이민자의 현실이라는 사실을 많은 연구가 보여줬다. 대통령 선거에도 참여할 수 있는 요즘은 제도까지 다중 정체성을 보장한다.

이민자들에게 현지 언어, 교육, 문화를 강요하는 태도도 도덕적으로 지탄받았다. 미국은 유럽에 견줘 강력한 동화 정책을 폈는데, 그럼 당신들은 이민자로서 아메리카 원주민들의 삶의 양식에 동화하려고 노력했냐는 비아냥을 들었다. 나중에 왔다는 이유로 이미 있던 사람들을 따라야 할 필요는 없고, 그러지도 않았다(오히려 아메리카 원주민은 대량 학살을 당했다). 그렇다고 이민자 수를 기준으로 존중받지도 않는다. 힘의 원리에 따라 이민자가 개인적으로 사회에서 지위를 얻고 집단행동이 가능할 때 그 집단의 존재감이 커진다. 다중 정체성을 기반으로 한 연구와 동화 이론의 또 다른 차이는 이민자 밀집 지역이 아직 남아 있고, 심지어 발전한다는 사실이다.

여기에서는 이민자가 일상에서 실제로 누구를 접하면서 사느냐 하는 문제가 중요하다. 이민자는 원주민의 제도뿐 아니라 사람들하고 교류하면서 동화하게 된다. 그래서 하루 일과 중 직장에서 일할 때나 여가 시간에 누구를 만나는지가 중요하다. 같은 직장에서 날마다 8시간 넘게 있어도 말을 아예 섞지 않고 각자 일을 하다가 결국 집과 동네에서 만나는 몇 명하고만 얘기하는 경우도 있다.

외지나 외국에서 짧거나 길게 산 경험이 있는 사람이라면 떠올려보자. 하루를 지내면서 누구를 어떻게 만나고 무슨 말을 나눴는지. 길거리를 지나가는 많은 그 나라 사람들 말고 벤치에 함께 앉아 있는 사람은 누구였는지. 많은 연구를 살펴보고 여러 개인들의 경험을 들은 결과 이민자들이 몰리는 직업이나 사교의 장이 있었다. 원래 속한 나라 사람들을 만나거나 다른 나라에서 온 이민자들하고 어울리는 경우가 많았다.

현지인 처지에서는 자기 나라에 살고 있으면서 외국에서 온 사람을 얼마큼 자주 만나는지를 생각해볼 수 있다. 예전보다 훨씬 다양해진 한국 사회지만, 늘어난 비한국인들이 자기들끼리 어울리는 때가 많은지, 아니면 나 스스로 자연스럽게 그 사람들하고 일상에서 교류하게 되는지를 생각해보자. 비한국인을 신기하게 생각하는 정도에 그치지 않고 진정한 우정을 나누고 함께 어울린 경우가 얼마큼 있는지 말이다. 확실히 시간이 흐르면서 좀더 많은 원주민과 이민자가 사귀게 된다. 그렇지만 시간이 오래 걸리고, 많은 경우 사회 계층과 인종, 성별, 나이에 따라 달라진다.

21세기에 들어 상황이 바뀌었다. 점점 더 많은 사회가 다문화 사회가 되면서 그 사회에 동화한다 하더라도 다문화에 동화한다는 뜻이 될 때가 많아졌다. 이를테면 하루에 쓰이는 언어만 300개가 넘는다는 런던에 살면 '영국 문화'가 뭔지 알기 힘들고, 굳이 동화하고 싶다면 다문화에 해야 한다. 그런 다문화 사회일수록 이민자는 더 늘어난다.

조선족이 언어 장벽을 뚫고 그 많은 나라로 간 이유도 먼저 가 있는 한국인들에게 기댈 수 있기 때문이지만, 그런 의도가 없는 사람도 어쩔 수 없이 한국인들을 부딪치게 된다. 한국인들도 이민자기 때문에 이민자들이 하는 일자리 주위에 모여 있기도 하고, 인종이 같고 말이 통하는 사람들이 함께 일하게 되는 상황은 자연스럽다.

초국가주의가 '여기에도 있고 저기에도 있다I am here and there'라면, 이때 여기와 저기는 어디일까. 초국가주의 개념이 나온 초창기에는 여기와 저기는 나라였다. 그래서 초'국가'주의였다. 그런데 굳이 나라일 이유가 없었다. 그래서 초지방주의trans-localism가 맞다는 견해도 나왔다. 내게 '저기'란 한국일 수도 있고, 경상도일 수도 있으며, 광주일 수도 있고, 특정한 단체나 학교나 집단이 될 수도 있다. 사람들의 이동이 증가할 뿐 아니라 다양해지고, 정체성에 관한 인식이 높아지는 한편 세분화되면서 초국가주의나 초○○주의 개념이 계속 발전하고 있다. 조금 뒤에 살필 혼동하는 이민 2세들처럼, 굳이 자기가 살던 곳이 아니어도 부모에게 끈이 있고 자기가 동경하는 곳을 '저기'로 삼을 수도 있다.

"한국 사람들도 힘들었을 거예요"
— 착취와 공생 사이에서

이민자들은 똑같은 집단이 아니다. 특히 정착한 뒤 오랜 시간이 지난 연륜 쌓인 이민자와 도착한 지 얼마 되지 않은 이민자 사이에는 차이가 있다. 새로 도착한 이민자들은 경험 쌓인 이민자들에게 의지해서 여러 정보를 얻고 일자리도 소개받는다.

런던, 칭다오, 서울 등 세 곳에서 모두 조선족들은 한국인에 고용된 경우가 많았지만 관계가 다 똑같지는 않다. 런던에서는 한국인과 조선족이 둘 다 이민자이자 이방인이다. 조선족에게 한국인은 자기보다 먼저 도착해서 자리잡은 이민자 선배라는 의미가 크다. 조선족과 탈북자는 한국인 고용주가 권위적이기는 해도 한국에서 겪은 '사장님'들에 견주면 훨씬 낫다고 말한다. 영국에서는 모두 이방인이기 때문이다.

칭다오에 사는 조선족 처지에서 보면 한국인은 자기가 2대나 3대째 살고 있는 중국에 나중에 도착한 이민자인 셈이다. 한국인 고용주는 중간 관리자로 있는 조선족에게 많이 의지한다. 조선족도 중국 땅이라 마음이 편하고 한국인 고용주가 너무 한다 싶으면 동원할 인맥도 있다. 다만 자기가 살던 동북 3성이 아닌 탓에 중국식 호구제 아래에서는 국내 이주자라는 불리한 상황에 놓여 있다. 반면 서울에서 한국인 고용주와 조선족 피고용인의 관계는 여러 면에서 수직적이다. 같은 언어를 쓰는 땅이라서 이민자가 겪는 어려움은 작지만 말이다.

조선족이 한국인에게 고용돼 한국인하고 같은 곳에서 일하는 경우가 많아서 조선족과 한국인의 관계가 중요하다. 인터뷰의 중요한 질문도 그 관계에 관련된 내용이었다. 내가 한국인이어서 순화할 가능성이 큰데도 이야기에서 갈등이 빠질 수는 없었다.

런던에서는 오래된 이민자(한국인)와 새로 온 이민자(조선족) 사이의 갈등과 공생이 잘 나타난다. 2000년대 초반쯤 언제부터 런던의 뉴몰든에 모여 사는 한국 사람들이 또 다른 외국인, 곧 조선족들의 정체를 눈치채기 시작했다. 한국 식당 주방에서 북한 말투에 가까운 말이 들린다 싶더니 주문 받는 직원들도 비슷한 말투를 쓰는 사람들로 바뀌기 시작했다. 한국인 업주는 한편으로 불안해하면서도 영국이 인건비가 비싼 만큼 조선족 직원을 써서 사업에 큰 도움을 받았다. 한국인들은 조선족 육아 도우미와 가사 도우미를 찾고 서로 입소문도 냈다. 육아 도우미를 하는 조선족 아주머니에게 아이하고 지낼 때는 중국어로 대화하라고 주문하는 부모도 있다. 아이가 조선족 억양 대신 중국어를 배울 수 있게 하려고 짜낸 꾀였다.

런던 조선족들은 한결같이 '성질 급하고 까다롭고 손이 빠른' 한국인 고용주들에게 서럽게 일을 배운 경험을 털어놓았다. 한국 사람하고 일할 때는 중국에서 일하던 때에 견줘 행동이 정말 빨라야 했고, 고용 관계를 주종 관계로 보는 관행에도 익숙해져야 했다. 게다가 같은 이민자로서 삶의 각박함에 맞서 싸워야 하는 한국인 고용주는 일이 서툴러 속 터지게 하는 조선족들에게 스트레스를 풀기 일쑤였다.

박광성 씨는 조선족인 형과 형수님이 한국 사람하고 일할 때 어떻게 해야 하는지 교육한 경험을 들려줬다. 박 씨는 마치 비밀을 알려주듯이 말했다. "한국 사장님이 콜라를 식초라고 하면 식초라고 해야지 콜라라고 하면 안 돼요." 틀린 말이라도 무조건 복종해야 자기에게 이롭다는 말이었다. 옳지는 않지만 어떻게 보면 한국에서 그러려니 하는 일들, 이를테면 많은 사람들이 포기하고 받아들이는 위계질서 때문에 조선족들은 힘들어했다. 중국에서는 다 평등하다고 배웠는데 한국은 그렇지 않았다. 다들 눈물을 많이 쏟았다. 빨리 하라고 몰아치기, 소리 지르기, 월급을 처음 말한 대로 주지 않기 같은 경험 때문이었다.

일 서두르기는 한국인 고용주의 특징이다. 미국에서 한국인들에게 고용된 멕시코 사람들이 가장 먼저 배우는 말이 '빨리빨리!'였다. 조선족도 마찬가지다. 한국에서 10년 살고 영국으로 온 조선족 여성은 정말 짧은 시간에 많은 일을 잘하는 편이었다. 한국인 고용주가 참 좋아했겠다고 하니 처음부터 그렇지는 않았다고 답했다.

> 하도 욕 들어 먹으며 일을 배우니 이제는 정말 빨라졌어요. 그전에는 한국 주인한테 욕먹고 눈물도 정말 많이 흘렸죠.

이제는 중국에 가서 느릿느릿한 사람들 보면 정말 답답하다며 웃는다. 어느새 한국인 고용주들을 많이 닮게 됐다. 생존하는 데 필요한 일이다. 영국 안의 한인촌으로 이주한 조선족들은 세월을 같이하며 한국인들에게 동병상련도 느끼고 노하우도 얻었다. 박광성 씨는 말했다.

사람 심하게 다스릴 때는 한국 사람들 욕도 하지만, 이 사람들이 있기 때문에 우리가 살 수 있는 거예요. 한국 사람들도 처음에 자리잡을 때 힘들었을 거예요.

타지에서 사는 처지를 공유하기 때문에 먼 곳에 떨어져서 보면 이해가 쉽게 된다는 말이었다. 그래서 그런지 런던에서 만난 조선족과 한국인들은 누구를 욕할 때도 그저 욕만 하지는 않았다. 사회과학을 하는 내가 감탄할 정도로 거리를 두고 면밀히 관찰하고 분석했다. 그 안에는 '타지에 사는 사람의 생존 투쟁'에 관한 이해가 담겨 있었다. 자기에 관한 이해가 확장된 결과물이었다.

리경옥 씨는 조선족이 워낙에 한족들하고 먹는 음식도 다르고 생활 방식도 달랐는데, 자기를 비롯한 런던에 사는 조선족들의 생활 방식이 이제는 한국화됐다고 했다. 조선족은 먹는 음식부터 삶의 방식까지 중국에 살아도 한족이 아니라 중국 조선족의 특성을 지키며 살았다. 그래서 조선족 고유의 문화가 있는데, 오랫동안 밖에서 살고 한국 사람들하고 많이 어울리다 보니 한국식 생활 방식으로 바뀌었다. 특히 조선족들끼리 살 수 없는 런던 같은 곳에서는 조선족 억양도 많이 없어진다.

그렇지만 한국인과 조선족 사이, 북한 사람과 조선족 사이에도 차이가 있다고 리경옥 씨는 강조했다. 마음을 쉽게 열지 못한다는 지적이었다. 개인적으로는 친하게 만나서 이야기할 수 있지만 전체로 볼 때는 그럴 수 없다고 했다. 살아온 배경과 받아온 교육이 많이 작용해서 '결국은 따로' 지내게 되더라는 말이었다. 말도 똑같고 음식도 함께 먹을 수 있지만, 분명히 다른 나라에서 살아온 탓에 결국은 외국인이라고 했다. 중국인들도 중국

본토 사람, 타이완 사람, 홍콩 사람이 합쳐지지 않듯이 말이다.

이 '결국은 따로'가 그러니 함께할 필요가 없다는 결론으로 나아가지는 않았다. 리경옥 씨는 함께하기가 쉽지 않기 때문에 무한한 희생이 필요하다고 했다. 처음에 종교에 관해 한 얘기였는데, 따지지 말고, 보듬어주고, 무한한 사랑과 희생을 해야 한다고 했다. 종교 얘기만은 아니었다. 갈등이 일어나고, 닮아가고, 함께하려면 어려운 줄 알면서도 안고 가야 한다고 깨닫는 경험에서 우러나온 치유의 선택이었다.

"우리는 조선족이라서 한 민족이니까"
— 칭다오로 간 조선족 구일 씨

만나는 조선족들의 여유 있는 태도에 마음이 편하던 칭다오. 그렇지만 칭다오에서 한국인 사장들하고 전진 또는 현직 조선족 관리자가 함께 일한 경험은 좌충우돌 힘겨운 과정이었다. 인터뷰하던 사람들이 흥분해서 목소리를 높이기 일쑤였다.

값싼 중국 노동력에 더해 두 문화를 쉽게 연결해줄 조선족 관리자를 믿고 사업을 칭다오로 옮겨온 한국인 사장, 별다른 경력 없이 한국말과 중국말을 같이 쓰는 덕에 중국 노동자들 위에서 관리자 노릇을 하며 월급도 많이 받을 수 있다는 꿈에 부푼 조선족. 그 둘은 본격적인 일을 시작하면서 현실이 얼마나 복잡한지를 깨달았다.

조선족들은 한국 기업이 들어와서 기회가 많아졌다고 했다. 예전에 조선족은 시내보다 농촌에 많이 살았다. 그래서 기업 문화가 뭔지도 잘 몰랐다. 칭다오로 오면서 기업체에 들어간 뒤에야 중국말로 '공인ㅍㅅ'이 됐다. 직장 생활을 한다는 뜻이다. 생활을 바꿔기가 쉽지는 않았다. 처음에는 그나마 젊은 사람이 많아서 좀 나았다. 1980년대에 개방이 된 뒤 성장한 젊은이들은 적응도 빨랐다. 농사만 짓고 살던 나이든 사람들은 힘들어했다.

관리자가 된 조선족들이 의외로 어려워 한 일은 통역이었다. 동북 3성에 살 때 이중 언어를 쓴 만큼 어느 정도 되려니 했다. 그런데 회사에서 쓰는 용어는 달랐다. 자본주의 기업이 돌아가는 방식을 잘 모르는데다가 귀금속 장식을 생산하는 공장에서 쓰는 용어가 익숙하지 않았다. 한국 사람이 운영하는 기업이니 한국어로 된 설명서를 한족 노동자들에게 중국말로 설명해야 했는데, 그 한국어를 알아듣기 힘들었다. 무리도 아니었다. 학교에서 조금 배우고 집에서 부모나 조부모하고 쓰는 한국어는 회사에서 쓰는 공식 한국어 표현하고 다르기 때문이었다. 통역이 잘 안 되는 상황은 한국인 사장이 보기에 답답할 뿐이었다.

다른 곳에서도 볼 수 있는, 한국인 고용주하고 조선족 피고용인 사이의 갈등도 있었다. 칭다오에서는 더 심했다. 조선족이 국적을 갖고 있는 중국이고, 같이 일하는 한족도 있기 때문이었다. 칭다오에서 만난 조선족들은 한국에서 한국인이 중국인을 차별하는 것까지는 참겠는데, 왜 내 땅인 중국에 와서도 차별하는지 이해할 수 없다고 했다. 감히 그렇게 하는 한국인의 배짱이 상당히 불쾌하다는 투였다.

과연 그랬다. 중국에서 만난 조선족은 달랐다. 언젠가 인천공항 공중전화 부스에서 공중전화를 걸던 조선족 아주머니가 뒤에 서 있는 나를 보고 서둘러 전화를 끊으며 공손하게 비켜주는 모습에 당황한 적이 있었다. 이등 국민이 살아남는 방식이었다. 칭다오에서 만난 조선족은 한국과 영국에서 만난 조선족하고 무척 다른 모습이었다. 연구 때문에 온 '이방인'을 친절하고 여유 있게 도와줬다.

한국인 사장을 비난할 때도 런던, 특히 서울에서 만난 조선족의 태도하고 사뭇 달랐다. 자기들 문화를 알지도 못하면서 사장이랍시고 한국식으로 부려먹으려는 모습이 이해되지 않고 불쾌했다. 조선족 노동자와 한족 노동자가 합심해서 한국 사장을 두들겨 팬 소문도 들렸고, 배신했다는 얘기도 많았다. 갑을의 종속 관계가 뚜렷한 한국식 고용 문화를 받아들일 수 없는데다가 여기는 내 나라라는 든든한 뒷배가 있으니까 가능한 일이다.

그곳에서 만난 조선족들도 한국으로 갈 생각을 많이 했다. 그렇지만 이런저런 문제가 만만치 않았고 장점보다 단점이 갈수록 더 커졌다. 지금은 사정이 많이 좋아졌지만 1990년대 초반만 해도 한국을 가려면 브로커에게 몇 만 위안을 줘야 했다. 주변에서 사기도 많이 당했다. 가고 싶어하고 가려 하다가 못가는 사이, 어느 순간 의심이 들었다. 왜 굳이 한국에 가야 하지? 한국에 가면 가장 밑바닥에서 살아야 하는데, 떨어져 살아야 하는 가족은 또 어떻게 하지? 한국에 가도 지금 벌고 있는 수입보다 얼마나 더 벌겠나? 이런 생각들이 2006년 무렵부터 조선족들 사이에 고개를 들었다. 특히 한국 기업이 중국에 진출하기 시작하면서 차라리 중국의 대도시로 옮겨 한국 기업에서 일하기로 한 조선족이 늘었다.

초창기에는 한국 기업이 하고 싶은 대로 막 했다. 법도 안 지키고 착취도 심하게 했다. 300~500명 정도 되는 공인이 있는데도 50명만 보험에 드는 식이었다. 정부에서는 다 보험 들라고 해도 뒷돈 좀 주고 넘어가고 그랬다. 덜 발전한 곳에서 온 한족을 노동자로 고용해 일을 많이 시켰다. 한족 중에서도 현지 사람은 그런 일을 하지 않았다. 도시 개발이 진행되면서 정부가 농촌 땅을 사들인 뒤 보조금을 주니까 가만히 있어도 돈을 벌 수 있었다. 땅을 판 사람들은 장사를 하거나 관리자로 취직한다.

심지어 24시간 일을 시키는 한국 기업이 많았다. 야간작업을 해도 임금의 150퍼센트만 줬지, 4시간 뒤에는 돈이 몇 퍼센트씩 올라가는 방식은 아니었다. 한때는 임금이 너무 싸니까 일이 많을 때는 일주일에 한 번씩 24시간 근무를 시키기도 했다. 이렇게 밀어붙이는 방식에 조선족들은 많이 놀랐다. 관리직에 채용돼 혜택을 받기는 했지만, 한국의 위계질서는 문화 충격이었다. 많은 조선족들은 한국 사람들이 편견이 심하고 차별을 많이 한다고 얘기했다. 좁은 나라 안에서 경쟁한 탓인지 사납다고 분석했다. 유교 사상을 아직도 갖고 있다는 점도 자주 지적했다.

구일(50대·남·가명) 씨는 처음 칭다오에 와서 일할 때 한국식 계급 차별을 많이 느꼈다. 중국은 사회주의 나라여서 그래도 평등주의가 강하지만, 한국 기업은 들어가면 일단은 계급 차별이 심했다. "옛날만 해도 공평했습니다. 특권이라는 게 없었습니다." 지금은 중국도 개방되면서 특권층이 많아졌다고 구일 씨는 놀라워했다. 예전에는 한족이 못사는 사람들을 짐승 대하듯 다루는 일이 별로 없었지만, 지금은 사회 전체적으로 분위기가 그렇다고 했다. 상대방이 나보다 못났다고 생각하면 멸시하는 경향이 많아졌다. 농촌과 도시가 완전히 분리된 때는 몰랐는데, 개방이 된 뒤 무조건 도시로 나와 일하게 되면서 농촌에 있다가 도시에 온 농민공을 차별하는 모습이 두드러졌다.

농촌 출신이어서 농촌에 호구를 갖고 있는 농민공은 무시를 많이 당한다. 똑같은 인간으로 보지 않는 사람들이 많다는 말이다. 베이징에서 지하철을 탄 농민공이 옷까지 지저분하게 입고 있으면 그 사람이 앉은 옆자리에 아무도 못 앉게 한다고 했다. 구일 씨는 농민공 탓도 했다. 일할 때는 지저분하게 입더라도 지하철 탈 때는 좀 갈아입어서 그런 무시를 받지 않아야 한다는 말이었다.

조선족 구일 씨는 동북 3성에 속하는 지린에서 태어나 1999년에 칭다오로 왔다. 햇수로 14년째다. 고향에서는 조선족 학교에 다녔다. 구일 씨보다 나이가 많은 사람들은 1980년대 후반부터 한국으로 많이 갔다. 젊은 사람들, 아직 30대인 사람들은 칭다오로 가장 많이 왔고, 베이징이나 상하이에도 꽤 갔다.

성공하려는 사람들, 성공한 사람들도 칭다오에 많이 왔다. 그렇지만 조선족의 성공은 어차피 한국 사람들하고 연결된 일이었다. 이를테면 칭다오에 와서 식당을 크게 해 잘된 사람도 한국 사람들이 많이 들어오면서 바뀐 사회 분위기 덕을 봤다. 한국 기업에 들어가서 조금씩 배우다가 나중에는 자기 사업을 차려서 잘하는 사람도 있을 정도로 여러 가지로 한국 사람들하고 연계되고 있었다. 동북 3성의 경제 활동이 칭다오보다 못해서 조선족들이 많이 나왔다. 돈도 돈이지만 젊은 사람들이 다 나가니까 친구가 없어서 문제였다. "조선족 사회는 다 무너졌다고 보면 돼요. 어떻게 보면 참 안타깝죠." 구일 씨는 고향을 떠난 조선족은 일단 타지에 온 만큼 여러 가지로 힘들다고 했다. 호구제가 약해지기는 했지만 여전히 병원, 주택 구입, 학교 등에서 타지인은 훨씬 불리했다.

구일 씨가 다닌 첫 직장은 다롄에 있는 한국 기업이었다. 처음에는 나중에 사장이 되자는 꿈을 가졌다. 먼저 일자리를 찾아서 상황을 살펴볼 생각에 일단 고향을 떠났다. 그 회사에서 2년을 일하다가 경영 상태가 나빠져 그만둔 뒤 혼자 이것 할까 저것 할까 헤맸다. 26살로 아직 나이도 어리고 가족도 없어 별로 열심히 살지 않았다. 그러다가 아는 사람이 있는 칭다오로 왔다. 14년 동안 사업도 해보고 이런저런 직업에 몸담았다.

어차피 외국에 나오면 이런 사람 저런 사람이 다 있겠지만 한국 기업들은 조선족 덕을 확실히 봤다고 구일 씨는 강조했다. 구일 씨는 연줄을 타고 한국 회사에 들어갔다. 그때만 해도 조선족이 있으면 다 고용했다. 한국 기업이 너무 많이 들어올 때라서 일자리를 찾기가 무척 좋았다. 조선족이라고 하면 무조건 고용해 통역을 맡기는 식이었다. 그때만 해도 한국에 견줘 급여도 많이 싸서 한국 기업이 크게 이득을 봤다.

어느 나라를 가도 중간 통역자들이 없으면 엄청 힘들어요. 시행착오도 많이 겪고. 일단은 이 지역으로 들어오면 한국 기업들도 조선족들이 있기 때문에…… 우리는 조선족이라서 한 민족이니까 마음적으로도 많이 쏠립니다. 그래서 진심으로 해줬습니다.

한국 회사에서 중간 관리자로 일하면 사장은 한국 사람이고 생산직은 한족인 경우가 많은데, 중간에서 많이 힘들었다. 처음에 잘 모를 때는 무조건 사장을 대변했다. 그때만 해도 공인들은 현지 사람이 아니고 외지에서 온 한족이었다. 외지에서 온 농민들은 조선족 중간 관리자 말을 무시하고 잘 듣지 않았다. 그런 어려움을 겪는 한국 사장들을 위해 조선족들은 진심을 다해 일했는데 나쁜 사람들이 많았다고 구일 씨는 말했다. 반면 많은 한국 사람들도 조선족한테 당했다고 억울해했다. 사업을 같이하던 조선족이 월급날에 돈을 들고 도망간 일도 있었다. 믿고 일을 시켰는데 자기 몫만 챙기고 밑에서는 피해 다니는 사례가 있다고 했다.

돈을 좀더 많이 벌고 싶어 구일 씨는 한국 회사에서 중간 관리직으로 일하다가 그만뒀다. 그 회사에서 일하는 조선족은 7~8명이었다. 구일 씨 생각에는 자기가 일을 아주 많이 하는 만큼 마땅한 대우를 받고 과장 승진도 해야 하는데 그렇지 않았다. 능력 없는 사람만 승진시켜 불만이 있었다. 언제까지 이렇게 있을 수는 없으니 죽이 되든 밥이 되든 해보자고 생각했다. 애도 하나 있어서 생활이 점점 쪼들리기 시작했고, 아내도 새로운 일을 찾아보라고 해서 사업을 시작했다.

구일 씨는 봉제에 필요한 몰드를 만드는 칼날을 생산하는 일을 반년 정도 했다. 직원이 10명인 회사였다. 처음 반년 동안은 '완전히 미쳐서' 했는데 반년을 하고 나니 계속해야 하는지 회의가 들었다. 초기 비용만 18만 위안 들어가고 벌지는 못해서 내 욕심 때문이라는 후회가 들었다. 주문은 없고 직원은 10명이나 돼 걱정이 많았다. 그러던 시점에 주문이 들어오기 시작했다. 아는 사람이 핸드폰 케이스를 해보라고 해서 그것도 했다. 3~4년 동안 많을 때는 직원 80명을 데리고 있을 정도로 번창했다. 이때 초기 비용을 다 뽑고, 아파트도 사고 차도 바꿨다.

사업할 때는 관리직으로 조선족을 고용하고 나머지 직원은 다 한족이었다. 조선족 사장, 조선족 관리자, 한족 노동자 형태였다. 현장에 계속 있을 수 없으니까 관리자한테 맡겨놓고 구일 씨는 영업하러 다녔다. 아무래도 한족보다 조선족이 편해서 그랬다. 마음 씀씀이도 좋고 소통도 잘됐다. "내가 이 새끼 저 새끼 하다가 술 한잔 하면서 풀기도 좋고, 아무래도 편해요. 애쓰는 것도 다르고. 하려는 의지도 달라요."

한국 기업에서 일하면서 보고 들은 경험을 바탕으로 해서 그런 식으로 사업을 했다. 그런 방법이 통하는 사람도 있고 안 통하는 사람도 있었다.

힘들었다. 돈은 더 많이 벌었지만, 신경도 배로 써야 해서 정말 힘들었다. 심리적으로도 힘들었다. 80명을 데리고 일할 때는 끊이지 않고 주문을 받아야 하니까 힘들었다. 하청을 받아 한 사업이라 한국 기업의 운명에 따라 회사의 운명이 바뀌었다. 3~4년 하다가 회사를 닫았다. 본사가 무너졌다. 처음에는 사람을 줄이면서 2년 정도 버텼는데, 결국 문을 닫고 다시 회사에 다니기 시작했다.

부패가 심한 사업 환경도 힘들었다. 구일 씨는 진저리가 날 정도였다. "정부에서 와서 자꾸 뭔가를 뜯어냈어요. 이거 안 된다 저거 안 된다 하면 식당에서 밥 먹으면서 그 사람들에게 돈도 주고 했습니다. 내가 너무 짜증나서 돈이 더 들어도 정식으로 하겠다고 하면 못하게 해요. 돈 든다고. 그러고는 뒤로 돈을 챙겨갑니다. 지금은 좀 나아졌지만, 그래도 아직도 그렇습니다. 중국은 부패가 너무 심합니다. 어느 나라나 다 있겠지만, 썩을 대로 썩은 곳이에요. 곪아터지기 직전인 것 같습니다." 사업하는 사람들은 당연히 감수해야 한다고 했다. 구일 씨는 중국에는 큰 기업가가 없다고, 미국의 빌 게이츠 같은 사람이 나올 수 없는 풍토라고 했다. 어느 정도 크면 중국 관리들에게 뺏기는 경우가 많기 때문이다.

중국 경제가 빠르게 발전하면서 나아지고는 있다. 인건비도 많이 올라서 정부가 최저 임금을 1360위안 정도로 정했지만, 그 정도를 받고 일하려는 사람이 없어서 가장 적게 받는 사람도 3000위안은 벌고 있었다. 그래도 다시 한국으로 가는 조선족들이 많다. 2011년 현재 칭다오에서 한국 기업이 많이 빠져나가는 편이라 일자리가 없어진 탓이다. 중국보다 인건비가 더 싼 베트남이나 미얀마 등으로 많이 나간다. 삼성이나 엘지처럼 큰 기업은 잘 안 움직이지만 웬만한 중소기업은 인건비가 오르면 다 나간다.

처음에는 중국 정부가 우대를 많이 해준 덕에 한국 기업이 환영받으면서 사업을 했는데, 지금은 달라졌다. 노동 집약형 저임금 기업만 들어오고 환경을 오염시키는 기업도 많기 때문이다. 한국 기업은 그동안 환경 오염과 노동 착취로 악명이 높아졌다. 반면 중국 정부는 기술력 있는 기업, 고부가 가치 기업을 선호한다. 예전에는 세금도 우대하더니 이제는 푸대접받는다고 했다. 상대적으로 임금도 많이 올랐다.

2006년부터 4대 보험은 무조건 들어야 하고, 회사와 노동자는 노동합동, 곧 노동 계약을 체결해야 한다. 회사를 다니면 2개월 뒤에 합동, 한국말로 계약을 해야 한다. 정규직은 아니고 합동공인데, 2년이나 3년 동안 합동하고 나면 큰 사고를 치지 않는 한 자르지도 못한다. 노동법의 보호를 받으면서 일할 수 있다. 그렇지만 고발도 많이 들어가고 중국 공인들의 인식도 많이 달라졌다. 예전에는 돈만 주면 일했는데 점점 요구가 많아졌다. 그래서 중국 정부도 여기에 상응해 대응 수위를 높이고 있다.

"뿌 하우 이스"
— 칭다오로 간 한국인 사장들

한국 기업인 김명철 씨(50대·남·가명)는 만나기 전부터 할 얘기가 정말 많다고 별렀다. 한국인, 조선족, 한족이 같이 잘 협력해서 일한다고 아름답게 포장하는 미디어를 믿으면 안 된다고 경고했다. 그런 식의 기사가 꽤 나오지만 현실을 반영하지는 못한다는 불만이 많았다.

중소 업체에서 고용하는 조선족들은 일단 책임감이 없어서 근속 기간이 보통 6개월이고 길면 1년이라고 했다. 한국으로 가면서 그만두는 사람이 많고, 무엇보다 책임감이 없다고 했다. 김명철 씨는 조선족들에게 나쁜 감정이 많았다. 그나마 대화가 좀 되니까 고용하는데, 중국이 조선족들 홈그라운드라 한국 사람도 함부로 할 수 없어서 중국 사람에 견줘 높은 급여를 주면서도 한국 고용주가 맞춰줘야 한다. 같은 직급이어도 한족은 2000~2500위안 주면 조선족은 3000~3500위안을 준다.

김명철 씨 회사에서 조선족은 약간 어정쩡한 중간 관리자 자리를 차지했다. 그렇지만 중간 관리자 구실을 제대로 해내는 조선족은 100명 중 한두 명 정도였다. 칭다오에 있는 대부분의 한국 기업에서 일하는 현장 노동자는 한족인데, 조선족이 한족 눈치를 봐서 문제가 됐다. 오랫동안 한국 기업에서 일한 경험을 지닌 한족들이 조선족 중간 관리자를 협박하거나 자기들 마음대로 주무르려 하기 때문이었다. 소신 있고 열심히 하는 조선족 중간 관리자는 자기가 싸워서 분위기를 잡을 수도 있고 사장한테 똑똑히 얘기할 수도 있지만, 그렇지 않을 때는 한족들에게 두드려 맞기도 했다. 한국 기업인들이 조선족의 특징에 민감한 이유는 조선족 중간 관리자의 구실이 중요하기 때문이라고 김명철 씨는 말했다.

> 왜냐하면 한국 사람은 현장 파악이 안 돼요. 거기에 붙어 있기 전에는 파악이 안 되죠. 그런데 한국 사람들이 그렇게 있을 수 없어요. 밖에 비즈니스 봐야 되고 하는 상황인데, 그걸 중간에서 잘 전달을 해줘야 되는데, 협박을 많이 받고 이런 애들은 아예 입을 딱 막아요.

폭행으로 경찰서에 끌려가도 돈이나 '빽'으로 빠져나올 수 있기 때문에 조선족 중간 관리자나 한국인 사장 또는 공장장이 오면 한족들이 다 찔러본다는 말이었다. 한족 숫자가 많아서 유리한 점도 있었다. 조선족은 한족하고 한국인 사이에 끼어서 치이는 처지가 되기 쉽다.

높은 이직률은 한국 고용주들에게 골칫거리였다. 이민자들의 특징이기도 하고, 한국으로 가는 중간 단계로 중국에 있는 한국 기업에서 일하는 중국 조선족이 꽤 많기 때문이기도 했다. 한국 기업에서 3년 넘게 일한 경력을 증명하면 비자 만들 때 유리하다. 그래서 한국에 가려는 조선족이 칭다오에 있는 한국 기업에서 '어영부영 적당히' 일하다가 비자 나오면 '인수인계도 없이 그냥 바로' 가버린다고 했다. 한국에 가면 단순 노동을 하지만 칭다오에 있을 때보다 더 버니까 인기가 있는 편이었다.

김명철 씨는 이제 한국 기업은 조선족을 관리자로 고용하지 않는다고 했다. 시간이 지나면서 한국인 사장은 중국말을 배우고 한족 노동자는 한국말을 배웠다. 한국 기업들이 늘어나자 칭다오에 한국어 학원도 생겨 젊은 중국인들이 많이 다닌다. 또한 이런 변화는 비용 때문이기도 하다. 조선족 관리자의 임금이 한족 노동자들 임금의 두 배 정도니 말이다.

한국인 김무진(50대·남·가명) 씨는 칭다오에서 조선족이 중간에 돈을 챙기는 여러 사례를 이야기했다. 자재 구매를 맡은 사람은 수량을 속이고 회계 담당은 세무 관련 장부를 조작한다. 기업 한 곳이 새로 생기면 구매와 회계 부문의 중간 관리자로 들어온 조선족이나 한족이 큰돈을 챙기는 일이 많다. 급여 나갈 때 유령 직원을 넣어 차액을 횡령하기도 하지만 한국인 사장은 대부분 모르고 넘어간다. 아주 꼼꼼한 사람이야 알 수도 있지만, 대부분 거기까지 상상을 못하고 이직률이 워낙 높아 누가 누군지 모른다. 다 확인하려면 너무 일이 많아지고, 이번 달 일한 급여를 다음 달에 주는 방식이라 파악하기도 힘들다.

김무진 씨 회사에는 조선족이 대여섯 명 있고 한족은 200명 정도 일했다. 예전에는 조선족이 중간에서 돈을 챙기는 사례가 더 심했는데, 아무래도 서로 신뢰나 정보가 쌓여 있지 않을 때라서 더했다. 김무진 씨도 그때는 지금보다 중국을 더 몰라 잘 믿었다고 한다. 잘하리라 생각하고 믿고 맡겼는데, 나중에 부서마다 돈이 새어 나간 사실을 알게 됐다. 창고 담당 직원들도 재고를 팔아 돈을 챙겼다. 공안에 신고하니 뭐 그 정도 갖고 그러냐는 식으로 넘어갔다. 김무진 씨는 한국 기업이 더 피해를 많이 본다고 했다. 중국말을 모르니까, 어디로 쫓아가야 하는지 모르니까 그렇다고 했다. 처음에는 모르던 한국 사람들도 2~3년 지나면서 이런 상황을 알게 됐다.

알면서도 후환이 두려워 신고를 못하는 일도 많다. 특히 한족들은 함부로 못하는데, 불리할 때 회사 비리를 신고해 운영을 하지 못하게 한다. 조선족은 어차피 이직률이 높기 때문에 '한밑천 해먹으면 다 옮긴다'는 말도 했다. 후환이 두렵기 때문에 옮기는 것도 있다고 했다. 한국 간다고 옮기기도 한다.

나쁜 경험을 한 뒤 김무진 씨는 돈을 남에게 맡기지 않고 큰 구매도 직접 하기 시작했다. 하청을 줄 때도 손수 챙긴다. 민망하기는 하지만 관리를 그렇게 하기 때문에 김무진 씨 회사에는 조선족 직원이 들어오지 않는다. 그래서 별 볼 일 없는 직원들이 들어온다고 했다. 중간에서 챙기는 사람들은 그나마 일을 할 줄 아는 똘똘한 축에 드는데, 김무진 씨 회사에는 챙길 게 없다고 생각하고 안 온다고 했다.

김무진 씨는 한국말을 할 수 있는 한족을 환영했다. 한국어를 하는 조선족은 자연스러운 일일 뿐이지만, 한국말을 하는 한족은 능력이 있다는 뜻이기 때문이다. 김무진 씨가 겪은 한족들은 조선족보다 일도 잘하고 책임감도 있었다. 이렇게 조선족들은 점차 밀려나는 듯했다. 워낙 한국 기업이 많이 철수해서 조선족들 일자리가 모자랐다. 김무진 씨처럼 불신이 많이 쌓인 기업인들은 조선족을 고용하지 않으려 하지만, 조선족들은 한족 회사 가면 좋은 대우를 못 받기 때문에 한국 기업으로 다시 발을 돌린다.

김무진 씨는 지금 정말 능력 있고 믿을 수 있으며 열심히 일하는 조선족 직원을 고용하고 있다. 한국에서 3년 정도 있다가 온 조선족이다. 대화도 잘되고 뒤로 챙기지 않으면서 욕심 없이 지내는 사람이다. 부유하지 않은 가정 출신인데, 부모님은 따로 벌어서 집을 샀고 자기는 결혼한 뒤 남편하고 함께 한국에 있다가 들어와 한국 기업에서 일하기 시작했다. 한국에 다녀온 뒤 인연이 닿아 김무진 씨 회사에 와서 지금까지 있다. 김무진 씨는 그런 직원만 있으면 굳이 시간 내서 이런 말을 할 필요도 없다고 했다. 그렇지만 안타깝게도 그 직원은 곧 한국으로 가야 한다. 김무진 씨는 후임자로 한족 직원을 찾고 있다.

그 조선족 직원도 한족 직원들에게 따돌림을 당해 괴로워했다. 위치가 모호해서 그런 일이 잘 일어날 듯했다. 그 직원은 중간 관리자라 한국인 사장인 김무진 씨에게 각 부서의 문제점을 얘기한다. 문제를 해결하는 과정에서 김무진 씨가 그런 사실을 말하면 한족 노동자들은 그 조선족 직원이 고자질했다고 싫어한다. 스트레스 받아서 그만두려는 그 직원에게 그냥 다니라고 만류한 적도 있었다고 했다.

김무진 씨는 조선족과 칭다오 한인 회사를 다룬 한국 방송 프로그램을 보면 참 한심하다고 했다. 현실을 직시하지 못하고 칭다오를 조선족의 도움을 받아 사업을 잘할 수 있는 곳으로 얘기하기 때문이다. 김무진 씨는 영사관 회의와 한인회 모임에서도 비슷한 얘기를 했다.

> 이런 식으로 쉽게 보내주면 여기 있는 교민들은 못 견딥니다. ……좀더 규제를 해서 이쪽에서 기업하는 사람들도 생각해줘야지. 허구한 날 여기 와서, 여기가 무슨 연구소, 교육소도 아니고, 기껏 가르쳐놓으면 기껏 한국 간다고 가고. 어떻게 하나, 그렇게 하면.

그러면서 또 한국 사람이 조선족에게 당한 이야기를 해줬다. 사업하려고 칭다오에 온 한 한국 사람이 급한 마음에 조선족을 고용했다. 사업장 임대할 돈도 한국에서 들고 왔다. 호텔에 방을 잡아 사업을 준비하다가 잠깐 밥 먹으러 간 사이에 조선족 직원이 돈을 들고 도망갔다. 김무진 씨는 한국 사람 같으면 감히 누가 그런 돈을 들고 도망간다는 생각을 하느냐고 반문했다. 낚싯바늘을 2위안에 사놓고 4위안 주고 샀다고 속인 한국 공장장 얘기도 했다.

김무진 씨는 결국은 한국 사람들 잘못이라고 했다. 한국 기업이 너무 많이 들어오니까 한국말만 할 수 있으면 책임감 없거나 교육 수준이 낮은 사람도 다 고용할 수밖에 없었다는 말이었다. 철저한 조사나 준비 없이 어떻게든 될 거라고 쉽게 생각하고 와서 낭패를 보는 사례가 많았다. 조심해야 되는데 그렇지 않다는 지적이었다. 현지에서 사업을 하고 있는 자기에게 미리 찾아와 정보를 구한 사람도 없다고 답답해했다. 한국 사람들이 단순하고 설마설마하면서 일단 믿는 경향이 있다고 걱정했다.

한번은 겨울 석탄을 들여오는데 조선족 직원이 10톤이라고 말했다. 그런데 눈대중으로 봐도 10톤이 아니었다. 저울을 가져와 한 통 한 통씩 재

보니 6톤이 나왔다. 이 얘기를 다른 사장들한테 하니 다들 자기 회사에서는 그런 일이 없다고 장담했다. 그래서 한번 재보라 했더니, 다음날 아침에 전화가 왔다. 그 회사는 반 넘게 빠졌다고 했다. 5년 동안 믿고 일한 조선족 관리자인데 어떻게 그럴 수 있냐며 분통을 터뜨렸다.

처음에는 한국 기업들이 돈을 많이 벌어서 중간에서 속이고 돈을 빼돌려도 챙기지 않았다고 한다. 어떤 사람은 노골적으로 김무진 씨에게 충고했다. "그걸 다 챙기고 어떻게 기업을 하냐? 걔들(조선족)도 좀 챙겨가게 놔둬야지." 그렇지만 김무진 씨는 처음 시작할 때부터 적자가 나서 하나하나 챙길 수밖에 없었다. 회사 통장으로 대금을 받으면 일단 돈을 다 빼 개인 통장에 입금한 뒤 집행한다. 통장에 돈이 있으면 세무서에서 나와 돈을 써야 된다는 둥 건수를 만들어 돈을 빼간다. 주변에서 속임수로 돈을 빼앗아가는 방법을 알려줘 그 비법이 전수되고 있었다.

이렇게 불신에 치를 떨면서도 김무진 씨가 칭다오에 계속 있는 이유는 '타이밍'이다. 수출 지역이 일본이고 배달이 급한 품목이라서 신속성이 무엇보다 중요하다. 미얀마, 캄보디아, 인도네시아 등 동남아 쪽으로 빠지는 추세다. 그 타이밍을 맞출 수 있는 곳이 칭다오밖에 없다. 앞으로 10년 동안 전망이 밝다. 그런데 일할 사람을 구하기가 힘들어서 고민이다.

똑같은 제품의 가격이 천차만별인 점도 김무진 씨를 놀라게 했다. 똑같은 제품이 똑같은 상표를 달고 나와도 하나는 5원이고 하나는 10원이었다. 형광등과 안전기 등을 직접 거래하러 갔는데, 직원이 산 가격과 김무진 씨가 산 가격이 같았다. 알고 보니 파는 곳의 장부에 각 거래처마다 파는 가격이 적혀 있었다. 누가 오든 상관없이 그 회사에서 왔다고 하면 몰래 가서 장부를 들춰 보고 같은 가격으로 준다. 처음에 와 '뚫어놓은' 누군가하고 협상한 가격이다.

김무진 씨는 사업하면서 직간접으로 경험한 불신이 뿌리가 깊어 심한 말을 많이 했다. 한국하고 중국이 축구 경기를 하면 조선족은 반드시 중국을 응원한다고, 절대로 한국 응원 안 한다고 흥분하기도 하고, 불쌍해서 조선족에게 잘하는 한국 사람들이 있는데 그럴 가치가 없다고 단언했다. 중국 풍토에 문제가 있다는 해석도 했다. 문화혁명 뒤에 유교를 말살하고 공산주의 사상 교육을 많이 한 탓이라는 말이었다. 공산당이 정권을 유지하려고 혹독한 정책을 폈다고 비난했다. 조금 사상이 안 좋은 놈은 바로 잡아다가 잘못을 추궁했는데, 그때 잘못을 인정하면 바로 숙청이었다. 중국 사람들은 그래서 절대로 잘못을 인정하지 않는다고, 증거를 들이대도 인정하지 않는다고 확신했다.

이런 해석은 김무진 씨 아내가 타이완계 화교인 사실에 좀 관련된 듯했다. 한국에서 태어나 자랐지만 아버지를 따라 국적이 타이완이다. 김무진 씨 아내가 든 예가 '죄송하다'는 표현이었다. 중국 사람들은 잘못을 하고도 사과를 제대로 하지 않는다는 비판이었다. 중국말에 '때부치'라는 표현이 있다. 죄송하다는 뜻을 정중하게 전하는 말이다. 좀더 약한 표현으로 '뿌 하우 이스'가 있는데, 직역하면 '고의가 아니다' 또는 '미안하게 됐다' 정도 된다. 김무진 씨는 타이완에서는 '뿌 하우 이스'보다는 정중하게 '때부치'를 쓰는데, 중국에 오니 백이면 백이 자기가 잘못해놓고는 '뿌 하우 이스'를 쓴다고 했다. 김무진 씨 아내도 아주 기분이 나빴다. 김무진 씨는 인민재판과 숙청 탓이라고 해석했다.

김무진 씨가 보기에 그런 중국 사람들의 특성이 조선족에게 스며든 듯했다. 자기 잘못을 인정하지 않고 책임감 없는 기회주의자 말이다. 유교 사상을 긍정적으로 보는 김무진 씨에게 유교 종주국이면서도 유교 사상을 교육받지 못한 중국인과 조선족은 위아래가 없는 개념 없는 족속들이었다. 중국 사람을 만나 이야기할 때는 중국말에 존칭이 없어서 한참 나이가 어린 사람도 자기를 친구처럼 대하는 듯해 예절도 없는 민족이라고 느꼈다. 중국이 경제 발전은 무척 빠르지만 인성과 문화 수준은 아직 멀었다고 김무진 씨는 말했다.

이런 이야기를 들으면서 다른 나라 사례가 떠올라 재미있었다. 미국과 영국에 살 때 한국 사람들은 미국 사람이나 영국 사람을 비슷한 방식으로 비판했다. 잘못을 절대로 인정하지 않으며, 내가 잘못했다거나 사과한다는 말은 절대 하지 않고 '유감이다I am sorry' 정도로 넘어간다는 말이었다. 어떤 사람이 자기 잘못을 인정하는 일은 워낙 드물고, 잘못을 인정하지 않는 상대를 보게 되면 많은 사람들은 흥분한다. 다른 나라에 사는 사람들 눈에는 그렇게 사과하지 않고 지나가려는 주류의 특성이 유독 잘 보이는 게 아닐까. 저 사람이 나를 어떻게 대하나 예민하게 지켜보고 있는데 사과를 안 하니 무척 감정을 상하게 되는 게 아닐까.

여기가 한국도 아니고 우리 땅인데

2013년 3월 칭다오에서 조선족이 많이 일한다는 국제공예품성에 갔다. 가게들이 모여 있기는 하지만 한국의 북적거리는 상가에 견주면 한산했다. 보석과 액세서리를 파는 1층에는 조선족도 없고 한국인도 없었다. 2층에는 옷을 많이 팔았는데, 한국 사람이 운영하는 식당이 있고 조선족 여성들이 하는 옷가게도 눈에 띄었다. 가구점과 옷가게가 있는 3층에는 조선족이 많았다.

2층에 있는 어느 한국 식당은 한국인 부부가 한족을 고용해 장사하고 있었다. 부부에게 말을 걸었다. "중국말 잘하시나 봐요? 아니면 조선족이 필요할 텐데." 자기는 중국어를 못하지만 한족들이 자기 말을 알아듣는다고 했다. 한국 기업인들이 하는 말하고 비슷했다. 왜 조선족을 고용하지 않느냐는 질문에는 부정적인 반응이 나온다. 앞으로도 조선족을 고용하지 않겠다고 했다. 나중에 2층에서 옷가게를 하는 조선족들을 만나 알아보니, 그 한국 식당 사장과 옷가게 조선족들 사이에 반감이 있었다.

옷가게들 앞에서 조선족 여성 넷이 모여 얘기를 하고 있다. 손님도 없으니 친한 사람들끼리 모여서 수다를 떠는 중이었다. 내가 혹시 조선족이냐고 말을 붙이기 시작해서 같이 얘기를 나눴다. 그중 한국에서 일한 사람은 없었지만, 다 잠깐 다녀온 적은 있었다. 한국살이를 하는 동생이나 친구들에게 얘기는 많이 들었다고 했다. 굳이 한국까지 가서 뭐하러 그 고생을 하며 사느냐는 공통된 반응이 나왔다. 이유가 몇 가지가 있었는데, 이제 큰돈을 벌 수 없다는 점이 가장 컸다. 여기 칭다오보다. 아직은 좀더 벌기는 하지만, 굳이 가서 무시당하면서 오랜 시간 일할 만큼 차이가 나지는 않는다. 한국에 가는 사람들은 절박한 사람들이라고, 자기들처럼 칭다오에 집이 몇 채씩 있을 정도로 여유 있는 사람은 한국에 가지 않는 편이라고 했다.

한 사람은 이런 말도 했다. "우리처럼 일 못하는 사람들은 칭다오에 남아 있고, 일 잘하는 사람들은 한국에 갔어요." 그 여성은 한 번도 한국에서 일한 적이 없고 가본 적도 없다. 그렇지만 힘들게 일한다는 얘기를 하도 많이 들었다. "여기 중국에 있는 사람들은 이렇게 놀다가, 근무 시간에 놀다가 문 닫을 시간 되면 닫는 거지, 그렇게 막 열심히 일하지 않아요." 그렇게 일하라고 하면 못한다는 얘기였다.

그런 얘기가 못마땅한 듯 다른 한 명이 거든다. 나이든 사람들은 일을 못해서 남아 있는 게 아니며, 사실은 의료 보험 때문에 한국에 간다고 했다. 호구제 탓에 아프면 고향에 가야 하는데, 고향에 가도 의료 기술이 뒤떨어져 치료가 어려울 때가 많다. 중국 의료 보험 제도는 일단 자기 돈으로 치료비를 다 내고 나중에 공제받기 때문에 불편하다는 말도 했다.

조선족 상인 네 명은 한국 사람들에게 반감이 대단했다. 일대일로 얘기할 때는 내가 한국 사람이니 조심하더니 자기들 수가 많아지니까 좀더 마음 편하게 얘기하는 듯했다. 가족과 친구들이 한국에 가 고생하는 얘기를 듣고서 한국 사람들이 정말 미웠고, 칭다오에 온 한국 사람들은 자기 땅도 아닌데 잘난 척한다고 했다. 한국에서 조선족을 무시하는 행동은 어느 정도 이해하지만 중국에 와서도 그런다는 말이었다. '중국에서는 무시하고 안 먹는 풀을 몸에 좋은 나물이라고 먹는 사람들'이 중국 땅에서 중국 사람(조선족)을 무시한다는 매서운 비난도 함께 나왔다.

옷가게에 와서도 한국인들은 아주 잘난 척하는 태도로 가격을 끝까지 깎는다고 했다. 조선족은 어느 정도 깎다가 그 정도면 됐다 그러는데 한국 사람들은 돈도 안 쓰면서 잘난 척만 한다고 했다. 옷을 사지도 않으면서, 중국을 모르면서 무시만 한다는 말이었다. 나라가 작아서 한국 사람들은 한번 생각이 박히면 바뀌기가 정말 힘들다는 해석도 덧붙였다. 중국은 나라가 넓어 다른 사상도 아주 잘 받아들인다고 자랑했다.

칭다오 경제가 발전하기 시작할 때 한국 사람들이 와서 중국과 조선족을 무시하는 말을 많이 해 이미지가 안 좋아졌다. 상가에서 만난 조선족들은 그게 다 한국인 사장들이 자기들을 대놓고 무시한 탓이라고 강조했다.

> 여기가 한국도 아니고 우리 땅인데 왜 참겠어요? 한국 사람들은 사장이면 높은 건데, 그런데 우리는 아닙니다. 조선족들은 여기 중국에서 모든 사람은 공평하다고 배웠는데, 사장이 그렇게 대하니까 굉장히 당황하고 같잖았던 것 같아요. 그런데 한국 때문에 이렇게 잘살게 됐다는 거 인정합니다. 그게 아니면 우리가 칭다오에 올 이유가 없어요.

한 조선족은 칭다오에 있는 한국인 기업에서 일해 돈을 모아서 고향과 칭다오에 집을 샀다고 자랑스럽게 얘기했다. 그러면서 한국 사람들은 칭다오에 집 사기가 힘들어 전세 살면서 집도 있는 자기네를 무시한다고 화를 내기도 했다.

한국인 기업가들이 조선족에 관해서 하는 부정적 이야기 중 하나는 바로 기업 수준이었다. 똑똑하고 머리 좋고 일 잘하는 사람들은 다 대기업에 들어가거나 대도시로 가고 자기들이 고용하는 조선족은 수준 차이가 많이 난다고 불평했다. 그렇지만 조선족들도 칭다오 한국인에 관해 비슷하게 얘기했다. 베이징이나 상하이 등 대도시로 가는 기업가는 똑똑한 사람들이고, 사업 규모가 작고 실력도 모자란 사람만 칭다오에 온다고 했다.

한국으로 간 조선족들의 자녀 문제도 심각했다. 조선족 상인 한 명의 동생이 한국에 가서 10년째 돈을 벌고 있는데, 엄마하고 좀 살다가 아빠하고 좀 살던 조카가 사춘기 남자애라 말썽을 많이 피웠다. 그래서 동생이 자기한테 돌봐달라고 부탁해서 같이 살고 있었다. 자기 아들은 상하이에 가서 열심히 일하는데 27살짜리 조카는 집에서 하루 종일 컴퓨터 게임만 한다고 했다. 밤에 게임하고 아침에 자는 생활의 반복이라 걱정이 많았다. 그나마 저녁에 가서 같이 밥 한 끼 먹고 아침에 밥 차려놓고 나오기 때문에 얼굴을 못 봐서 다행이라고 했다. 자기가 부모면 가만두지 않겠지만, 예전에 야단을 좀 맞고 사라져 1년 동안 소식을 끊어서 동생이 걱정을 많이 한 적이 있어서 지금은 자기 하고 싶은 대로 하라고 놔둔다고 했다. 부모하고 같이 살아도 말썽을 피우기 쉬운데 떨어져 사는 애들은 정말 그런 애들이 많다고 했다. 한국에서 간병인을 하는 동생이 돈을 모아 집을 샀고 생활비도 부쳐주기 때문에 조카는 일을 할 절박한 이유를 느끼지 못한다고 했다.

조선족 네 명이 한국인에 관해 한 이야기는 대부분 부정적이었지만 분위기는 친절하고 편안했다. 칭다오에서 만난 조선족들이 다들 그랬다. 낯선 사람들한테 마음이 열려 있고 시간에 쫓기는 초조함도 없었다. 장사가 안돼도 아등바등하지도 않고, 자기 가게에 가서 더 얘기하자고 하거나 다른 곳 둘러보고 또 오라는 당부도 했다.

또 하나 특이한 점을 들자면 칭다오에는 한국화된 조선족이 많이 보였다. 한국에서 만난 조선족보다 말투나 태도가 한국인하고 더 비슷해서 구별하기 힘든 적이 여러 번 있었다. 한국에서는 개인에게 고용된 사람도 많고 조선족 밀집 지역에서 식당을 하는 덕에 고유의 태도가 유지되는 반면, 칭다오에서는 더 큰 조직에서 한국 사람들을 상대해 그런 듯했다.

청양구와 천태성에 한국인 가게들이 많이 모여 있었다. 이 공예품성은 월세가 좀 싼 편인데도 장사가 잘 안돼서 세를 얻어 가게를 하는 사람들은 힘들다고 했다. 장사가 안되니 사람들이 문을 일찍 닫고 가려고 해서 확인을 받기 전에 퇴근하면 벌금을 물린다고 했다. 2000년대 후반에는 장사가 꽤 잘돼 내가 만난 조선족 네 명은 액세서리를 팔아 모은 돈으로 가게를 갖고 있었다. 그런데 요즘은 너무 형편이 어려워 빚을 갚지 않고 갑자기 사라진 한국인을 여럿 봤다고 했다. 친하던 한국 사람, 자기가 본 한국인 중 유일하게 괜찮은 사람도 빚을 져서 어쩔 수 없이 도망갔다며 안타까워했다.

"한족은 한국말 한국 사람은 중국말"
— 칭다오에서 사라지는 조선족 중간 관리자

과도기에, 관계가 만들어지는 초기에 중요한 구실을 하는 중간자의 숙명일까. 칭다오의 한국 기업에서 중간 관리자로 일하던 조선족들은 세월이 지나면서 설 곳이 사라지고 있다. 많은 조선족과 한국인들이 설 자리가 사라진 조선족 중간 관리자 문제를 이야기했다. 한국 사장들과 한족 노동자들이 서로 잘 적응한 결과다. 한국 회사가 지금 다 철수해서 다른 곳으로 가는 형편인데 아예 문을 닫는 경우도 많았다. 어느 정도 시간이 지나자 한국인 사장들을 괴롭히던 언어 문제가 서서히 해결됐다. 몇 년 살다 보니 80퍼센트 정도 대화가 돼 통역을 쓸 이유가 없어졌다. 일을 아주 잘하는 사람이 아니라면 조선족은 주로 통역으로 쓴 탓이었다. 한족들 중에 똑똑한 사람은 조선족보다 일도 잘하고 한국말도 빨리 배웠다. 현지인은 한국말을 배우고 한국 사장은 중국말을 배우니까 소통이 된다.

그동안 중간 관리직을 하던 조선족들이 많이 회사를 나왔다. 기술과 노하우를 쌓은 조선족들은 나와서 공장을 차렸다. 그렇지 않으면 한국으로 많이 갔다. 30대 후반이나 40대 초반인 사람들이 한국에 많이 갔다. 구일 씨는 많은 조선족이 1~2년 놀다가 가장 쉽게 접근할 수 있는 식당을 했다고 전했다. 다른 사람들 보니 특별한 비결도 없이 잘되는 듯해 따라 하는데, 10명 중에 3명 정도는 몇 년은 유지하지만 보통 3달에서 반년 주기로 문을 닫는다고 했다.

조선족이 칭다오에서 창업을 하기는 힘들다. 호구제 때문이다. 세계화 물결을 타고 많은 조선족이 외국으로 떠났다면, 중국 안에서는 도시화와 호구제 개혁이 이주를 불러왔다. 예전에 중국 호구제는 도시 이주를 통제했다. 호구제가 시행된 1958년부터 모든 중국인은 출생지의 호구에 따라 교육, 의료, 주택, 직장의 사회복지 혜택을 받았다. 출생지를 떠나면 그런 혜택을 다 놓쳤다. 호구는 농민과 비농민으로 나누는데, 농업 호구를 가진 사람은 인민공사와 생산대의 통제를 받았고 비농업 호구를 가진 사람은 소속 단위를 거쳐 국가의 통제를 받았다. 국가가 지원하고 관리하는 여러 사회복지 혜택은 호구를 근거로 분배됐다.

덩샤오핑이 추진한 경제 개혁 정책으로 농촌에서 도시로 인구가 이동할 수 있게 됐다. 그 뒤 도시로 인구가 많이 몰리고 있지만 호구제 때문에 아직 불편한 일이 많다. 칭다오에 호구가 없는 외지인은 주택이나 땅을 살 수 없고 임대만 할 수 있다. 그래서 칭다오 출신이 훨씬 유리하다. 호구를 바꿀 수도 있지만 절차가 아주 복잡해 일반인은 하기 힘들고, 공무원이나 권력 기관에 몸담은 사람들하고 친분이 있으면 가능하다. 면허증이나 여권을 만들려면 고향에 가야 한다. 살아남은 조선족 사업가는 그래서 정말 열심히 하는 사람들이다.

바이어들이 공장 검사를 와 미성년자를 고용하는지, 보험은 들고 있는

지, 숙소는 깨끗한지를 검사한다. 이때 의무로 들어야 하는 4대 보험이 문제가 많이 된다. 회사에서 80퍼센트를 내고 직원이 20퍼센트를 내는데, 회사가 80퍼센트를 낸다고 해도 직원들이 거절을 많이 한다. 칭다오 생활을 정리하고 고향으로 갈 때 4대 보험을 없애고 가야 하는데, 절차가 복잡하다. 한 달 동안 여기 왔다 저기 갔다 해야 되기 때문에 아예 들지 말라고 하는 직원들이 있다.

칭다오 지역 의료보험조합도 그 문제를 안다. 조합에서 확인서를 하나 써주면 바이어하고 조율할 수 있다. 그러면 바이어도 이해한다. 이렇게 비공식으로 문제를 해결하는 사례가 많아서 칭다오 출신 중국인들이 사업을 하면 빨리 성공한다. 게다가 현지 사람들은 토지 개발로 보상비를 받고 집값이 뛰어 목돈을 벌었다. 손병인(40대·남·가명) 씨 회사의 경비반장은 거의 초가집 같은 곳에 사는 사람이었다. 거기에 아파트 단지가 들어서면서 보상으로 준 아파트 세 채를 팔아 이득을 챙겼다.

> 만약에 중국이 아니라 다른 나라였으면 이런 게 큰 사회적 문제가 되고 불평등하다고 생각하는 무리가 생겨서 사회가 불안하게 될지도 모르겠는데, 여기는 그런 게 있습니다. 신기한 게 예전부터 그런 문화가 있었습니다. 귀족과 평민이 있으면 그 사람들은 귀족으로 태어났기 때문에 이런 삶을 누리는 거고, 우리는 이런 게 당연합니다. 그리고 공산화가 되면서 공산당 당원이 되면 그런 삶이 당연한 거고, 우리는 이렇게 사는 게 당연합니다.

여러 조선족들이 기회의 불평등을 얘기했다. 사회주의의 나쁜 점이라고, 뼈 빠지게 일해도 크게 성공할 가능성이 없는 이유라고 했다.

특히 호구제 때문에 받은 피해에 비판적이었다. 중국 국적을 가진 조선족들이 중국 안에서 옮긴 일일 뿐인데도 '외부인'의 앞길은 제도적으로 막혀 있었다. 사실 생각해보면 지금의 국가 중심 시민권 제도도 그렇다. 나중에는 이 국적 제도가 호구제만큼 이상하고 억압적으로 느껴질지 모른다. 그래서 도시에 관한 권리the right to the city, 곧 도시 공간의 평등한 이용권이 새로이 조명을 받는다.

한국인 사장들이 이제 필요 없으니 나가라고 한다고 조선족들은 억울해했다. 중국 제도에 관한 지식이나 언어 면에서는 조선족들이 한국인 사장보다 훨씬 유리했다. 그러니 조선족이 독립해 사업을 하면서 적대적 관계가 생길 때가 많았다. 김무진 씨는 이런 문제에 비판적 시각을 갖고 있었다. 한국에서 의류 관련 회사에 다니던 중 작은 무역 회사를 차려서 운영하다가 칭다오로 와 제조업 공장을 하게 된 김무진 씨는 한국에서도 회사를 뺏거나 거래처를 빼앗는 사례가 있지만 칭다오에서는 그럴 확률이 매우 높다고 했다. "여기는 자연스럽게 일상이라고 보면 되고 한국은 그렇게 심하지는 않습니다." 김무진 씨는 조선족이 독립해서 회사를 차리는 문제에 목소리를 높였다.

> 회사 자체를 뺏어요. 회사 자체를, 중국 애들하고 손을 잡고 여기 중소기업체 하나 날려버리는 건 간단해요. 일부러 세금 문제를 만드는 거예요. 회계 처리 이런 데서.

김무진 씨에 따르면 세관이나 세무 관계를 혼자서 100퍼센트 처리할 수 있는 한국 사람은 없다. 전문 경영인이거나 중국에 오래 산 사람이 아니면 불가능하다. 사장이 직접 점검해서 중국인 직원들이 세무나 세관 업무를 잘 처리하고 있는지 확인하기는 어렵다. 많은 한국인 사장들이 중국에 올 때 똑같이 사람 사는 데니까 직원 제대로 잘 쓰면 되겠지 생각하지만, 김무진 씨는 '천만의 말씀'이라고 했다. 대부분의 한국인 기업은 관리가 잘 안 되고 있었다.

김무진 씨가 건너 들은 사례들은 꽤나 부정적이었다. 중국인과 조선족이 짜고 회사를 뺏기도 한다. 조선족이 혼자 할 수도 있지만 중간에 꼭 한족들을 끼워 넣는다. 세무서에 있는 아는 사람을 시켜 벌금을 무지막지하게 매긴다. 몇 백만 위안, 몇 십만 위안은 기본으로 나온다. 문제를 터뜨려 놓고는 이런 문제가 터졌다, 잘못되면 당신이 구속되거나 다칠 수 있으니 일단 피해라, 자기들이 뒤처리하겠다고 얘기한 뒤 못 돌아오게 한다. 돌아오면 바로 잡힌다, 해결을 하고 있는데 잘 안 풀린다, 들어오다가 바로 공항에서 잡힐 수도 있다, 차라리 들어오지 말라는 얘기를 한다. 한국 사장이 돈이 많으면 사람을 고용해 어떻게든 해결하려 하지만, 이런 경우는 많지 않다. 보통은 어느 정도 지켜보다가 이게 아니다 싶으면 포기한다.

조선족들 사이에 이런 노하우가 전수된다고 김무진 씨는 주장했다. 칭다오 한인회 사람들을 만나서 들은 이야기다. 위험을 피하는 노하우를 전수받는다고 한다. 그래서 미리 조사도 하고 문제가 있으면 한인회 차원에서 중국 사람에게 도움을 청하기도 한다. 칭다오에 있는 기업 중 한인회 활동을 하는 경우는 10퍼센트도 안 된다. 한인회와 조선족협회가 연말에 같이 송년회도 열고 밥도 먹지만 아주 형식적이다. 조선족협회에 있는 사람들도 한국 기업을 통째로 뺏거나 거래처를 가로채는 사례가 아주 많다고 김무진 씨는 말했다.

어디든 회사를 새로 차리면 망하는 사람이 흥하는 사람보다 많다. 난생처음 사업을 해보는 조선족들도 당연히 그랬다. 어떻게 보면 칭다오에서 만난 조선족들은 대부분 뭘 할지를 고민하고 있었다. 직업이 있건 없건 앞으로 할 일을 고민하고 시장의 흐름을 지켜보는 중이었다. 심지어 우연히 만나 길을 가르쳐준 조선족도 한국에 갈지 칭다오에서 뭘 해볼지 모르겠다고 할 정도였다.

그런 조선족들이 모두 한국과 중국 두 나라를 염두에 두고 무역업을 생각하고 있었다. 중국에 없거나 귀하거나 질이 나쁜 물건을 한국에서 들여오거나 한국으로 수출하려 했다. 중간자가 할 수 있는 이런 경제 활동은 이주자들, 귀환자returnee들이 살아가는 방식이다. 유학원, 해외 명품 직거래, 해외 연수 프로그램, 국제 행사 대행도 대부분 두 곳을 다 아는 이주자가 한다. 귀환자도 자기가 지내던 곳의 특색 있는 음식이나 패션을 소개하는 가게를 많이 차린다. 그러는 쪽이 유리하기도 하고, 뒤늦게 시장에 끼어들기가 힘들기 때문이기도 하다.

도왔는데 오히려 설 자리가 없어졌다

한국 기업인과 조선족 관리자가 모두 갈등 관계에 있지는 않았다. 한국 기업에서 일하는 한국인 손병인 씨는 조선족과 한족이 함께 성장을 도운 한국 기업 이야기를 들려줬다. 그런데 이 흐뭇한 이야기는 뜻밖에 조선족이 설 자리를 잃어버리는 결말로 나아가서 이방인의 운명이란 뭘까 생각하게 했다.

손병인 씨는 2007년에 액세서리 만드는 회사에 들어갔다. 1997년에 사업을 시작한 그 회사는 2002년에 중국에 현지 법인을 만들었다. 칭다오에 여행을 왔다가 회사에서 해외 마케팅을 공격적으로 하려 할 즈음에 기회를 잡아 눌러앉았다. 처음에는 미국으로 갈 계획이었는데, 먼 미국보다 그나마 한국에 가까운 중국이 낫다는 생각도 영향을 미쳤다. 주민의 과반수가 한국 사람이고, 한국을 그대로 옮겨온 듯한 한인 밀집 지역 티엔타이에 산다.

액세서리 생산 공장은 일본에서 한국으로, 그리고 중국으로 옮겨왔다. 액세서리를 만들려면 니켈, 카드뮴, 납처럼 몸에 해로운 물질을 다뤄야 한다. 일본에서 시작했지만 위험 물질이 많이 쓰인 탓에 한국으로 기술이 넘어갔고, 한국은 값싼 인건비를 발판으로 대량 수출에 성공했다. 그러나 한국이 올림픽 대회를 열면서 산업 단지를 정비하고 위험 물질 사용 업체를 단속하자 기업들은 1980년대 후반에서 1990년대 초반 사이에 중국으로 왔다. 물류가 손쉽게 왔다갔다할 수 있는 칭다오가 이전지로 꼽혔고, 칭다오 지방 정부도 10년 세금 유예라는 파격적 조건을 내걸었다.

지금은 규제는 물론 기술도 많이 발전했다. 예전에는 검사가 형식적이었다. 바이어들도 형식적 검사를 바랐고 공장도 형식적이었으며 구두 약속이 많았다. 검사 결과와 과정을 서로 확인하지 않은 적도 많았다. 그런데 미국이나 영국에서 물건을 팔다가 납 성분 때문에 소비자 고발을 당하는 사례가 생기면서 규제가 까다로워졌다. 바이어가 지정한 외부 시험 기관에서 모든 품목을 시험하는 방식으로 검사가 강화됐다. 한국과 중국은 자유 무역 협정을 맺은 만큼 중국보다 한국에서 물건을 받으면 세금 면에서 이득을 볼 수 있어 한국으로 돌아가기를 바라는 바이어도 있다.

칭다오가 친환경 정책으로 유명하기는 하지만 주먹구구 정책도 많았다. 공무원 숫자가 한정돼 있고 전시 행정이 많다. 조경을 할 때 어떤 지역에는 가로수를 아주 빽빽하게 심었다가 죽으니까 나중에 뽑아내는 사례도 흔했다. 공무원들이 윗선에 잘 보이려고 무리한 결과였다.

내가 간 공장은 오염이 없었다. 하청을 주기 때문이었다. 하청 업체들은 전에는 시내에서 30분이나 1시간 거리에 있거나 아예 원청 바로 옆에 동종 업종끼리 모여 있었다. 지금은 오염 물질을 많이 배출하는 도금 공장은 3시간 거리 외곽으로 빠졌다. 그 공장에서는 하청 공장에서 다 만들어 온 반제품을 검품하고 조립하는 일을 했다. 규제 때문에 받은 타격은 없지만, 멀리 가야 해서 일하기가 힘들어졌다고 했다.

생산 책임자가 한 명 있으면 부서가 세 개고 조선족이 중간 관리를 맡았다. 조선족 한 명 아래에 20~40명이 속한 생산 라인이 있었다. 내가 둘러본 공장 생산 라인에서는 한족들이 큰 직사각형 탁자에 앉아 앞에 조그만 물건들을 놓은 채 일하고 있었다. 전체 인원은 100명쯤이고, 한족과 조선족의 비율은 10 대 1 정도 됐다.

손병인 씨도 중국에서 조선족과 한족들하고 함께 일하기 시작할 때는 언어와 선입견 때문에 힘들었다. 세월이 흐른 뒤 그 사람들을 포용할 수 있게 됐다.

그전에 사업하고 거주한 한국 사람들 경험을 들으면서 조선족과 한족에 대한 선입견이 생겼어요. 근데 같이 생활을 하면서 그 편견들이 조금씩 없어지기 시작했거든요.

손병인 씨도 나름대로 조선족을 분석했다. 다만 조심스럽고 이해하려 노력하는 태도가 눈에 띄었다. 다른 사람들이 문화 차이나 공산주의 국가라는 역사적 간극 때문에 일하는 방식이 다르다고 생각하는 반면, 손병인 씨는 조선족과 한족이 교육을 못 받은 탓이 크다고 봤다. 그래서 교육만 잘 시키면 시간이 좀 지난 뒤에는 차이를 좁힐 수 있다고 생각했다.

조선족이 관리자로 일하면서 가장 부대끼는 문제가 언어였다. 중국어와 한국어를 통역해야 된다는 부담감 말이다. 한국 사람끼리 이해를 못하는 일이 있고 논쟁거리가 생기면 차분히 설명해도 안 통하기도 하니 통역은 어려운 일이다. 게다가 조선족이 할 수 있는 한국말은 단순 통역 수준이었다. 그래서 학교 때 한국어를 제대로 못 배웠다고 곧잘 말했다. 조선족 학교가 따로 있지만, 지역이 넓은 탓에 근처에 없으면 한족 학교를 다녀야 한다. 통역을 못하면 업무 능력이 떨어진다고 생각하니까 압박을 많이 받는 듯하다고 손병인 씨는 설명했다.

부모가 한국말을 쓰니까 열심히 연습해서 왔는데도 제대로 이해하지 못하는 사람이 많다. 게다가 관광 같은 일상생활 통역과 업무 통역은 전혀 다른 일이다. 통역을 잘못해 업무가 전혀 다른 방향으로 진행되면 계속 책임을 물으니까 조선족 관리자들은 무척 힘들어했다. 그래서 조선족이지만 통역을 안 하는 조건을 거는 직원들도 많았다.

업무 이해도에 관한 기대에서 간극도 있었다. 손병인 씨가 일하는 액세서리 업계 사람들은 직원들한테 기술 교육을 안 시킨다. 경험이 많은 사람은 자기 경험을 다른 사람들도 다 안다는 전제 조건 아래 일하기 때문이었다. 그 사람들이 경쟁자가 될 수 있으니까 기술을 공유하지 않고 자기들만 알고 있으려 한다. 그러면서 특정 기술을 알아야만 할 수 있는 업무까지 조선족들이 해주기를 바란다. 일은 안 가르쳐주고 업무만 시키면 조선족들은 정말 아무것도 못하기도 하는데, 한족이나 조선족에 공통적으로 해당되는 문제다.

손병인 씨는 조선족에게서 한국의 예전 모습을 본다. 산업화가 빨리 진행된 1970~1980년대에 부모 세대가 교육을 못 받은 탓에 적응을 못해 주입식 교육을 받아야 했듯이, 조선족과 한족은 '그 옛날 한국 사람'하고 비슷하다는 얘기였다. 중국도 산업화가 빠르게 진행되면서 똑같은 현상이 일어나고 있었다. 칭다오의 노동 인력은 한국 회사를 향한 충성심이나 역량 측면에서 극단적으로 다른 두 집단으로 나뉘었다. 가는 데만 사나흘이 걸리는 내륙 지방 출신은 개발 때문에 농지가 모자라 도시에 온 사람들이다. 대개 가족을 대표해서 나오는데, 기술이나 교육 수준이 낮아 건설 현장에서 많이 일한다. 반면 칭다오에서 나고 자란 사람들은 호의적이고 적극적이며 경제 기반도 안정돼 있다.

손병인 씨는 조선족들이 피해 의식과 보호 본능이 강한 사람들이라고 진단했다. 소수 민족인 탓도 있지만 부모하고 떨어져 산 게 더 큰 이유라고 봤다. 손병인 씨가 겪은 조선족 직원들은 대부분 어린 시절 부모하고 오래 떨어져 지낸 시간이 많았다. 큰돈을 벌려고 일본이나 한국 등으로 나간 부모를 5년에 한 번이나 10년에 한 번 만나는 아이들이 많았다.

그러니까 자신을 스스로 보호한다는 본능이 많은 것 같아요.

부모가 보호해주지 않으니까 혼자 헤쳐 나가야 한다는 생존 본능이 강하게 나타난다는 얘기였다. 조선족 직원들하고 얘기하며 개개인의 상황을 이해하려 한 노력이 엿보였다.

중국에서 만난 한국인들은 그 사회에 들어가 있기 때문에 조선족이 자라온 중국의 특성을 많이 관찰하고 진단하는 편이었다. 조선족들이 한국인의 특징을 나라 크기와 유교를 바탕으로 설명하는 방식하고 똑같은 진단과 분석이다. 둘 다 겉으로 보기에는 상대를 평가하고 비판하는 듯하지만, 결국은 상대를 이해하려는 노력이다. 자기를 불편하게 하는 저런 특징이 어디에서 왔는지 이해하지 않으면 내가 괴롭기 때문이다. 상대의 생존에 관한 설명이 결국은 자기 생존을 위한 해설이다.

손병인 씨도 다른 한국인들에게서 들은 이야기가 많았다. 이를테면 중국이 공산 국가라 너무 튀지 않고 너무 잘나지 않고 너무 터지지 않게 그냥 중간 정도만 하면 큰 무리가 없어서 업무 능력이 좀 떨어진다는 식이었다. 또한 일찍부터 부모들이 돈을 정기적으로 보낸 탓에 목표 의식 없이 남들보다 더 잘하려고 하지 않고 남들 받는 만큼만 받으면 된다는 태도가 생겼다고 나름대로 분석했다.

내가 감탄한 지점은 그런 특징이 치명적인 이유였다. 사람의 어떤 특징이 꼭 좋기만 하거나 꼭 나쁘기만 한 것은 아니다. 자기만의 청사진이 없는 태도도 장점이 있지만, 관리자에게는 치명적 약점이라고 손병인 씨는 생각했다. 높은 직급으로 올릴 수 없기 때문이다. 업무 능력은 뛰어나지만 관리를 못하는, 자기만 알고 있는 그런 특징 때문에 아래 직급 사람들하고 불화가 생긴다고 손병인 씨는 봤다.

또한 한 자녀 정책 탓에 혼자 자란 세대를 '소황제'라고 부르는 데서 알 수 있듯이 다들 좋은 일자리만 찾는다.

자주 바뀌고 한 4~5년 전하고 많이 달라졌어요. 한 자녀 정책을 중국에서 썼죠. 한 자녀 정책을 쓴 자녀들이 성장해서 사회로 나오니까 이런 공장에 취직하는 게 아니라, 소황제라고 부르거든요. 그 애들은 다 좋은 교육을 시키려고 하고, 좋은 걸 시키려고 하다 보니까 작은 회사는 인력난을 겪어요.

소황제와 작은 회사는 동상이몽을 품고 계속 어긋난다는 얘기다. 취직해도 이직율이 높았다. 많은 이동은 조선족 관리자뿐 아니라 회사도 마찬가지다. 회사도 여유가 없으니 장기 청사진을 보여주지 못한다. 갑자기 문을 닫고 자기 나라로 사라지기도 하는 외국 회사에는 직원들도 충성도가 떨어지는 편이다. 조선족을 탓하기만 할 뿐 직원들에게 꿈을 주지 못하는 이유를 고민하는 한국 사람은 참 적다고 손병인 씨는 안타까워했다.

마땅한 지원을 하지 않으면서 일방적 지시를 무조건 따르라고 할 수는 없다고 손병인 씨는 말했다. 액세서리 업계는 모든 일을 수작업으로 해야 하기 때문에 거의 가내 수공업이나 다름없고 대부분의 경영자도 생각이 좀 좁다. 직원들 대할 때도 가부장처럼 내 말이 곧 법이고 무조건 따라야 하며 내 마음에 안 드는 직원은 나가야 한다는 방식이 반복된다. 그래서 직원들한테 믿음을 못 주고 있었다. 직원들한테 여기서 많이 배워 다른 회사에 높은 직급으로 이직하든지 자기 사업을 할 수 있는 기반을 만들 수 있다는 꿈을 제시해야 한다며 손병인 씨는 답답해했다.

그런 목적 아래 손병인 씨 회사에서는 처음에 책을 빌려줬다. 중국은 책값이 무척 비싸서 책을 읽고 싶어도 못 읽는 사람이 많았다. 이 회사 직원들의 평균 급여가 3000위안 정도인데 책 한 권이 30~40위안이었다. 그래서 회사가 직원들이 신청하는 책들을 사 빌려주기 시작했다. 첫 달에는 한 명도 신청하지 않았다. 다음달에는 딱 한 명이 자기하고 전혀 상관없는 컴퓨터 책을 신청했다. 컴퓨터 책을 읽고 난 뒤 주말에는 학원에 다니고 싶다고 해서 그 시간대에 근무를 빼줬다. 이렇게 조금씩 바뀌다가 이제 학원을 다니거나 뭘 해보고 싶어하는 사람이 늘어나기 시작했고, 회사도 이해하고 지지를 보낸다. 같이 일하던 직원들 중에 바이어가 스카우트한 사람도 있다고 한다.

흥미롭게도 회사가 이런 노력을 계속하자 조선족이 오히려 설 자리를 잃었다. 중간 관리직을 놓고 한족과 조선족이 경쟁하기 시작했다. 교육을 받아 이해 능력이 높아지고 업무 역량이 좋아지니까 의사소통이 잘되면서 조선족과 한족이 비슷한 수준이 됐다. 조선족보다 한국말을 더 잘하는 한족도 생겼다. 한족은 여러 시도를 해보면서 목표 의식이 생기는 듯했다. 한국 기업인들은 조선족 관리자를 한족 관리자를 좋게 평가했다. 욕심 내지 않고 꾸준히 일한다는 얘기가 많았다. 케이팝 열풍의 영향을 받아 한국말을 배우거나 한국에 유학하려는 결심을 하기도 하고, 한국을 전반적으로 더 깊이 이해하게 됐다.

조선족들은 예전부터 당연히 알고 있던 문화라서 특별한 영향을 받지 않는 듯했다. 다른 한편 독립해서 사업을 하는 조선족도 늘었다. 한국 업체에서 몇 년 동안 일하면서 저축한 돈으로 사업을 시작했다. 한국 장신구 회사는 하청을 할 수 있는 품목이 아주 많았다. 금속도 수십 가지를 쓰고, 자재도 종류가 많았다. 소자본으로 창업할 수 있으니 납품 업체로 시작해 조금씩 규모를 키웠다.

많은 회사에서 조선족 비중이 조금씩 줄어들었다. 이런 현상이 바로 현지화다. 한국인 직원과 조선족 직원이 조금씩 빠지고 한족이 많이 일하게 되는 현상이 곳곳에서 벌어지고 있다. 시간이 지나고 중국말이 어느 정도 가능해지면서 한국 사람들도 직접 지시를 하려 하지만, 통역 문제는 아직 해결되지 않고 있다. 중요하고 복잡한 문제를 통역하려 할 때 100퍼센트 전달이 안 된다. 한국 사람들이 중국말을 원어민 수준으로 하지 않는 한 통역이 어떻게 잘못되고 있는지 알 수가 없다. 복잡한 문제를 한국말로 자세히 설명해줘도 통역이 어떻게 전달하는지 모르면 불안하다. 나중에 결과물을 받으면 문제가 생길 때가 많다. 언어 문제는 그래서 계속될 수밖에 없다. 중간 결과물을 보고 미리 문제를 알아차려야 한다.

이런 문제는 조선족이 중간에 끼어도 해결이 안 되니까 이제 조선족이 필요 없다고 생각하는 한국 기업가들이 점점 많아지고 있다. 어차피 문제가 생긴다면 위험 요소를 안더라도 한족들하고 바로 함께 일하는 쪽이 좋다고 보기 때문이다. 조선족이 받는 많은 월급도 문제다. 회사가 무리 없이 운영되면 희망을 갖고 돈을 많이 쓸 텐데 경기가 안 좋으니 조선족 직원을 줄이게 된다.

조선족 중에서 한국 사람들을 이해하고 교육도 좀 받은 사람은 성공할 확률이 높다. 중국의 꽌시 문화를 잘 활용해 이전에 몸담은 회사하고 관계를 좋게 유지한 채 다른 회사로 가거나 따로 자기 사업을 하는 사람은 크게 성공한다. 그렇지만 대부분은 목표 의식도 별로 없이 그냥 떠돌아다니기만 한다고 손병인 씨는 말했다.

그래서 조선족 여자들도 조선족 남자를 싫어한다고 손병인 씨는 웃으며 말했다. 회사에 여자 직원이 여럿이라 그런 이야기를 자주 듣는데, 조선족 남자가 목표 의식이 없어 놀기 좋아하고 술 좋아하고 도박 좋아한다고, 그래서 발전이 없다고 평가하는 조선족 여자들이 많다. 거래처 중에 주문 상황은 나쁘지 않은데 갑자기 망하는 회사를 보면 남자 사장이 도박을 좋아했다. 추운 지방에 산 탓에 모여서 도박하는 문화가 있는데다 한국 유흥 기업들이 많이 들어간 탓이라고 손병인 씨는 해석했다.

조선족 남자들은 밤 문화에 열성적인데 한족 남자들은 밤 문화를 싫어하고 가정적인 사람이 많다. 남자들 사이에 술을 아주 잘 마시는 사람을 좋아하는 문화가 있고, 중국 남자들도 술을 좋아하고 독한 술을 많이 마신다. 그렇지만 기업인들은 저녁 7시까지 거의 집에 들어가기 때문에 술을 마셔도 낮 3시부터 시작한다. 산둥 지방에서는 예전부터 가정에서 여자들 힘이 세기 때문에 남자들이 늦게 술자리를 하는 일이 별로 없다. 조선족들은 그런 문화에 익숙한데다 고향에서 떨어져 있으니까 외로워서 더 그렇게 되는 듯하다고 손병인 씨는 얘기한다.

희망이 없어서 한탕주의에 빠진다는 해석도 붙였다. 칭다오에서도 조선족이 월급은 많이 받지만 한족에 견줘 불리하다. 칭다오 출신 한족들은 금전적 보상이 갑자기 많아져 대부분 잘살게 됐다. 그러다 보니 조선족은 실망하게 되고, 지금 돈을 많이 받지만 칭다오 사람이 아니기 때문에 차별받는 만큼 내 미래는 밝지 않다는 생각을 다들 하는 듯하다고 했다. 그래서 고향집에 아파트가 들어서기만 기대하는 젊은 조선족들도 있다. 상대적 박탈감을 느끼는 탓이다. 열심히 해봐야 이런 삶을 못 벗어난다고 생각한다. 빈곤과 일상생활 연구에서 자주 볼 수 있는 관계다. 한 집단의 문화, 곧 즉흥적이고 저축하지 않는 문화 때문에 가난해진 게 아니라, 가난하고 희망이 없기 때문에 그런 문화가 발달했다는 말이다. 여기에서 문화는 개인이 살아내기 위해 선택하는 도구나 마찬가지다.

부동산으로 돈 번 사람들이 주위에 많이 생겨서 일할 의욕을 더 앗아갔

꽌시

관계 문화는 체면 문화에 연결돼 있다. 꽌시 문화의 핵심은 자기 위치에 관련된 체면이다. 사업하는 사람이 도움을 받으려고 찾아오면 공무원은 자기가 어느 정도 위치에 있는지 보여줘야 한다. 자기 소관이든 소관이 아니든 정말 자신이 없으면 다른 사람을 찾아보라고 해야 할 텐데, 일단 찾아온 만큼 자기가 차지하는 위치를 보여줘야 한다. 그래서 자기 인맥을 뒤져 사람들을 데리고 온다. 이렇게 해서 서로 그 문제를 해결할 수 있게 관계를 맺어준다. 또한 자기 체면이 있으니까 합당한 대우를 받아야 한다. 돈 욕심보다 자기 체면이 우선이다. 그래서 소개받은 양쪽은 이 사람한테 합당한 대우를 해줘야 된다. 관계가 아주 중요하다.

사업을 할 때 부딪히는 정부 규제도 마찬가지다. 어디에 있는 어떤 사람하고 얼마나 친밀한 관계를 가진 사람을 내가 아느냐에 따라 일이 해결되는 과정과 속도가 다르다. 직급에 따라 금전적 보답, 먹는 음식, 대접하는 장소가 달라진다. 꽌시를 잘 활용하는 사람이 성공하는 사람이다. 꽌시를 무의미하게 생각하면 이득을 얻기 힘들다.

손병인 씨는 중국에 머물 때 3만 명 정도가 일하는 큰 기업에 있었다. 그때 출장 오는 중앙 정부 사람들도 연결을 시켜줘서 칭다오 공무원들하고 함께 대접을 하기도 했다. 정말 높은 사람은 상하이까지 가서 대접한 적도 있었다. 저녁을 좀 좋은 데서 먹으려고 상하이까지 갔다. 그러면 어느 정도 체면을 세워준 만큼 그쪽에서도 끈끈한 정을 계속 이어가려 한다. 정말 친분이 생기면 친구 같은 관계가 형성된다. 그럼 이제 체면을 어느 정도 세워 준 사람이기 때문에 조건 없이 부탁을 들어준다.

다. 칭다오에 외국 기업이 늘어나 주재원들이 많이 살게 되면서 물가나 집값이 크게 뛰었다. 집값이 오르면서 목돈을 만지는 사람들이 생겼다. 이 사람들이 그 돈을 주체하지 못한다고 손병인 씨는 말했다. 한국 돈으로 현금 1억을 들고 차를 사러 가는 사람도 있다. 돈 어디서 났느냐고 물으면 집이 생겨서 현금을 두 상자 들고 가 사왔다는 사람도 있다. 돈을 주체하지 못하는 그런 사람들을 보면서 더 자괴감이 생겼다.

이런 개발 과정을 사업에 잘 활용한 사람들은 성공했다. 조선족 여성 모임처럼 봉사 활동을 하면서 칭다오에 있는 조선족 사회를 끌어올리려 노력하는 사람들도 있다. 그렇지만 대부분은 그런 모범을 못 보는 듯하다고 손병인 씨는 안타까워했다. 꽌시나 인맥 덕에 거둔 성공으로 치부하는 사람들이 많기 때문이다. 그런 사람들은 자기의 꽌시, 인맥, 돈 갖고는 어차피 안 된다고 생각한다.

시간이 흘러 손병인 씨가 다니는 액세서리 회사의 제조 라인 일부가 중국을 떠나게 됐다. 다른 저개발국이 아니라 한국으로 돌아간다고 했다. 한국 정부가 이미테이션 주얼리 업체를 대상으로 전라북도 익산에 조성한 산업 단지 입주 신청을 받았다. 칭다오에서도 몇몇 회사가 정부 보조금을 받아 건물을 지어 이전할 예정이다. 손병인 씨 회사는 한국이 인건비가 높아 가격 경쟁력이 없으니 고가의 파인 주얼리를 중심으로 공장을 운영할 생각이다. 미국 백화점을 겨냥한 고급 제품을 한국에서 생산할 수 있는 기반을 만드는 중이다.

조선족이라면 치를 떨거나 조선족을 품어주는 한국 사람들, 한국 사람들에게 고마워하거나 다시는 보고 싶어하지 않는 조선족들. 칭다오에는 이렇게 다양한 사람들이 서로 열심히 관찰하며 열심히 살아가고 있었다. 비슷하지만 많이 다른 모습인 상대방을 통해 자기 모습을 열심히 설명하고 분석하고 있었다. 지난 20년 동안 2000명에서 20만 명으로 100배 늘어난 칭다오의 조선족, 70개에서 6000개가 넘게 늘어난 칭다오의 한국 기업인이 만났다. 런던처럼 둘 다 외국인인 상황은 아니지만, 새로운 환경에서 허둥대는 모습은 비슷했다. 그리고 서로 원망했다. 그 원망은 결국 자기를 향해 있었지만.

6장

브리티시 차이니즈 코리언

나는 어느 나라 사람이냐고 묻는 조선족 아이들

월드컵과 조선족
— 어느 나라를 응원하는지 묻는 다문화 사회

중국과 한국이 축구를 하면 어디를 응원할까. 조선족, 특히 한국에 사는 조선족들이 왜 한국 사람들은 늘 그런 걸 묻느냐고 투덜거리게 하는 질문, 그리고 한국 사람들은 조선족 잘 봐줄 필요 없다는 증거로 많이 사용하는 질문이다.

그 질문은 너는 진정한 한국인이냐는 의심을 담고 있다. 그런 얘기를 하면서 난처해하는 조선족이 많았다. 자기를 한국인(조선인)으로 생각하면서도 낯선 한국 땅에 와 그곳에 이미 살고 있던 한국인에 대립하는 자기 정체성이 부각되기 때문이다. 조선족에 관해 물으면 거의 모든 한국인 면담자가 바로 축구 얘기를 꺼냈다. '월드컵 하면 어느 팀을 응원할까?'는 '너는 누구인가?' 하고 같다는 듯, 정체성을 단번에 말해주는 질문이라는 듯.

아니나 다를까 조선족 지원 단체에서 일하는 한국인 김철(40대·남·가명) 씨도 축구 얘기부터 했다. 함께 월드컵 경기를 보는데 조선족들이 중국을 응원했다고 한다.

> 한국을 외국이라고 생각하는 것 같아요. 물론 조국이라고 생각하는 사람도 있지만……. 그리고 북한과 남한 사이에 문제가 있으면 북한 쪽에 더 가깝다고 생각하면 됩니다. 내 고향 내 땅이라고 생각하는 관념보다는 돈 벌어서 가야겠다고 생각해요. 그리고 편해서 오는 거죠.

경찰 최병기(50대·남·가명) 씨는 생각이 달랐다. 조선족의 70퍼센트 정도는 우리를 같은 조상을 가진 한민족으로 여긴다고 봤다. 마찬가지로 축구 경기를 할 때 한국을 응원하는 조선족이 많다는 사실이 증거였다. 조선족들도 알고 있었다. 한국 사람들은 늘 한국과 중국이 축구를 할 때 너희는 어디를 응원할지 물어본다고 했다. 그런 질문이 무척 서운한 듯했다. 축구 얘기를 왜 이렇게 많이 물어보느냐고 되물은 한 조선족은 '당연히 둘 다 내 나라'라고 힘줘 말했다. 한국은 낳아준 어머니고 중국은 길러준 어머니라고 비유했다. 50년이 넘도록 중국에 살면서 우리 민족의 문화나 생활을 잃어버리지 않고 지냈는데 한국에서는 그런 고충도 모르면서 차별한다고 했다. 중국에서도 이런 차별은 받지 않았다며 다들 놀라는 기색이었다.

한국 사회에는 다른 민족과 인종이 드물었다. 다른 민족에 맞선 대결의 역사를 거치면서 단문화mono-culture가 자랑스러움이나 피해 의식으로, 또는 신화로 존재했다. 1980년대만 해도 그랬다. 백인을 향한 선망은 있지만 지나가는 백인을 뚫어지게 쳐다보는 사람이 부지기수였고, 좀더 까무잡잡한 사람은 드물 뿐 아니라 눈에 띄더라도 대놓고 무시하는 사람이 많았다. 다른 인종하고 결혼하는 일은 당연히 집안의 반대나 편견에 부딪쳤다.

외국으로 간 한국 사람들은 다문화주의multiculturalism라는 신기한 미덕을 만났고, 한국 사람들이 인종 차별에서는 으뜸을 달린다는 사실을 그제야 깨달았다. 그런 한국에서 1980년대 말부터 다문화 물결이 거세졌다. 외국인 노동자가 많아지고, 농촌에 몰리기는 했지만 외국인을 만나 결혼하는 사람도 늘어났다. 다문화 개념은 꽤나 진보적인 정치색을 띠고 있었지만, 한국에서는 정부가 다문화 정책을 만드는 과정에서 정책 용어인 동시에 '외국인'하고 같은 뜻으로 쓰이게 됐다. 다문화 관련 단체에 정부가 주는 지원금과 기부금이 늘고 다문화 연구도 활발해지기 시작했다.

"둘 다 내 나라예요"
— 낳아준 어머니 한국, 길러준 어머니 중국

영국에서 살던 2011년 봄, 한국에서 한 달간 지내게 된 나는 아이를 어린이집에 데려 갔다. 영국에 사는 가족이라고 하니 '다문화 가정'이라 할인 혜택을 받는다는 말을 들었다. 부모와 아이가 다 한국인인 우리를 다문화 가정에 넣는 일도 신기했지만, 한국에서 '다문화'라는 개념이 그렇게 자연스럽게 제도권 안에 자리잡은 사실이 놀라웠다.

다문화 물결 속에서 조선족은 어떤 위치일까? 모호했다. 조선족은 한국인이기도 하고 외국인이기도 하며, 그래서 한국인도 외국인도 아니었다. 중국에서 '우리의 고향은 한국'이라고 수없이 듣고, 한국 학교에 다니며, 한국 음식을 먹던 조선족이 그 조상의 땅을 밟은 뒤 느끼는 감정은 인종이 다른 외국에 가서 사는 것하고 얼마큼 비슷하고 얼마큼 다를까?

많은 사회에서 다문화주의는 자연스럽게 존재하지 않았다. 여러 이유에 밀려 어쩔 수 없이 인정하고, 그러다 보니 같은 나라에, 도시에, 동네에 사는 데 별 무리가 없다는 사실을 배우고, 그래서 더 적극적으로 되는 게 다문화다. 그런 점에서 다문화는 월드컵이 아니라 프로 축구 정규 시즌 경기에 가깝다. 경제적 이유나 정치적 고려 때문에 생기는 거부감이 없어서 다른 나라나 다른 민족 선수를 고용한다. 박지성 선수가 한국 대표로 뛰는 월드컵이 아니라 영국 프로팀에 들어가 뛰는 일상의 경기에 가깝다.

서울에 사는 조선족 김철수(50대·남·가명) 씨는 만나자마자 대뜸 물었다. "다문화, 다문화 하는데 그게 도대체 무슨 뜻이요?" 많이 답답해 보여 왜 그러시냐고 되물었다. 어느 다문화 행사에 가니 참가자 대부분이 조선족이었다. 한국에서 조선족을 포용하려 노력한다는 느낌을 받아 재미있게 행사를 같이했다. 그런데 행사 끝머리에 기념사진을 찍을 때가 되자 주최 쪽에서 다른 인종 몇 명을 돈을 주고 데려왔다. 그 사람들을 중간에 골고루 세우고는 단체 사진을 찍었다. 조선족은 한국인하고 생김새가 같아서 사진을 찍으면 다문화 행사처럼 보이지 않기 때문이었다. 조선족들은 졸지에 다문화 행사에 별로 도움이 되지 않는 한국인이 됐다. "우리는 다문화요, 아니면 한국 사람이요?" 조선족은 재외 동포도 아니고 외국인도 아닌 부류에 속해 있다. 김철수 씨는 한국에서 쓰는 신분증을 보여줬다.

> 우리는 중국 신분증에도 한국말로 한글 이름을 적어요. 그런데 한국에서는 영어로 이름을 쓰고 한글로 신분증에 이름을 못 적게 돼 있어요. 재외동포법도 개선됐지만, 계속 외국인보다도 대우를 못 받고 있는 처지예요.

조선족이 신분증에 한글로 이름을 못 적는다는 사실을 처음 알았다. 중국에서도 한국말을 쓰고 살아온 조선족들에게 다문화는 혼란스럽고 난감한 주제였다. 어떤 때는 한국인에 비교해서 한국인 대접을 받지 못하고 어떤 때는 외국인에 비교해서 외국인 대접을 해주지 않는다고 했다.

김철수 씨는 조선족은 같은 동포로 대우받은 적은 없다고 호소했다. 중국에서 한글도 배우고 김치에 된장찌개를 먹고 지내지만 한국은 동포로 대우하지 않는다고 아쉬워했다. 중국에서 태어나 중국에 살면서도 우리 민족의 문화나 생활을 잃지 않고 지냈는데, 한국에서는 그런 점을 인정하지 않고 차별해서 놀랐다. 중국에서 소수 민족이라고 차별받지 않다가 막상 같은 민족인 한국에 오니 차별이 심했다. 조선족들이 많이 들을 법한 질문을 했다. 어디를 내 나라로 느끼는지 물었다.

내 나라라고 말하면, 둘 다 내 나라에요. ……한국은 낳아준 어머니 같고, 중국은 길러준 어머니 같다고 보면 됩니다. '낳아준 정보다 길러준 정이 더 크다'는 말이 있는 것처럼 이렇게 생각하는 사람도 있을 것이고, 그래도 낳아준 곳이 더 중요하다고 하는 사람도 있을 거예요.

'낳아준 어머니, 길러준 어머니'라는 말이 많은 것을 담고 있었다. 길러준 어머니가 더 고마울 수도 있는데 왜 그런 점을 문제 삼느냐는 이야기기도 했다. 귀화를 신청한 김철수 씨는 1~2년 걸린다고 해서 기다리고 있었다. 어떤 일이 생길 때 자기를 보호할 나라가 같은 민족인 한국이 아니라 아직도 중국이라서 서운했다. 옆에 있는 다른 조선족 남자도 중국 조선족(조선족)은 미국 조선족(재미 한국인)에 견주면 대우가 하늘과 땅 차이라고 했다. 모든 게 다 그렇지만 보는 시선부터 다르다고 생각했다.

중국은 30~40년 후진 나라라고, 정부부터 단체, 개인들이 모두 그렇게 생각하잖아요. 정부에서는 다문화 가정을 이야기해도, 보는 시선은 그래요. 똑같은 조선족인데도, 어떤 분은 귀화해서 물난리 났을 때 보상을 해줬는데, 외국인으로 돼 있는 사람은 아무것도 안 해줬어요.

외국인이 겪는 서러움은 자식대에 가면 더 참기 힘들어진다. 김철수 씨의 15살짜리 큰아이는 회장도 하면서 학교생활을 활발하게 잘한다. 그런데 사춘기에 들어서면서 염려가 됐다. 어릴 때는 안 그랬는데 조금 크자 부모가 학교에 가는 것을 싫어했다. 알림장도 계속 없다고 둘러댔다. 나중에 보니 학부모 회의가 열리는 사실을 숨겼다. 엄마나 아빠가 조선말을 하기 때문에 애들이 놀리고 따돌릴까봐 겁이 난 모양이었다. 6학년 때는 역사 시간에 당나라가 한반도를 침략한 대목을 배우다가 아이들의 눈총을 받았고, 조선족 학생을 때려 부수자는 말도 들었다. 한국과 중국이 축구 하면 너는 어디를 응원할 생각이냐는 질문도 물론 많이 받았다. 김철수 씨는 한국 정부도 그렇지만 그 담임 선생도 생각이 없다고 원망했다.

학교에서 가끔 소수자로 차별받지만 아이들도 어느 정도 적응한 만큼 떠날 수 없다고 말하는 모습은 자기 나라를 떠나온 사람들 사이에 공통된 현상이다. 이를테면 미국에서 만난 한국인 부모들도 한결같이 그랬다. 아이가 소수자로 차별받을까봐 두려워하고, 그런 경험이 있으면 너무 마음 아파했다. 그러면서도 아이들이 초등학교를 졸업할 나이가 되면 한국에 돌아가 적응하지 못할 수 있다는 두려움에 선뜻 떠나지 못했다. 김철수 씨도 한번씩 애들 때문에 여기서 살면 안 되겠다 싶다가도 애들이 중국말을 잊고 이제 여기에 동화돼서 중국에 돌아가면 적응을 못할 거라는 생각이 든다고 했다. 그래서 다시 한국에서 살자고 마음먹게 된다.

브리티시 차이니즈 코리언
— 도대체 나는 어느 나라 사람일까

런던에 있는 조선족들 사이에서 정체성 문제는 조금 달랐다. 일단 다 같이 소수 민족인데다가 제삼의 장소에서 지내는 만큼 시간이 지나면서 거주지 관련성이 또 문제가 됐다. 어떤 조선족은 중국 비자로 영주권을 받고 어떤 조선족은 북한 난민으로 신분증을 받았다. 그 사람들의 자녀들은 한국이나 중국에는 가보지 않거나 소속감이 없는 채 런던에서 큰다.

자기는 중국인이라고 리경옥 씨는 말했다. 심지어 한국과 중국이 축구 경기를 하면 중국을 응원한다고 먼저 축구 이야기를 꺼냈다. 처음 영국에 와서는 한국 사람이 외국 사람이고 중국 사람이 내 나라 사람으로 느껴졌다. 한국 사람들의 여러 가지를 이해할 수 없기도 했다. 3세대가 돼도 영국에서는 조선족이라고 하지 영국 사람이라고 안 하지 않느냐고 되물었다.

> 제 딸들로 가면 헷갈려 해요. (한숨) "너 어느 나라 사람이냐?" 이렇게 물으면 혼란스러워 해요. 영국 사람은 분명히 아닌데, 중국 사람이라고 하려니까 자기는 중국말을 하나도 못하고, 한국 사람이라고 하자니 한국에 가본 적도 없고 한국에 가족도 없기 때문이에요. 저한테 물어요. "엄마 난 어느 나라 사람이야?" 그럼 저는 그래요. "엄마는 '차이니즈 코리언'인데, 넌 '브리티시 차이니즈 코리언British Chinese Korean'이야." 더 커서 민족성을 이해할 때가 되면 그러죠. "넌 코리언 맞아. 증조할아버지 때 함경북도에서 중국에 왔다가 이렇게 됐어."

리경옥 씨는 한국 사람들을 많이 알고 지낸다. 큰딸은 조선족교회에 가지 않고 중고등부가 있는 한인 교회에 혼자 간다. 런던에 와서 한국 사람들을 많이 만난 탓인지 아이는 한국인이라는 의식이 더 크다고 했다. 한국에는 가족들이 있지만 부모님은 중국에 계시니 굳이 한국으로 여행 가게 되지 않아서 리경옥 씨하고 딸은 아직 한 번도 한국에 가본 적이 없다.

영국 사회에서는 모두 소수 민족인데, 한국인이 온 지 좀더 오래되고 수가 많은데다 자리도 먼저 잡고 사업장 같은 곳도 좀더 흔해서 같은 한 민족 안에서 우월한 존재로 행세한다. 그러니 조선족은 치이고 무시당하고 갈등을 겪기도 하면서, 뭐라 말하기 힘들게 소외당한다. 한족하고는 갈등이 별로 없다. 한족을 고용하는 사람도 있지만, 조선족하고 한족 사이에 위계질서는 없다. 그러다 보니 조선족이 한족을 고용하거나 한족 밑에 들어가도 갈등이 많지 않다.

중국에서도 그렇지만 조선족은 한족보다 자기들이 우월하다고 생각한다고 리경옥 씨는 고백했다. 동북 3성 중 하나인 지린 성에 살 때 한족이 무식하고, 더럽고, 게으르다고 생각했다. 한족은 조선족이 약삭빠르고, 사치를 부리고, 교육열이 높다고 생각한다. 여기 와서도 조선족은 한족을 그렇게 생각한다. 어쨌든 자기들이 한족보다 우월하다는 의식이 있으니까 꿀리거나 하는 일은 별로 없다.

재미있게도 박동욱 씨는 조선족 어른들도 정체성을 생각하게 된다고 했다. 영국에 와서 영국에 동화된 탓은 아니었다. 조선족이 중국 출신이고 중국 사람이라고 생각하지만 시간이 흐르면서 '내가 한국 사람인가?' 하는 생각을 하기도 한다. 런던에서 한국 문화도 많이 접하고 인터넷으로 한국 드라마도 많이 본다. 영어가 잘 안 되니 영국 텔레비전은 보지 않고 중국 텔레비전은 재미가 없다. 그러다 보니 한국 드라마나 쇼를 보면 재미를 느끼고, 한인 신문을 보고 한국 사람을 많이 접하니까 한국 사람하고 생각이 비슷해졌다. 한국이 중국보다는 선진국이라는 생각을 하니 한국 사람을 동경하게 되기도 하고, 좀 닮아가려 노력도 하는 듯하다고 했다.

구로나 대림에 있는 조선족보다 런던에 있는 조선족이 훨씬 한국인에 가깝다. 조선족끼리 모여 있지 않고 섞여 일하니까 더 그렇다. 규모가 크지 않으니 동화가 된 셈인데, 도착한 사회의 원어민이 아니라 일상에서 많이 접하는 다른 소수자에게 동화된다. 아이들은 점점 한국 사람을 접할 기회가 늘어나고 성장 과정에서 감수성이 예민할 때 한국 애들하고 지내다 보니 더 한국식으로 바뀐다.

박동욱 씨가 보기에 조선족은 '결국은 다 붕 떠버리'고 만다. 한반도를 넘어간 경험이 있어서 그런지, 아니면 한족 문화를 접한 탓인지 몰라도 쉽게 옮긴다고 했다. 직업도 지역도 옮긴다. 영국에서 오스트레일리아로 가는 조선족도, 다른 나라에 가는 조선족도 많이 봤다.

조선족은 많이 갈 뿐 아니라 쉽게 간다. 이런 활발한 이동성이 선교 일을 하는 데는 큰 장점이라고 했다. 한국 사람들은 터전을 잡으면 쉽게 못 움직이는데 조선족들은 쉽게 옮기니까, 여기서 일하다가 다른 곳으로 쉽게 갈 수 있는 이 사람들을 교회가 아주 좋아한다. 하나님이 그렇게 쓰시려고 그분들을 준비해놓았다는 생각도 든다고 했다. 그러니까 중국 사람 정체성과 (한국과 북한을 포함하는) 조선 사람 정체성에다 이동성까지 정체성에 더해야 한다. 조선족만의 얘기는 아니다.

"조선 사람이라고 생각하고 살았어요"
— 나라 없는 사람들이 모인 런던 조선족협회

런던에 사는 한국인들에게 한인회가 있듯이 조선족들에게는 자기들의 조직, 조선족협회가 있다. 한국에 사는 조선족에 견줘 런던의 조선족이 스스로 가지는 정체성은 다른 면에서는 난처했다. 한국인인지 중국인인지 묻는 물음이 제삼국에서는 중요성이 떨어지기 때문이다. 또한 불법 체류자 신분이 뜻하듯이 나라로 자기를 대표할 정당성이 사라진다. 영국에서는 한국 사람이나 조선족이나 둘 다 소수 민족이다. 한국 사람이 서구에 살면 아시아인의 정체성을 더 강하게 지니게 되는 현상하고 비슷하다.

"조선 사람이라고 생각하고 살았어요." 최림(40대·남·가명) 씨는 말했다. 중국에서 소수 민족으로 살면서 어찌 보면 '조선 사람'이라는 정체성이 더 강해졌다. 런던에서 만난 40~50대 조선족은 대부분 중국에서 조선족 학교에 다녔다. 그때는 조선족 학교가 많았다. 1949년 중화인민공화국 선포 뒤 중국은 소수 민족 포용 정책을 썼다. 소수 민족이 자기들의 언어와 문자를 쓰고 발전시킬 수 있게 한 결과 조선족은 조선족 학교에 다니는 게 보통이었다.

어릴 때 옌볜 조선족 학교에 다닌 최미아(40대·여·가명) 씨는 한국에서 영어 배우듯 중국어를 배웠다. 한국어가 중국어보다 편하다. 1960~1970년대에 어린 조선족 학생들은 강한 민족정신 아래 조선족이 아니라 한족하고 싸우자고 서로 다짐했다. 1970~1980년대만 해도 외국, 특히 영어권 나라에 간 많은 한국인이 자녀를 주류 사회에 속하게 하려고 집에서도 한국어를 못 쓰게 한 일하고는 참 다른 경험이다. 자기는 중국 학교에 다녀서 중국말이 더 편하다고, 좀 특이한 일인 듯 말한 어느 조선족도 세월이 지나면서 상황이 달라졌다고 했다. 지금은 많은 조선족 어린이들이 중국 학교에 간다. 조선족 학교에서는 초등학교 3학년 때부터 중국어를 배우는데, 중국 학교에 가면 초등학교 1학년 때부터 배우는 셈이다. 지정학적 우열 관계가 개인의 심리를 거쳐 표현된다. 자기가 어디에 속한다고 생각하는지에 관련된 정체성의 문제일 뿐 아니라 어디를 동경하느냐 하는 문제다.

'조선 사람'의 특성을 묻자 몇몇 사람은 조선족이 버는 돈에 견줘 사치하는 편이고 체면을 중시한다고 했다. 박기석(40대·남) 씨는 중국에서 조선족으로 사는 일이 힘들지는 않았다고 했다. 그렇지만 한족은 지구력이 있고 장사를 정말 잘하는 무서운 사람들이라고 했다. 1페니(한국 돈 200원)만 남아도 장사를 하는 사람들이라고.

암산에 무척 능하고 계산에 철저한 조선족들 모습을 보면서, 세계 각국에서 장사를 하며 살아남은 중국인들의 노하우를 지켜본 효과가 톡톡하다고 나는 생각했다. 그래서 물었다. "그럼 조선 사람은요?" 박기석 씨는 웃으며 대답했다. "한국 사람들은 배포가 커서 그런 일 안 하고 떼돈을 벌려고 하는 기질이 있는 것 같아요!"

처음에는 조선족이 별로 없고 고향 사람들이 그리우니까 협회를 시작했다. 조선족협회는 한인회에 지원을 요청하면서 공존을 모색했다. 한인회가 국가나 기업의 지원을 받거나 무료 신문을 배포하는 모습을 보고 방법을 배우고 싶었다. 조선족협회 간부들은 한인회 간부들을 만나 네트워크도 형성했다. 한국인 고용주와 조선족 피고용주 사이에 문제가 생기거나 다른 사건이 벌어지면 같이 해결하기로 했다. 조선족협회가 만들어진 뒤 직장이 없는 여성 조선족이나 불법 체류자들, 일한 돈을 못 받는 사람들은 한인회에 말을 하면 조금은 더 쉽게 문제를 해결할 수 있었다. 조선족협회 간부 두 명은 크게 도움은 되지 못한다고, 한인회는 그만큼 힘도 없는데다 발 벗고 나서지도 않는다고 부연 설명을 하기는 했다.

조선족협회는 1년에 두 번 큰 행사를 치른다. 연말에는 노래자랑을 열고 9월 3일에는 운동회를 했다. 1952년 9월 3일에 옌볜 자치주가 공식 출범했다. 보통 우리가 옌볜이라고 부르는 곳의 정식 명칭은 옌볜 자치주인데 중국 지린 성 동남부에 있는 유일한 조선족 자치주다. 그러니까 이날은 중국에서 조선족이 민족 정체성을 정식으로 인정받은 날이다.

조선족협회의 행사 광고는 무료 신문인 《코리아 위클리》에 나간다. 참가하고 싶은 사람은 참가비 10파운드(한국 돈 2만 원)를 내는데, 부담돼서 안 가는 사람도 많다. 조선족들에게는 큰돈이다. 참가비에다 그날 일당까지 50~60파운드(한국 돈 10만 원 정도)를 포기해야 하기 때문이다.

이렇듯 돈과 시간 때문에 조선족협회는 안정되게 운영되지 못했다. 2001년에 만들어 2~3년 운영하다가 2008년에 활동을 재개했다. 활동비가 가장 문제다. 몸이 아픈 조선족에게 찾아가 도움 주기 등 여러 활동을 하려면 자금이 필요하다. 처음에는 뜻 맞는 두 명이 건설 회사 다니는 사람들을 모아 300~400파운드(한국 돈 60~70만 원) 정도씩 내서 운영했는데, 지금은 생각대로 되지 않는다. 처음 1~2년은 호기심에 사람들이 모이다가 차츰 잘 안 나오기 시작했다.

빠듯한 노동 시간도 큰 걸림돌이다. 그런 면에서 사람을 몇 명 두고 일하는 건축업자들이 가장 활동하기 좋다. 영주권 받고 제대로 세금 내면서 사업하는 사람들도 있지만, 이런 사람들도 바빠서 조선족협회를 하기는 힘들다. 개인의 법적 신분이 보장되지 않는 문제에 더해 자기 나라가 없는 점이 치명타였다. 답답해서 거의 날마다 만난다는 조선족협회 간부 두 사람은 이렇게 말했다.

> 한국 분들은 한국이라는 나라가 있기 때문에 한인회가 순조롭게 진행이 되고요. 북한도 그 나라가 있어서 괜찮은데, 우리는 중국에서 이중생활을 하던 사람들이라서, 즉 조선족으로 살다보니 힘이 약한 거지요.

두 사람은 조선족협회가 없어졌다고 봐야 한다고 했다. 초창기 2년은 리경옥 씨 남편이 회장을 맡았는데, 그때 리경옥 씨는 믿음이 없는 상태라 그런 오지랖은 어디서 나오느냐고 물으며 못마땅해했다. 지원해주는 사람들이 뒤에 있어야 한다. 남편이 만들어오는 일을 뒷수습하기가 너무 싫어서 협회 활동을 안 하면 좋겠다는 말도 했다. 어렵고 힘들 때는 단합이 잘되다가 나중에는 다들 자기가 잘났다면서 모이기가 점점 힘들어졌다. 자기들이 알아서 잘사는데 조선족협회가 도움을 주거나 힘이 돼주지 않으니까 존재감이 점점 사라졌다. 그래도 남편은 열정이 있었는데, 남편 뒤를 이어 회장을 맡은 사람이 나서고 싶어하지 않아 몇 년 동안 이름만 걸어놓고 활동은 멈춘 상태였다.

한국 사람, 북한 사람, 조선족이 체육대회를 한다는 소문도 있었지만, 개인적으로 하는 사람은 있을지 몰라도 대표성을 띠고 드러내놓고 하는 사람은 없다는 대답이 돌아왔다. 북한 사람들은 따로 행사를 하고, 한인회와 열정을 지닌 몇몇 조선족 청년들이 축구 경기를 한 적은 있었다. 협회 차원의 행사는 아니고, 안 한 지도 꽤 됐다.

조선족들은 조선족협회를 들어보기는 했다, 조선족들 모임이 있어 같이 음식도 먹고 노래자랑도 하길래 가봤다, 노래자랑에 상금도 있다더라 하는 얘기를 했다. 그래도 적극 참여하는 사람은 거의 없었다. 조선족들 사이에 조선족협회는 존재감이 없었다. 조선족협회가 여는 행사에 단 한 번도 가보지 않고 중국으로 돌아가는 사람도 많을 수 있다. 그렇지만 한 번도 가보지 않았더라도 동네에 미술관이 있으면 내가 사는 동네가 다르게 느껴지듯이, 그 희미한 존재감이 조선족 정체성에 어느 정도 기여하고 있는 듯했다.

외국에 있는 한국 사람이면 한인회나 한인 행사에 적극 참여하지 않더라도 아주 상관없이 지낼 수는 없다. '영국에 사는 우리' 같은 집단 정체성을 대표하는 조직이기 때문이다. 또한 무료 배포되는 한인 신문은 한국 신문 짜집기지만 읽는 재미가 쏠쏠하고 필요한 생활 정보도 많다. 한인 사회에서 영향력을 끼치는 사람들은 주로 한인 언론, 큰 식료품 상점, 대형 유학원 등을 운영하기 때문에, 또는 이런 업체를 소유한 사람들이 영향력을 끼치는 자리를 차지하기 때문에, 그런 조직들을 의식하지 않고 사는 사람들도 얽히기 마련이다.

조선족협회는 '영국 런던에 사는 조선족'이라는 집단 정체성을 깨닫게 하고 만들어낸다. '열심히 사는 사람들', '한국 사람들에게 고용된 것이 무엇인지 아는 사람들', '한국에서 중국으로 옮겨온 할머니, 할아버지, 부모가 있고 한국도 중국도 아닌 영국으로 온 사람들'이라는 정체성을. 별도의 나라가 없어 보호받지 못하는 사람들이라는 정체성도. "7~8명이 모여 조선족협회를 세울 때는 미래를 보면서 조직한 것이었거든요." 조선족협회 간부는 강조했다. 인터뷰를 하면서 두 간부는 각오를 새로이 하는 듯했다.

서울의 조선족협회는 2006년에 다섯 명이 축구를 하면서 시작했다. 회원이 많아지자 자원봉사단도 만들고 급식 사업도 하고 악단도 꾸렸다. 여러 단체가 생겨 활발히 움직였다. 처음에는 운동하려고 만났지만 조선족을 대표하는 단체가 필요하다는 생각이 싹텄다. 보이스 피싱과 폭력 관련 사건들 때문에 나빠진 조선족 이미지를 바꿔야 한다는 데 공감했다.

김철수 씨는 교회도 다니고 구청하고도 종종 교류하면서 다른 단체들을 만나 가끔 같이 활동한다. 주민센터가 벌이는 아름다운 마을 만들기를 같이하고, 국제 라이온스 협회, 구청 자원봉사센터, 요양원 등에서 봉사할 기회도 있다. 그런 단체들은 한국인만 있는 곳이라서 조선족을 천대하는 한국 사람들을 도와줘야 하는지를 놓고 논쟁이 벌어지기도 했다.

김철수 씨 작은 아이는 한국에 태어나고 자라서 6살이다. 국적은 중국이지만 한국 사람인데, 돈을 내고 중국어를 배운다. 김철수 씨는 새로운 시대에 조선족이 한국과 중국을 잇는 다리 구실을 할 수 있다고 봤다. 중국은 경제적으로 무시할 수 없는 나라니 조선족이 뭔가 구실을 할 수 있게 뒷받침을 해줘야 한다는 주장이었다. 북한 사람은 새터민이라며 정착금을 주고 교육도 받게 해주는데, 조선족에게는 아무 지원이 없다고 지적했다. 정착금을 달라는 말이 아니라 편안히 지낼 수 있게 정책을 바꿔달라는 요구였다. 방문 취업 비자를 갖고는 사업을 할 수 없으니 비자 제도를 고쳐야 한다고 목소리를 높였다. 지금은 다문화 쪽만 신경쓸 뿐 조선족은 소외받고 있다고 김철수 씨는 말했다. 다문화와 조선족, 모호한 관계다. 한국인도 아니고 다문화도 아닌 존재다.

김철수 씨의 바람은 영등포구에 '중국 동포 청사'를 마련하는 일이다. 3만 5000명, 불법 체류자까지 합하면 5만 명 정도 되는 조선족 공동체가 이미 만들어진 만큼 문화나 행정 분야에서 지원이 필요하다고 했다. 조선족 학교도 생겨서 중국어와 한국어를 함께 교육하면 좋겠다는 말도 했다. 2016년 현재 대림동에 있는 한 초등학교에서 이중 언어 교육을 진행 중이다. 다문화 학생 비율이 높은 두 학교는 서울시교육청의 세계시민학교로 지정돼 지원을 받는다.

"삶의 운명을 개변하는 거지!"
— 조선족 여성이 얘기하는 조선족

칭다오에 있는 한 조선족 여성 협회 회원들은 변호사나 사업가다. 모두 칭다오 시내에 살고 있다. 청양구와 천태성에 모여 살지만 시내에 사는 사람도 많다. 한국에는 컨설팅, 법률 컨설팅, 투자 관계, 변호사 일 때문에 많이 나가고, 가끔 협회 일도 같이 보고, 한국 여성 단체를 비롯해 다른 단체들하고 네트워킹도 한다. 이 여성 협회는 교류 차원에서 홈스테이 프로그램을 짜기도 한다. 다른 나라 학생들이 중국에서 공부하고 싶다든지 중국 현실을 체험하려 할 때 도움을 주기도 한다. 회원이 몇 백 명 되는데, 외국 학생들 홈스테이를 받고 싶어하는 사람도 많다고 했다. 조선족의 수가 100배로 늘어난 환경 속에서 이 여성 협회는 경제와 문화라는 두 방향으로 활동 계획을 잡았다. 경제인 포럼도 하고 외국 단체하고 네트워크를 연결해 좋은 제품을 만드는 기업도 소개했다. 싱글 모임과 한인 학교도 적극 추진하고, 정양학교하고 함께 주말에 한글학교도 열었다.

한국에 있는 조선족 단체는 그렇게 활발하게 활동하지 않는다고 했더니 두 가지 이야기를 했다. 첫째, 다 같은 한민족인데 그래도 국적 차이가 있어서 한국 사회에 잘 섞이지 못하는 사례가 있다. 둘째, 한국으로 간 유능한 사람은 자기들끼리 따로 모인다. 교수, 변호사, 사업가 등 이미 잘나가는 사람은 주류 사회에 끼어 어울려 살 수 있기 때문이다. 그중에는 한국 국적으로 바꾸는 사람도 많다. 밀집 지역에 있는 사람들은 대부분 농촌 출신 노동자기 때문에 지도자 구실을 할 수 있는 이가 별로 없다. 전망 좋은 재능을 갖춰 중국에서도 시장성이 있는데 굳이 외국에 나가 고생할 필요가 없다는 말이었다.

이 협회는 2000년에 친구 모임에서 시작했다. 대부분은 조선족 남자하고 결혼한 기혼 조선족 여성이지만 중국 남자하고 결혼한 사람도 있었다. 조선족 여성의 11퍼센트 정도가 중국인이나 한국인을 만나 결혼하고 나머지는 조선족하고 결혼했다. 중국 사람을 만나면 사는 데 여유가 있는 편이지만, 음식이나 문화, 특히 노는 게 다르니까 다시 단체에 열심히 나온다. 조선족은 잔치하면 노래 잘하고 춤 잘 추고 재미있는데, 중국 사람은 그냥 밥만 먹기 때문이다. 더 폭넓은 조선족들을 끌어들여 단체를 만들어 공익적 자선 활동을 제대로 해보자는 생각에서 출발했다. 그러다가 하고 싶은 일이 점점 많아지자 체계를 정비하며 활동 폭을 넓혔다. 전체 방향을 잘 잡는 데 이바지한 초대 회장은 그때 한국에 살고 있었다. 10년 동안 적극적으로 활동하면서 칭다오 사회의 다른 단체들하고 꾸준히 협력했다.

조선족 여성들은 전업주부가 많지 않아 행사는 거의 주말에 한다. 자기 일도 챙기고 애도 챙기고 가정생활도 꾸려야 된다. 가끔은 아이들을 데려와 자선 경매, 양로원 방문, 교양 강좌, 등산 같은 프로그램에 같이 참여한다. 아이들이 같이할 수 없는 활동도 많지만 그런 어려움도 극복해야 한다고 말하는 태도가 무척 긍정적이고 진취적이다.

일하는 방식을 현실적으로 합리화한 점이 눈에 띄었다. 맞벌이인데도 가사 노동을 대부분 여자가 하는 현실에서 남자들처럼 밥 먹고 술 마시는 모임은 할 수 없다고 생각했다. 그래서 정확한 일만 하기로 방향을 정했다. 회의할 때는 과일과 음료수를 미리 준비하고, 가끔 필요할 때면 도시락을 시키는 전통을 세웠다. 중국에서는 아이디어를 내고 회의를 소집하는 사람이 거의 밥값을 낸다. 이 여성 협회는 그렇게 하면 한 사람한테 큰 부담이 된다고 판단했다. 좋은 일 하자며 이런저런 의견을 내는데 돈과 시간을 남들보다 훨씬 더 많이 쓰고 안 사주면 욕을 얻어먹으니 적극적인 참여 의지가 떨어질 수 있다는 생각이었다. 전략상 모임을 재미있게 하려면 중국식으로 진행할 수도 있지만 남은 돈은 기부할 수도 있게 하는 유연함도 갖췄다. 그렇게 좋은 방향으로 운영해 다른 단체에 모범을 보이자고 생각했다.

초창기에는 거의 다 자기 사업을 하면서 협회 일을 했다. 공익 활동부터 시작했지만 교포 단체니까 민족 전통을 지키자는 목적도 더했다. 다들 고향을 떠난 사람들이라 서로 도울 수 있는 네트워크가 중요했다. 자기 사업이나 가정생활에 필요한 정보도 얻고, 서로 공통점이 많아 친구도 많이 사귈 수 있어서 좋았다. 회원 중에는 한국 기업에서 먼저 경험을 쌓은 뒤 자기 사업을 시작한 사람이 많았다. 한국 업체와 일본 업체 사이의 거래를 통해 자기 사업을 시작한 사람도 있다. 1980년대 말부터 1990년대 초 사이에 한국 기업이 들어오면서 조선족도 이쪽으로 많이 이주했다. 기업에서 일하며 기반을 닦은 뒤 기술을 배워 개인 사업을 하는 사람들이었다.

중국 정부나 중국 회사에 취직해서 중국 연줄을 타고 사업을 시작하는 사람도 있다. 그런 업체에서도 한국 업체나 일본 업체하고 네트워크를 맺어야 하기 때문에 한국말을 하는 조선족이 필요했다. 이런 업체에 간 조선족은 다른 사람들보다 장점이 있으니까 더 많이 알게 되고 더 빨리 성장했다. 또한 중국의 대학 입시인 가오카오高等学校招生考试 탓에 대학 졸업하고 곧바로 칭다오로 온 조선족도 있다고 했다. 그래도 개인 사업하는 사람들을 보면 한국 기업에서 기반을 닦은 사람이 많다. 일류대를 나와 직접 칭다오로 와서 사업을 시작하는 능력자들도 조금 있다.

이 포커스 그룹에 참여한 한 여성의 남편은 조선족 신문사를 운영한다. 1996~1997년에 하얼빈을 떠나 상하이든 미국이든 갈 준비가 돼 있었는데, 칭다오에 지사를 세우기로 한 뒤 남편이 먼저 왔다. 개혁 개방 정책이 시작된 뒤 한국과 일본을 비롯한 외국 기업이 많이 들어오는 개방되고 발전한 도시고 동부보다 날씨가 훨씬 좋다며 장점을 꼽았다.

한 명은 한국 음식점을 한다. 한국에서 처음 시작했지만 체인점을 50개로 늘릴 정도로 중국에서 더 성공했다. 1997년 국제통화기금IMF 사태 때 한국과 중국이 공동 투자해서 지금은 아주 유명한 브랜드가 됐다. 한국에서는 술 마시는 곳인데, 중국에서는 레스토랑처럼 탈바꿈해 성공했다. 직원은 대부분 한족이지만 관리자는 조선족이다. 지금은 합자 기업으로 바뀌었는데, 한족이 소유한 가맹점이 더 많고 본사에서 직영도 한다.

한국 기업에서 관리자를 하던 조선족이 떨어져 나가 동업이나 창업을 하는 흐름도 있지만, 한국 사람이 중국말을 배우는 데 한계가 많고 문화나 전통에서 차이가 아직도 크다. 한국 사람이 중국말을 배워도 현지에 적응하기가 쉽지 않고, 한족이 한국말을 배워도 한국인 사장하고 의사소통이 잘 안 되기 때문이다. 이중 언어 사용자들이 많이 그렇듯이 조선족도 둘 다 잘하는 사람은 별로 없고 둘 중 하나를 잘하는 편이다. 동북 3성 조선족들이 칭다오에 와서 취업을 쉽게 할 수 있게 도운 회원도 있다. 대학을 졸업한 조선족은 안내받지 않고 직접 찾아오는 사례가 많다.

고등학교를 졸업한 조선족이 기업에 가면 문화 차이 때문에 통역을 제대로 못한다. 이를테면 지각을 한 어느 한족 직원이 '석로인'에서 오다보니 늦었다고 말했다. 통역하는 조선족은 석로인이 어디인지 모르니까 '노인(로인)'이 죽어서 늦었다고 전했다. 사장은 노인이 세상을 떠나서 지각을 했으니 어쩔 수 없지 하고 넘어갔다. 한국에서 '중고차'는 오래된 차 또는 쓰던 차라는 뜻인데 중국에서는 높고 낮은 차를 뜻해 계약을 맺는 데 큰 지장을 줄 수도 있다.

협상을 많이 지켜본 한 사람은 중국인에 견줘 급한 성격 때문에 한국인이 손해를 본다고 말했다. 중국 사람의 여유 있는 성격을 묘사하는 '만만디慢慢地'가 한국의 '빨리빨리'보다 더 효율적일 때도 있다. 생각이 깊고 많이 참을 수 있어서 쉽게 화내지 않으며, 문제가 생기면 바로 따지지 않는다. 오케이를 한 뒤 천천히 생각해보고 해결책을 찾으면 돌려서 잘 처리해 서로 체면 상하지 않게 한다. 한국 사람들은 급해서 화를 내다가 자기가 잘못한 점을 드러내면서 양보할 수밖에 없게 되는 경우가 많다고 했다.

조선족은 어떠냐고 물으니 여러 명이 한꺼번에 중간이라고 대답하고는 웃는다. 시간이 지나면서 조선족들도 많이 성장했다. 한국 기업이 자리 잡는 데 어느 정도 이바지했고, 그 과정에서 자기들도 발전했다. 특히 대학 졸업자들은 기업을 경영하기 시작했다. 베이징이나 상하이는 교사나 교수로 취직하는 사람이 많고, 칭다오는 공장을 쉽게 차릴 수 있어서 중소기업을 하는 사람이 많다. 딱히 어떤 사람이 대도시로 간다고 할 수는 없다. 알고 지내던 친구가 가 있거나 친구를 거쳐서 알고 아는 사람이 있거나, 아니면 다른 인연이 생겨서 여러 군데 나뉜다.

한국에 일하러 가는 사람은 '노가다' 아니면 공장 노동자, 또는 육아 도우미나 식당 일을 많이 한다. 대부분 농촌 출신이다. 농사짓거나 소도시에서 노동자로 일해 1년 버는 돈을 한국에서는 1달에 벌 수 있다. 한국 진출은 1980년대 중반에 친척 방문으로 시작했다. 약장사를 하는 조선족이 많았는데, 중국에서 개인 사업을 하려니 좀 어렵고 직장에 다니려니 급여도 많지 않아 가정에 보탬이 되려면 한국에 가는 편이 낫다고들 생각했다.

한국에서 일해 돈을 좀 번 사람들은 고향으로 돌아가면 할 일이 별로 없다. 그래서 칭다오 같은 신도시에 와서 식당이나 슈퍼마켓처럼 쉽게 할 수 있는 일을 찾는 사람이 많다. 부모나 아이들을 위해, 또는 노후 대책으로 칭다오에 집을 사는 사람도 있다. 전직 교사인 한 여성 사업가는 한국행은 인맥에 관련이 있다고 말했다. 한국에 친척이 있는 조선족은 한국에 가고 연줄이 없는 조선족은 중국에서 자기 시장을 개척했다. 한국행 초창기인 1980년대 말에 자기는 한국에 가고 싶어도 갈 수가 없었다고 했다. 다른 교사들은 한국에 가서 약을 판다든지 이런저런 일을 해 돈을 벌었다. 한국 가기가 좋으면 한국에 가고 베이징에 친척이 있으면 베이징에 가는 식이었다. 칭다오를 먼저 선택해서 칭다오로 오게 됐다.

조선족 이동의 규모와 속도에 내가 놀라워하자, 사람들은 조선족의 특성이 아니라 한민족의 특성 같다고 했다. 한국도 5000만 명밖에 안 되는데 세계 곳곳에 퍼져 있으니 말이다. "삶의 운명을 개변(개척)하려는 거지, 뭐." 중국의 개방과 한국 기업의 진출 같은 객관적 상황이 주어졌고, 자기 삶을 좀 바꾸고 운명을 개척하려는 욕망에서 개인들도 서슴없이 이주를 택했다고 했다. 또 다른 한 명은 위험을 안는 성향이 강한 탓이라고 봤다.

중국 사람보다 조선족이 더 많이 떠돌아다닌다, 중국 사람도 마찬가지다 하면서 대화가 오갔다. 조선족은 조상대에 떠나온 경험이 영향을 끼쳤다는 말도 나왔다. 동북 지방에서 태어나 몇 십 년 동안 살았는데 다른 데 가도 적응하고 열심히 일하면 잘살 수 있다고 자신했다. 어디에 살든 똑같은데 우리가 원하는 데 가서 살면 더 좋다, '어느 황토인들 사람을 묻지 않을까'라는 중국 속담처럼 어디에 가도 이 한몸 쉴 만한 안식처는 찾을 수 있다는 말도 했다. 옛날 부모들은 삶을 바꾸려 해도 방법이 없었는데 지금은 상황이 바뀌었으니 자기만 열심히 하면 된다는 말이었다.

조선족이 중국말을 한족처럼 잘하기는 힘들지만 그중 한 명은 중국 학교를 다녀서 중국말을 중국 사람보다 더 잘한다고 자랑했다. "중국 사람을 찜 쪄 먹을 수도 있습니다." 이렇게 말한 사람은 한국말이 서툴렀다. 그러면서도 러시아와 일본에 사는 한인들은 한국말이 잘 안 되는데 중국에는 조선족 학교가 있어서 조선족이 한국말을 가장 잘하는 듯하다고 덧붙였다.

한국말을 잘해서 아쉬워하는 사람도 있었다. 상대적으로 중국어가 뒤처진다는 말이었다. 그 나라 언어를 완벽하게 하지 않으면 생존하기 힘든 만큼 중국에서 살려면 중국말을 중국인처럼 하거나 더 잘해야 경쟁에서 이길 수 있다는 논리였다. 조선족이 한국말은 물론 중국말도 잘할 수 있게 교육하면 훨씬 좋겠다고 했다. 조선족도 다른 민족처럼 가오카오가 시작된 뒤부터는 시험 점수만 중시하고 인재 양성이나 언어 문제는 무시했다며 안타까워했다.

언어는 딜레마다. 한 조선족 여성은 말했다. "저는 속은 뻔한데, 하고 싶은 일은 엄청 많은데 정말 한국말처럼 그렇게 (중국말을) 못합니다. 그러니까 안타까움이 너무 많습니다." 하고 싶은 일들이 많은데 언어 때문에 못해 안타까우면서도 중국말을 너무 잘하면 사기꾼이라는 말을 들을 수 있다고 했다. 이 여성은 그래서 중국말을 변호사처럼 잘해서 자기 하고 싶은 일을 하라며 둘째 아이를 한족 학교에 보냈다. 아이는 조선말을 한마디도 못한다. 보모도 한족이다. 남편 병원 일도 돕고 사회 활동도 하느라 엄마는 아이하고 보내는 시간은 물론 한국말을 가르칠 시간도 없다. 민족 언어를 잃을까봐 애가 탄다. 어떻게 해서라도 돈을 들여 중국어 가정 교사를 구하고 조선족 학교인 정양학교에 보낼 계획을 하고 있다. 정체성 문제도 있었다.

> 지금 애한테 물어보면 이럽니다. '나는 왜 조선족인데?' 학교 가면 자기 반에 조선족이 다섯 명 있습니다. 집에 와서 물어봅니다. '나는 왜 조선족이야?' '조선족은 뭐야?' 궁금하니까 애들은 물어봅니다. 그런 얘기를 들으면 너무 안타깝습니다. 애들이 민족 언어를 잃어간다는 자체는 우리 민족이 동화된다는 얘기가 아닙니까?

모인 사람들이 다 엄마라 자녀 결혼 이야기가 자연스럽게 나왔다. 다들 자녀가 조선족 배우자를 만나기를 바랐다. 언어, 물자, 생활 습관보다 더 염려되는 점은 밀집 지역이 해체되면서 조선족 젊은이들이 조선족을 만날 기회가 점점 줄어드는 현실이었다. 통혼, 곧 다른 민족을 배우자로 많이 고른다고 걱정했다. 다음 세대 조선족들이 자기 민족이 아니라 다 다른 민족하고 결혼하면 우리 민족이 점점 더 다른 민족에 동화되고 뿌리가 흔들리지 않겠느냐는 말이었다. 이런 점도 로스앤젤레스의 한국인 부모들하고 비슷했다. 자녀들이 웬만하면 한국인하고 결혼하기를 바랐다. 그게 아니면 아시아계 배우자라도 만나기를 바랐다.

칭다오 여성협회 모임이 열린 날이 마침 자녀 대책을 의논하는 자리였다. 조선족 청년들이 한자리에 모여서 교류도 하고 얘기도 나누고, 가능하면 사랑도 이어주는 활동을 할 계획이었다. 부모들은 조선족끼리 결혼하는 쪽을 선호하는데 자식들은 조선족을 만날 기회가 없으니까 중국 사람들하고 결혼하려 했다. 차라리 한국 사람을 만나는 편이 한족하고 결혼하는 쪽보다는 낫다고 했다. 다 같은 핏줄이니까 생활 습관의 차이가 좀 있겠지만 그래도 그쪽이 더 낫다는 말이다. 조상이 같고, 음식, 전통, 예절도 똑같기 때문이다.

한족에 견줘 조선족 아빠들은 아이들하고 대화하거나 함께 운동하는 문화가 드물다. 이를테면 같이 일하는 한족 남성 변호사들이 회의하다가 아이 데리러 가거나 아이하고 같이 운동해야 해서 일찍 일어나는 일은 전혀 놀랍지 않다. 가정을 중시해서 저녁 모임이 드물고 9시 전에 아이 전화를 받으면 무조건 집에 들어간다. 조선족 남자들은 안 그러느냐고 묻자 모두 웃는다. "그런 적 한 번도 없어요!" 그러면서도 조선족 남자들은 대부분 훌륭하다고 두둔한다. 가정에 소홀한 이유도 어릴 때부터 그런 환경에서 자란데다 한국이나 북한에서 와 생활 습관을 그대로 유지하기 때문이다. 지금 조선족 3대나 4대들은 아버지의 평소 습관과 태도를 지켜보며 큰 탓에 자기는 아버지 같은 사람하고 결혼하지 않겠다는 말을 한다.

칭다오에서 성공한 조선족들은 일본을 상대로 무역을 한 경우가 더 많다. 기계, 전자, 의류, 식품 분야에서 주문을 받아 수출하는 무역이다. 일본은 거래량도 크고 관계가 안정된 편이어서 잘된 사례가 많다. 한국 회사에서 10년, 20년 일하는 사람들도 있다. 신뢰 관계가 형성돼 오래가는 경우다. 조선족들이 이직을 자주 하는 모습을 부정적으로 보는 이들이 많았다. 이직하는 사람들은 결국 한 직장에 오래 있는 사람들보다 성공 가능성이나 발전 전망이 떨어지기 때문이다. 한 기업에 오래 다니는 사람이 개인적으로 성과도 좋고 회사 발전에도 이바지한다는 생각이 지배적이다. 나중에 나와서 창업하는 사람들도 꾸준히 한 회사를 다녀야 노하우도 익히고 신뢰를 얻어 도움을 받을 수 있다.

칭다오에 사는 한국인과 조선족의 관계도 많이 바뀌었다. 처음에는 의심과 불신이 깊어 같이 일하기가 어려웠지만, 한국 업체 덕분에 조선족도 성장하고 한국 고객도 늘었다. 중국 상황이 바뀌면서 한국 업체들이 많이 철수했지만, 그동안 조선족 사업이 성장해 한인 사회하고 조선족 사회가 평등하게 의사소통할 수 있게 됐다. 이제 큰 행사가 있으면 조선족 기업인과 한국 기업인들이 서로 초대한다.

조선족과 한국인이 서로 약점을 잘 알아 단합이 안 되고 쉽게 옮겨다니는 경향이 있는데, 밖에서 볼 때는 똘똘 뭉쳐 산다며 한족들이 많이 부러워한다. 한인 단체와 조선족 단체가 빨리 힘을 합치고 많이 돕는 모습을 보고 다른 한족 단체들이 말한다. "너희는 같은 민족이니까 단결해서 잘 나가는구나." 조선족들은 그런 게 자랑스럽다. 한 여성은 우리 뿌리가 도대체 어딘지 묻기도 했다. "원래 모국이 어디입니까? 그 나라 가면 우리는 그 나라 사람 아니고, 여기서도 소수 민족이고. 행운입니까 불행입니까?"

중국이라는 나라에 관한 자부심도 컸다. 소수 민족에 지원을 많이 하고, 차별이 전혀 없으며, 원하는 대로 다 잘해준다고 했다. 포용력이 커서 흑인이나 아프가니스탄인이나 인도 사람이 와도 차별 없이 잘해주고 다 친구가 된다. 다른 민족의 문화를 인정하는 태도가 중국의 큰 장점이다.

여성 협회 회원들이 어릴 때는 정체성의 혼란을 느낄 기회가 없었다. 단절돼 있었기 때문이다. 중국 조선족들은 이 땅에서 열심히 살아야 된다고만 생각했다. 그래서 교육 수준이 높고 자부심이 강하다. 어릴 때부터 중국 사람하고 같이 생활했지만 차별받는 느낌도 전혀 없었다. 민족만 다르지 다른 차이는 전혀 없다고 생각했다. 지금은 조선족인 덕에 중국의 한인 사회나 전세계 한인 사회하고 더 빨리 접촉할 수 있어서 좋다고 긍정적으로 봤다.

한국은 다문화를 경험하지 못해 자기하고 다른 사람들을 쉽게 포용하지 못하고 배타적이라고 비판했다. "그건 한국 사람이 개변해야 되는 문제입니다." 세계화를 외치면서 실제로 세계화하지 못한다고 평가한다. 처음에는 서운할 때도 많았다. 조선족이 낸 의견을 받아들이면 더 좋을 때가 있는데, 한국 사람들은 그렇게 안 할 때가 더 많았다. 그리고 사람을 제대로 판단하지 못한다. 누가 잘해주고 누가 사기치는지 모르고, 진심으로 도와주려는 사람을 믿지 않는다. 말을 더 잘하는 사람, 폼 잡는 사람, 뻥 잘 치는 사람을 한국 사람들은 더 좋아한다. 제대로 검토하고 연구하고 사람을 확실히 잡으면 사업을 더 잘할 수 있는데 그렇지 하지 않으니 실패할 확률이 높다. 실패한 뒤 반성하지 않고 자기 책임을 남한테 떠넘기는 한국인이 많다.

회사에서 조선족을 차별하고 낮게 보는 분위기가 있다면서도 중국이 성장 중이니 그 정도는 이해한다고 조선족들은 말한다. 한국뿐 아니라 미국이나 유럽에 가도 그런 대우를 받으니 이게 정상이라고 마음으로 받아들이면 별로 큰 문제가 아니다. 그런 조선족들에게 칭다오는 제2의 고향이었다. 칭다오에 사는 조선족과 한국인을 다 합치면 20~30만 명이다. 한국인 수는 줄고 조선족은 유지되고 있는데, 더 늘어날 수도 있고 다른 지역으로 갈 수도 있다. 중국 시장을 개척하려는 기업은 들어오고 제조업은 나간다. "원래는 세계의 제조 공장인데 이제는 세계의 시장으로 바뀌었습니다."

7장

사람이 제도다

조선족들하고 가까이 지내는 한국 사람들

이주자의 삶을 좌지우지하는 이주지의 기관과 단체는 중요하다. 한국에 있는 조선족에게 한국인은 제도 중 큰 부분이다. 특히 정치인, 정부 관계자, 조선족 관련 단체 종사자, 경찰, 출입국관리사무소 직원들의 태도는 문서화된 제도만큼 중요하다.

인터넷에는 조선족 혐오를 드러내는 댓글이 무척 많다. 조선족을 직접 상대하는 한국 사람들은 어떨까. 밀집 지역에 사는 한국인들은 조선족을 더 싫어할 듯하지만, 관련 기관과 구로나 대림에 있는 여러 사람을 만날수록 반대라는 사실을 알 수 있었다. 심지어 조선족을 통제하고 관리하는 출입국관리사무소와 경찰에도 조선족을 이해하고 우호적인 태도를 보이는 사람이 많았다.

당연한 다문화 혜택 대 다문화 쇼핑

영등포 다문화 빌리지센터에 근무하는 한국인 박영수(50대·남·가명) 씨에게서 조선족을 향한 애정을 느낄 수 있었다. 박영수 씨에 따르면 북한에서 온 새터민은 정착금과 임대 주택 등을 받고 사할린 동포들도 임대 아파트 정도는 받는데, 조선족은 아무것도 지원받지 못한다. 조선족을 대상으로 하는 외국인 지원 시스템이 안 갖춰져 있는데다 예산도 문제다. 조선족이 가진 투표권은 선거 때 힘을 발휘하기에는 좀 적고, 숫자를 생각하면 예산이 너무 많이 필요하기 때문이다.

한국인들이 조선족에게 느끼는 불만을 박영수 씨도 나름대로 분석했다. 사회주의 체제의 집단 농장에서 일했으니 당연히 기술이 없다. 그래서 식당 종업원 같은 일을 한다. 식당 주인들이 하는 말을 들어보면, 한국 사람은 시키지 않아도 눈치껏 알아서 일하는데 조선족은 수동적으로 시키는 일만 하고 말을 해도 이해를 잘 못해서 답답하다. 처음에는 같은 일을 하는 한국 사람에게 120만 원을 주면 조선족에게는 60~70만 원을 줬다. 조선족이 인권위원회에 제소해 같은 임금을 지급하라는 결정을 받아냈다. 한국인 고용인들은 알아서 하는 사람과 시켜야만 하는 사람에게 어떻게 같은 임금을 주느냐고 따졌다. 그렇지만 한국 사람들이 힘든 일을 안 하려고 하다 보니 어쩔 수 없이 조선족을 쓸 수밖에 없게 됐다. 임금은 오른 만큼 조선족들에게는 좋은 일이 됐다.

한국 사람들은 북한 사람을 '이념만 다르지 같은 나라 사람'이라고 생각하는 반면 '너희는 중국 사람'이라면서 조선족을 배척한다고 박영수 씨는 말한다. 조선족은 한국에서는 중국 사람이라고 차별받고 중국에서는 조선족이라고 차별받는다. 외국인 120만 명 시대에 조선족만 해도 50만 명이 됐는데, 다문화 정책에서도 조선족에 관련해서는 아무 대책이 없다. 조선족의 복수 비자와 불법 체류 현상에 관해 박영수 씨는 이렇게 되물었다.

> 이 사람들이 한국에 돈 벌러 왔는데, 5년 돼서 돌아가라고 하면 이 사람들이 가겠어요? 갔다가도 다시 옵니다. 갈 사람들은 가고, 안 갈 사람들은 여기서 재교육을 시켜서 여기서 살도록 해야 하지 않겠어요? 자꾸 불법 체류자를 양산하는 시스템으로 가면 안 되지 않아요?

조선족 처지에서는 조상 잘못 만나 고생하다가 고향에 찾아왔는데 왜 이렇게 대우를 안 해주는지 서운할 일 아니겠냐는 말이었다.

반면 구로와 대림 지역에 있는 다문화 관련 단체 중 한 곳에서 일하는 한국인 이미정 씨(30대·여·가명)는 조선족과 소수 인종들을 생각하는 마음이 각별했지만 늘어난 다문화 혜택을 쫓아서 여기저기 다니는 조선족들에게는 비판적이었다. 다문화 단체에서 일하는 동안 여러 번 본 조선족을 비롯한 다른 외국인들을 가리켜 '다문화 쇼핑'을 한다고 비판했다. 다문화가 관심을 많이 받기 시작하자 찾아와 필요한 것만 빼가는 기자나 학자들도 피곤하다. 다문화 후원자들도 후원 시스템을 잘 이해하지 못한다. 후원금이 중간에서 다 샌다고 걱정하는 후원자들은 지원금이 모두 비한국인에게 가게 해달라고 요구한다. 후원 조직, 행사 꾸리기, 인건비로 당연히 돈이 쓰인다는 점을 이해해야 한다고 이미정 씨는 말했다. 그렇지 않으면 가뜩이나 저임금으로 일하는 중간 조직 사람들에게 가는 게 없기 때문이다.

출입국관리사무소나 구청은 다른 면에서 난감했다. 다른 외국인들에 견줘 조선족을 특별 대우하기 때문에 다른 외국인들이 불만이라며 조심스러워 했다. 한국 사람들은 조선족이 한국 사회에 흡수되지는 않으면서 기초 생활 수급자 혜택을 받는다고 억울해한다. 한국 사람이 생활 보호 대상자 신청을 하면 재산과 은행 계좌 등을 추적해 자격이 있는지 알아볼 수 있다. 그렇지만 국적을 취득한 조선족이 신청을 하면 확인이 안 되기 때문에 95퍼센트 정도가 받아들여진다. 이런 이유 때문에 한국 사람들은 불만이다. 일할 수 있는 젊은 시절에는 중국에 살다가 늙어서 한국에 와 왜 내가 낸 세금을 축내느냐고 생각한다. 박영수 씨는 이렇게 되묻는다.

그 사람들이 거기(중국)에 가고 싶어서 갔겠습니까?

"세계화다 해서, '지금 살고 있는 나라가 내 나라다' 하면서 살지 않습니까?" 조선족 업무를 하면서 조선족들을 진정으로 포용하게 된 박영수 씨가 한 말이다.

조선족을 대표할 구 의원?
— 국적 취득한 조선족과 정치인이 하는 속계산

다문화 센터에서 일하는 박영수 씨는 조선족이 가진 숫자의 위력을 이렇게 설명했다.

> 45만 명 조선족 중에 5만 명은 이미 국적을 취득했고, 5만은 국적을 취득하는 과정에 있습니다. 영등포만 해도 국적을 취득한 사람이 1600~1700명이 됩니다. 그 말은 선출직 정치인들이 신경을 써야 할 단계라는 거죠. 한 지역에 거주하면 구 의원 정도는 만들어낼 수 있습니다. 아직까지는 별로 관심을 안 가지고 있어요.

지금까지는 정치권이 정말 관심을 안 뒀지만 조금씩 늘고 있다는 설명이었다. 그 뒤 이 숫자는 더 늘어서 한국 국적을 취득한 조선족은 7만 7000여 명(2014년 기준)이다.

어느 서울시 시 의원을 만나 이 문제를 물어봤다. 이 시 의원은 조선족이 표가 되기는 아직 힘들다고 했다. 조선족들이 미래의 유권자가 되려면 국적을 바꾸거나 선거법을 바꿔야 한다. 조선족들은 불법으로 들어오거나 합법으로 들어오더라도 2년 뒤면 나가야 하기 때문에 유권자가 되기는 힘들다. 국적 회복 신청을 잘 받아주지 않기 때문이다. 중국에서 원하지 않는 탓에 대중 관계를 고려해 한국 정부도 적극적이지 않다. 조선족이 지방 선거에서 존재감을 얻는 일은 앞으로 5~10년 사이에는 힘들 듯하다고 이 시 의원은 말했다.

선거에서 조선족 문제를 쟁점으로 내세울 가능성도 아직은 적다. 정치인은 선거에서 자기가 잘하는 문제를 공약으로 내걸고 논란을 불러일으키는 주제는 피하기 때문이다. '북한', '이민자', '원전'처럼 찬반 의견이 뚜렷해 적을 만들 수 있는 사안은 건드리지 않는 편이다. 그런데도 시 의원이나 구청장에게 조선족 문제는 중요하다. 조선족을 잘 관리하라는 한국 유권자들의 표 때문이다. 조선족들이 문제를 일으키면 이런 유권자들이 불만을 갖고 내쫓으려 한다. 그런데 조선족이 이미 자리를 잡았고 조선족들 덕에 돈을 버는 한국인들도 많아졌다. 구청장은 이런 갈등을 조정해야 한다.

이 시 의원은 주민들도 처음에는 조선족을 배제했지만 이제는 이해까지는 못해도 인정하고 적응하는 듯하다고 말했다. 조선족 학교를 세우는 일 같은 통합 노력은 초보적인 단계에 머물거나 몇몇 진보적인 사람들의 관심사일 뿐이다. 그래도 이 시 의원도 조선족 동네에 사는 한국인들이 대부분 조선족을 배제하기가 불가능하다고 느낀다고 봤다. 주민들과 다른 시 의원들에게 들어보니 조선족 때문에 못살겠다는 반응은 없기 때문이다. 가리봉동 옆에 있는 초등학교 운동장에서 잠자는 조선족이 있어서 학교 문을 잠그는 정도가 불평이라면 불평이었다.

조선족 문제를 고민하는 국회 의원도 많고 외국인을 받아들여야 한다는 사람들도 있다. 정치인보다 기업인이 받아들이자는 주장을 많이 한다.

이해관계 때문이다. 가까운 미래에 내수 경기가 꺾인다고 고민하는 기업인들은 지금 한국의 경제 구조가 그런 문제를 해결하지 못한다고 보기 때문이다. 학부생과 대학원생 수가 줄어드는 상황을 극복하려고 대학들도 이미 문을 많이 열었다.

법은 멀고 사람은 가깝고
— 조선족 돌보는 한국인 최성길 씨

조선족에 연관된 또 한 명의 인상 깊은 한국인은 최성길(50대·남·가명) 씨였다. 불법 체류를 하는 조선족을 인터뷰하려고 찾아다닐 때 최성길 씨가 조선족 한 명을 소개해줬다. 구로에 살고 있는 조선족들 사이에 존재감이 큰 사람이었다. 인터뷰가 진행되는 동안 최성길 씨는 다른 테이블에 앉아 있었다. 내 앞에 앉아 있는 조선족이 그쪽에 우리 얘기가 들릴까봐 눈치를 볼지, 낯선 나를 만나는 자리에서 아는 사람이 저쪽에 앉아 있으니 안심할지 궁금했다.

최성길 씨가 한국인이면서 조선족을 돕는 단체를 만든 동기가 궁금했다. 힘없는 사람을 돕는 단체에서 일하는 많은 사람이 대학 때 운동권이거나 진보적 경험을 한 반면 최성길 씨의 이력은 좀 특이했다. 경제와 법률 분야의 비공식 영역에서 다양한 경험을 쌓았다. 조선족 상황도 잘 알고 있고 '어둠의 세계'에서 벌어지는 일에도 노하우가 있으니, 제도가 아직 마련되지 않은 사각지대에 놓인 이주자를 돕는 데 도움이 됐다.

친척하고 결혼한 조선족 덕에 조선족들을 만나는 인연이 시작됐다. 그 조선족 친척이 한국인하고 싸움이 붙었는데 훈방 조치를 받을 정도의 일로 구속까지 됐다. 부당하다고 느낀 최성길 씨는 아는 검사에게 연락해 합의할 수 있게 도왔다. 그 조선족은 합법 신분이었지만 구치소에 있다 보니 체류 기간을 넘겨 불법 체류자가 됐다. 법무부는 출입국관리사무소로 넘겨 강제 출국을 시킨다고 했다. 최성길 씨가 쫓아가 사정을 설명하고 건설 현장에서 일한다는 확인서를 받아 노동부에 내면서 계속 머물 수 있게 도왔다. 이렇게 우연히 일을 처리해주면서 조선족들 사이에 입소문이 나고 여기저기에서 찾기 시작했다. 그래서 단체를 만들어 조선족을 돕는 일을 하기 시작했다.

최성길 씨는 다양한 사례들을 보면서 생각했다. '이건 아니구나! 이러다가 한국 기업인이 중국에 가서 맞아 죽는 사태가 생길 수도 있겠다.' 한 조선족 여성이 공사 현장 식당인 함바집에서 일하다가 화상을 크게 입었다. 우울증과 외상 후 스트레스 장애로 정신적 피해도 많이 받았는데, 불법 체류자라 산재 보험을 들어주려 하지 않았다. 언론까지 동원해 따져서 회사가 치료비의 50퍼센트를 대기로 했다. 다른 조선족은 한쪽 눈을 실명하고 각혈까지 있어 말을 못했다. 이동하면서 죽을 수 있을 정도로 상태가 심각했다. 의료 지원을 받을 수 있는 무연고자로 신청해 치료를 받을 수 있었다.

밀항, 불법 체류, 브로커 문제도 최성길 씨는 잘 알고 있었다. 농촌 출신 조선족이 한국에 밀항선을 타고 올 때 브로커에게 주는 돈이 2012년에 우리 돈 1500만 원 정도였다. 그때는 환율이 1 대 100 정도 돼서 1만 위안 인민폐가 한국 돈 100만 원 정도였다. 중국 식당에서 한 달 일해 300~400위안을 버는데 한국에 오는 브로커 비용이 10~15만 위안이니, 중국에 돌아가면 죽을 때까지 벌어도 갚기 힘들었다. 합법 경로가 많아졌지만 브로커가 개입돼 있다 보니 뒷돈을 내고 서류를 가짜로 만드는 사람이 비자를 더 잘 받는다. 산업 연수생으로 올 때도 중국에서 가짜 회사를 만들고 부도난 한국 회사를 골라 서류를 꾸민 뒤 한국에 들어와 각자 알아서 살 길을 찾아야 한다. 그 과정에서 또 브로커가 도와주기도 한다.

출입국관리사무소에서 체류 기간 연장을 해야 하는데 조선족이 서류가 잘 준비 안 될 때가 있다. 날짜 여유가 얼마 없으면 중국에서 서류를 받는 데 시간이 걸린다. 그럼 출입국관리사무소에 가접수를 한 뒤 나중에 추가 서류를 내 보완할 수 있다. 보통은 가접수를 잘 안 받는데 최성길 씨가 있는 단체에서 변호사 사무실을 거쳐 대행해준다.

한국인하고 결혼한 조선족은 중국에 다녀온 기간을 빼고 합법 체류로 3년을 꽉 채워야 국적 변경을 신청할 수 있다. 신청한 뒤에도 허가까지 3년이 걸리기 때문에 모두 5~6년이 걸린다. 가정 폭력 등으로 집을 나온 여성은 남편이 가출 신고를 하면 체류를 연장할 수 없다. 연장하려면 남편하고 같이 가야 하는데, 가출 신고를 했으니 자격이 없어진다. 출입국관리사무소에서도 법무부 소관이라면서 여자에게 모든 서류를 해오라고 한다. 그러다 보니 미련할 정도로 폭력을 견디는 사람이 많다. 사무실에는 마침 한국인 남편이 휘두르는 폭력을 견디다 집을 뛰쳐나온 여성이 와 있었다. 가정 폭력 피해자를 배려하고 보호하는 전문가는 아니지만, 이주자에게 법은 멀리 있고 여러 경험과 현실적 노하우를 지닌 최성길 씨는 가까웠다.

불법으로 와 있는 조선족은 이제 거의 없다고 한 한국 사람들 얘기하고 다르게 최성길 씨는 아직도 5분의 2 정도는 불법 체류자라고 했다. 대림동만 해도 1000명은 된다고 봤다. 한국에서 5년 넘게 살면 중국에 가서 적응하지 못하기 때문에 다 눌러앉는다. 조선족이 위장 결혼을 하는 데

1500만 원 정도 드는데, 한국 남자에게 500만 원, 브로커에게 700만 원, 나머지는 비행기 표를 포함한 다른 경비다. 위장 결혼은 위험해서 국적을 취득하면 바로 이혼하는 사례도 있다. 일본 유흥업소로 가는 여성도 꽤 있다. 이런 경로를 돕는 브로커는 '마마상'이라고 부른다.

여러 불법 입국 경로와 그 사이에 꼭 끼어 있는 브로커 얘기를 한참 듣다보니 자연스러운 삶과 사회의 일부로 느껴졌다. 메뉴판에 적어놓은 가격을 보고 음식을 고르듯 선택할 수 있게 마련돼 있었다. 불법 체류하는 조선족을 잡아도 실적에 별 영향이 없기 때문에 경찰들도 그다지 애쓰지 않았다. 최성길 씨는 이민 정책을 잘 세워서 줄어드는 청년 세대를 대체할 수 있는 인력을 받아들여야 한다고 했다.

> 일본, 한국이 급속도로 고령화되면서, 젊은 층이 없어서 농촌에는 일할 사람이 없고 산업 현장에 젊은 사람들이 줄어들고 있잖아요. 쓰리디 업종을 마다하지 않고 채워주고 있는 것이 외국인이고…….

최성길 씨 단체는 일하려 하지 않는 사람들, 이를테면 노숙자는 전혀 신경쓰지 않는다는 원칙이 있었다. 그렇지만 열심히 일하려는 이주자는 보호해야 한다고 생각했다. 조선족이 거칠다고 싫어하는 한국인들이 많은데 거친 게 당연하지 않느냐고 최성길 씨는 되물었다. 중국에서는 소수 민족이라고 천대받아 강해질 수밖에 없고, 한국에 오니 중국 사람이라며 냉대받고 무시당하기 때문이다. 조선족을 이해하고 포용해야 하는데 정책이 따라가지 못한다고 최성길 씨는 안타까워했다. 시 의원, 구 의원, 국회의원들도 별로 관심이 없다고 비판했다. 정치인들이 다음 선거에만 신경

쓰고 조선족 문제에는 무관심한데, 한국 국적을 가진 조선족 유권자가 많아져서 영등포구만 2000명 정도 되니 이제는 무시하지 못한다고 했다.

자기에게 힘이 있다면 중국 거리를 활성화하고 싶다고 최성길 씨는 말했다. 중국 문화를 소개할 수 있는 공연을 해서 조선족과 한국 사람이 같이 즐기고, 한국 문화도 소개하며, 서로 음식도 맛볼 수 있는 문화의 거리를 만들어 문화 융합을 시도하고 싶다. 정치인들은 이런 데 신경쓰지 않는다고, 여당이 하려 하면 야당이 안 도와주고 야당이 하려하면 여당이 등을 돌린다고 답답해했다. 얼마 전 사회단체 보조금을 신청한 최성길 씨는 심사를 통과할 수 있을지 모르겠다며 걱정했다. 회원들은 모두 한국인이고, 병원이나 기업의 후원을 받아도 늘 적자라 그동안 자기 돈을 쏟아부었다. 길게 가려면 보조금이 필요하다.

우리 경찰 형님
— 대림동 동포들하고 축구 하는 한범식 씨

한범식(50대·남·가명) 씨는 경찰이다. 조선족 범죄를 예방하는 홍보 업무를 하고 보이스 피싱이나 카드 위조 사례 등을 적발한다. 언뜻 보면 조선족을 감시하는 사람이지만, 한범식 씨는 구로와 대림에 사는 많은 조선족들의 '형님'이다. '조선족'보다는 '동포'라고 부르라며 호칭을 고쳐줬다.

"제대로 잘 해주면 믿고 중국에 갔다가 다시 와서 합법적으로 있을 수 있을 텐데……." 불법 체류자들도 잘 알고 지내는 한범식 씨는 그 사람들이 처음부터 불법 체류자는 아니었다고 설명했다. 1년이나 2년짜리 비자를 받고 지내다가 무슨 일 때문에 연장하지 못해 불법 체류자가 됐다고, 그래서 오늘 합법이다가 내일 불법 체류자가 된 사례가 있다고 알려줬다. 출입국 관련 법도 1년에 몇 번씩 바뀌고, 가끔 모두 합법으로 바꿔주기도 한다. 불법 체류자 자진 신고 기간이 있지만, 하도 자주 바뀌니까 조선족들이 믿지를 못한다. 한번 중국에 가면 바로 한국으로 못 들어오고 5~7년 있다가 와야 하니 위험하다고 생각한다. 그래서 그냥 이대로 지내고 말지 하는 사람이 많다. 구로와 영등포를 합쳐서 조선족이 7만 명 정도 되는데, 그중 불법은 10퍼센트 정도라고 한범식 씨는 추정한다. 이동 인구까지 합치면 10만 명까지 된다.

한범식 씨가 보기에 조선족은 '성격 급한 사람들'이다. 불법 체류하는 조선족은 큰 미련이 없어서 싸움이 나면 크게 번진다. 독한 중국 술을 마시고 취한 상태에서 감정이 다치는 말을 들으면 바로 컵을 던지거나 칼을 휘두른다. 성격이 급해서 순간적으로 병이 날아가고 칼로 찌르지만, 관계를 중요시해서 친구들하고 싸우는 일은 없다. 처음 본 사람들끼리 많이 싸워서 수사하다가 막히는 때가 많다.

그전에도 강력 사건을 많이 다뤘지만 조선족과 한국인은 살인 동기가 다르다. 조선족은 호프집이나 다방에서 순간적인 감정 때문에 사건이 일어나지만, 한국인은 계속 죽여야겠다는 생각을 갖고 있다가 개인적으로 죽이는 경우가 많았다.

> 한족들이 지배적인 데서 무시당하고 그러다 보니, 한국에 오면 더 이것이 나와서 마음을 억누르지 못하고 이렇게 되는 것 같아요.

안타까워하며 이런 말을 할 때 한범식 씨는 정말 조선족의 형님 같았다. 대림동에서는 2009년 전까지 사건과 사고가 자주 일어났지만, 경찰이 야간에 순찰을 많이 돌기 시작하면서 크게 줄었다. 경찰도 예전에는 말을 함부로 하는 편이었는데 지금은 많이 부드러워졌다. 경찰이 정보를 모아 형사들에게 주지만 조선족은 개인감정 때문이라고 생각하지는 않아서 관계도 괜찮다. 동네 한국 사람들도 예전에는 조선족이 무서워 밤에 거의 안 다녔지만, 조선족이 한국 생활에 적응하는 단계가 되면서 많이 좋아졌다. 조선족을 무시하지 않고 말도 함부로 안 하면서 대화를 시도하니 자연스럽게 마음을 열고 가족들끼리도 잘 지내게 됐다.

한범식 씨는 강력반에 있어서 살인 같은 사건을 많이 다뤘다. 조직폭력배를 검거하러 가야 한다며 약속을 갑자기 취소하기도 했다. 조선족 범죄율이 알려진 정도보다 낮기도 하지만 그중 95퍼센트가 조선족 사이에 벌어지는 싸움이고 한국 사람들이 다치는 일은 거의 없다. 동북 3성, 곧 헤이룽장 성, 지린 성, 랴오닝 성 사이의 지역 감정 때문에 벌어지는 싸움이 많다. 범죄 없는 대림동을 만들자는 뜻에서 경찰과 조선족이 연 축구 경기가 효과가 있는 듯하다고 한범식 씨는 말했다. 한국 경찰이 다리 구실을 해 조선족들이 출신 지역별로 갈라져 다투는 일이 준 셈이다.

출입국관리사무소에 합법으로 비자 연장 신청을 하는데도 여행사에 돈을 낸다는 얘기를 들을 때는 의심이 들기도 했다. 여행사와 출입국관리사무소 사이에 어떤 거래가 있거나 여행사가 사태를 과장해 돈을 챙긴다는 뜻이기 때문이다. 직접 본 적은 없지만 한범식 씨도 어떤 출입국관리사무소에서는 돈으로 절차가 진행되기도 한다는 소문을 들었다. 외국인은 어느 출입국관리사무소에 가도 비자 연장 신청을 할 수 있는데 중간에 브로커가 다른 곳에 가서 하면 빨리 된다고 속여서 옮겨가는 사람도 있다고 했다.

한범식 씨는 그렇게 돈을 받고 브로커 노릇을 하는 여행사 때문에 걱정이 많았다. 피해 사건이 많고 피해가 생길 때 법적으로 대응하기도 어렵기 때문이다. 한 조선족은 불법으로 들어오다가 공항에서 걸렸는데, 한 변호사 사무실 사무장이 나서서 아내가 암 수술을 한 점을 고려해 공탁금으로 1000만 원을 먼저 내고 모두 2500만 원을 주면 합법으로 해준다고 제안했다. 그러고는 선불금만 받고 도망갔다. 사무장이 한 짓이라 변호사는 잘못이 없다며 빠져나갔다. 비자를 연장해야 하는데 폭력 사건 때문에 문제가 되자 400~500만 원을 주면 처리해준다고 속인 사례도 있어 한범식 씨 팀이 내사를 벌이기도 했다.

구로와 대림에 있는 조선족의 80퍼센트 정도는 직업소개소를 거쳐 일을 찾는다. 불법 체류라 해도 소개 업무는 불법이 아니다. 돈을 잘 주는 곳을 연결해줘야 할 테지만, 예전에는 일만 시키고 돈을 안주는 곳이 꽤 많았다. 그래서 많은 조선족이 직업소개소를 믿지 못했다. 한범식 씨의 조선족 친구도 직업소개소를 거쳐 일을 찾아 15년 정도 일해 중국에 30평대 집 2채를 샀다. 이제 중국 물가가 많이 올라 이런 행운은 옛말이 됐다.

한국에서 잡힌 조선족 문제도 물어봤다. 출입국관리사무소도 불법 체류자가 식당이나 공장을 운영하고 있거나 전세를 살고 있으면 정리할 시간을 1~3개월 정도 준다. 그 뒤에는 바로 나가야 한다. 불법 체류자가 잡히면 곧바로 중국으로 송환된다는 말은 그러니까 조금 과장됐다. 시간을 주지만 안 보내는 일은 없다. 한국에 온 조선족이 정착금을 받으려고 북한에서 왔다고 하는 일도 없다.

중앙 정부의 성향에 따라 이민법이 강화되거나 완화됐다고 느끼는 이민자들이 많다. 한범식 씨는 길게 볼 때 그래도 완화되고 받아들이는 쪽으로 가고 있다고 봤다. 10년 넘게 불법 체류 중인 사람들을 풀어줬고 앞으로도 더 풀어줄 듯하다고 전망했다. 동네 분위기도 조금씩 바뀌고 있다. 처음에는 여름에 웃통을 벗고 다니거나 잠옷 입고 나다닌다고 한국 사람들이 조선족들을 손가락질했다. 그렇지만 시간이 지나면서 많이 나아졌다. 다문화 정책과 다문화 가정 지원 방안에 따라 교류한 결과가 도움이 됐다. 또한 한국으로 귀화한 조선족 노인들이 한국에서 같이 살려면 자기들이 주는 인상이 이렇게 나쁘면 안 된다며 청소도 하고 단속도 하면서 많이 좋아졌다. 다문화 가정 만들기 행사에는 구청장, 시 의원, 지역 언론 편집국장들, 지역 단체 회장 등 100명 정도가 모였다. 시청이나 구청에서 여는 조선족 행사에는 지자체장, 구 의원, 시 의원들도 같이한다. 한범식 씨는 조선족 신문사도 7~8개 접촉하고 있었다.

재미있는 일은 한범식 씨의 중국 진출이다. 조선족에 관련된 업무를 하면서 중국에 갈 일이 많아졌다. 한국에 살던 한족을 도와줘서 그 사람들이 한범식 씨를 초대하기도 하고 동북 3성에 있는 조선족 동생들, 그러니까 구로와 대림에서 친해진 조선족 아우들의 친구들을 방문하기도 했다. 승진이나 노후 대책을 고려해 중국을 곧잘 드나들었다. 조선족을 관리하는 업무, 특히 조선족 범죄 예방 업무는 구체적으로 정해져 있지 않아 스스로 개척해야 했다. 덕분에 창조적으로 생각하고 여러 시도를 할 수 있어 많은 도움이 됐다. 중국이 경제 대국으로 떠오르면서 사업가, 학자, 건축가 등이 중국에 가 기회를 엿보는 상황을 생각하면 무리도 아니었다. 호형호제하는 조선족도 많아졌으니 한범식 씨가 은퇴 뒤 중국에서 일을 도모해볼까 궁리하는 모습도 자연스러워 보였다.

8장

조선족의 조선족

차별받는 다른 쪽 조선인, 탈북자

3등 국민
— 조선족보다 차별받는 탈북자들

한국 사람들 사이에서 일자리를 구하려고 런던에 온 조선족은 런던에서 또 다른 쪽의 조선족을 만났다. 북한 사람이다.

런던에 사는 한국 사람, 조선족, 북한 사람이 한자리에서 만날 때가 있다. 이를테면 한국 사람이 이사할 때다. 이사할 한국 사람이 인터넷 재영 한인 사이트나 교민 신문에서 한국 이삿짐 회사를 찾는다. 영국 이삿짐 회사보다 훨씬 싸고 말이 통하기 때문에 한국 회사에 맡긴다. 이사하는 날 보면 이삿짐 나르는 직원들은 북한 사람이다. 자기들에게 낯선 단어를 들리는 대로 '넥타이'나 '콤푸타' 등으로 상자에 적는 모습을 보면 알 수 있다. 북한 억양을 안 드러내려고 조심하는 그 사람들보다 더 북한 억양으로 말하며 청소하는 아주머니는 조선족이다.

한국 사람이 사장인 그 이삿짐 회사는 나중에 보니 북한 사람이 운영하고 있었다. 직원으로 일하던 사람이 회사를 산 모양이었다. 이삿짐 회사에 조선족은 없느냐고 물어보니 시큰둥한 대답이 돌아왔다. "조선족들이 이런 일 하나요? 북한 사람들이나 하지." 북한 사람은 조선족의 조선족이라는 말 같았다.

한국 사람, 조선족, 북한 사람은 이 먼 영국에서 이렇게 고리를 형성한다. 한국 사람이 진출한 곳에 조선족이 와서 한국 사람을 상대로 일하듯이, 조선족이 진출하는 경로를 따라 북한 사람이 오기 시작했다. 북한에서 남한으로 가 한국 국적을 취득한 뒤 영국으로 온 탈남 탈북자다. 탈북자들도 이미 세계 여러 곳에 진출해 있다.

탈북자들이 한국에 오는 이유, 그리고 다시 영국에 오는 이유에는 무척 발전한 브로커 조직이 관계돼 있다. 조선족을 상대하면서 큰 브로커들이 사업을 계속 유지하고 확장해야 하기 때문에 찾아오는 고객뿐 아니라 잠재 고객을 발굴하려 애쓴다. 북한에 살다가 돈 벌려고 잠깐 중국으로 넘어간 북한 사람이나 한국으로 온 북한 사람들이 브로커들에게는 새로 개척할 시장이 된다. 한번 옮긴 사람은 '더 나은 환경'을 찾아 모험을 할 결단력이 증명된 만큼 앞으로도 충분히 그럴 가능성이 있기 때문이다.

북한에는 중국 조선족들이 많고 중국과 북한 사이에 왕래가 허용되기 때문에 탈북한 사람이 북한에 남은 가족에게 전화를 걸 수도 있다. 중국 기지국을 거치는 중국 핸드폰이 북한에서도 신호가 잡히기 때문이다. 런던이나 서울에 있는 탈북자가 브로커를 거쳐 북한 가족에게 돈을 보낸 뒤 잘 받았는지 확인하는 전화까지 할 수 있다. 한국전쟁 때 중화인민공화국 군대 100만 명이 한반도로 왔는데, 그중에 조선족이 많았다. 그때 내려온 조선족 중 북한에 그대로 남아서 산 사람이 많다. 이 사람들을 북한에서는 지금도 중국 화교로 부른다. 중국 여권을 갖고 북한에 사는 영주권자다. 이 중국 화교를 북한 정부가 제대로 통제하지 못한다. 게다가 국적이 중국이라 몰래 전도도 많이 하고, 중국 물건을 들여와 장사도 하고, 핸드폰도 연결하고, 탈북자가 돈도 보내준다. 조선족이 하는 여러 중간자 구실의 하나인 셈이다.

런던의 탈북자는 대부분 탈북 뒤 한국에 좀 살다가 한국을 떠나 영국으로 온 사람들이다. 왜 영국으로 왔느냐고 물어보니 김영희(40대·여·가명) 씨가 대답했다. "내 아이는 나처럼 살게 하고 싶지 않아요." 같은 한국인이면서 3등 국민(한국인 1등, 조선족 2등)으로 사는 게 무척 서러웠다고, 차별을 받을 바에야 다른 나라에서 차별받는 게 덜 힘들다고 했다.

한국으로 간 탈북자들이 다시 한국을 떠나는 가장 큰 이유를 한국인 송기완(60대·남·가명) 씨는 차별이라고 했다. 탈북자들은 자기를 조선족하고 곧잘 비교한다. 조선족은 국적이 중국이고 자기들은 어쨌든 한국(북한을 포함한 한반도를 뜻한다)인데 왜 조선족보다 북한 사람을 멸시하느냐는 식이다. 북한 사람은 조선족보다 더 한국 사람들하고 다르기 때문이라고 송기완 씨는 짐작했다. 조선족은 절반은 자본주의에 물든 반면 북한 사람은 하나도 물들지 않아 사고나 행동부터 차이가 나서 탈북자를 더 싫어한다는 말이었다.

북한 사람들은 자기들이 조선족보다 차별받는 상황을 못 견뎌 한다고 탈북자들을 잘 아는 송기완 씨는 주장했다. 외국 사람이 하는 차별은 외국 사람이라서 견디지만 한국 사람이 하는 차별은 더 못 견뎌 한다. 탈북자 중에는 한국에서 돈을 떼먹거나 문제를 일으켜 런던으로 온 사람도 있고, 북한에서 범죄를 저지른 뒤 도망친 사람도 있다.

차별은 영국이라고 해서 크게 줄어들지는 않는 듯하다. 그리고 여기에는 한국 사람에 더해 조선족들에게 받는 차별도 포함된다. 영어를 못하니 결국 한국말을 쓰는 인력 시장에 머물 수밖에 없기 때문이다. 잘사는 나라에서 왔다고 조선족을 차별하는 한국 사람처럼, 더 못사는 나라에서 온 탈북자는 조선족에게 서열에서 밀린다. 그래서 예전에 조선족이 하다가 이제는 기피하는 쓰리디 업종을 북한 사람이 맡는다.

인터뷰에 응한 조선족이 자기가 사는 집에 가끔 머무는 북한 사람에 관해 얘기할 때 거리를 두는 모습이 보였다. 런던에 사는 한국 사람은 그 거리가 더 멀 듯하다. 지금은 한국인들도 북한을 떠나 한국에 자리잡은

'새터민'들에 어느 정도 익숙해지기는 했지만 말이다. 탈북자가 늘어나기 전에 한국을 떠난 나는 태어나서 처음 런던에서 북한 사람을 봤다.

조선족에게 한국, 북한, 중국은 서로 다른 의미에서 조국이다. 어느 곳도 아닌 영국에서 보면 조선족의 의미와 존재는 경제 구조 속에서 맺는 관계에 따라 달라진다. 무시하지 못하는 서열 속에서 의존, 협력, 차별, 경쟁이 벌어진다.

진짜 탈북자와 가짜 탈북자
— 조선족과 탈북자 사이의 거리감 또는 존재감

어느새 런던 뉴몰든에서 북한 사람들의 존재감이 커져 있었다. 조선족 집단이 성장해 한국 사람하고 뉴몰든에서 같이 일하고 지내는 반면 북한 사람들은 존재가 많이 드러나지 않고 숨어 지낸다는 인상을 받은 지 몇 년이 된 탓이다. 난민 신청을 해서 난민 지위를 부여받은 뒤 런던 한인 사회에 뿌리내린 북한 사람들이 많아졌다. 2014년 기준으로 뉴몰든에 있는 한인은 4000명인데 견줘 조선족은 4000여 명이고 탈북자는 400명이다. 한국 사람 대 북한 사람의 비율이 10 대 1이나 된다.

런던에서 북한 사람들과 조선족의 관계는 미묘하다. 조선족은 북한 사람을 볼 때 거리감이나 긴장감이 거의 없다. 난생처음으로 런던에서 북한 사람을 만날 때 박동욱 씨는 긴장이 됐다. 한국 사람은 하도 반공 교육을 받아와서 마음속에 거리감이 있는데, 조선족은 그런 감정이 없었다. 같은 공산권이고, 국경을 맞댄 채 산데다, 많은 사람이 뿌리를 북한에 두고 있어 친근하게 대했다. 예전에는 자연스런 왕래도 많았다.

조선족은 지금도 북한에 쉽게 간다. 조선족뿐 아니라 중국 국적이면 북한에 들어가기가 쉽다. 런던에 와 있는 조선족과 북한의 관계도 민족적 또는 국가적 측면에서 긴장이 없다. 뉴몰든에 있는 조선족들은 탈북자들이 복지 혜택을 받으면서 일을 안 한다고 비판했다. 자본주의에 적응을 못한다는 말이었다. 직접 오는 사람은 없고 100퍼센트 한국에 있다가 런던에 온다. 그렇지만 조선족은 기회만 있으면 일을 한다. 자본주의에 아주 쉽게 적응하고 일의 귀천을 가리지 않는다. 이런 조선족이 북한 사람을 보면 우습다. 조선족은 너희들 뭐하러 왔냐면서 탈북자들을 아래로 보고, 탈북자들은 그런 조선족들을 기분 나쁘게 생각한다.

탈북자들은 '너네는 탈북자도 아니면서 탈북자 행세를 하고 있잖아?' 하고 생각하는데, 조선족들은 '그럼 너희들은 순수 탈북자냐?' 하고 받아친다. 이런 신분이나 경제 활동에 관련해서 불편한 마음이 있다. 조선족이나 탈북자는 소수기 때문에 누가 누구를 의지할 필요도 없다. 굳이 따지자면 한국 사람한테는 의지할 구석이 있는데 두 집단 사이에는 그럴 필요가 없다. 그런데 조금만 익숙해지면 한국 사람에게도 그렇게 의지할 필요가 없다. 런던에서는 한국 사람도 주류가 아니기 때문이다.

한국 사람들에게 고용돼 일하는 조선족이 아직은 많지만 한국 사람들이 이민자의 주류는 아니다. 다들 영세 상인이라 별로 다르지 않게 본다. 청소 노동을 하는 조선족 중에는 처음에는 한국 가정에서 일하다가 경험이 좀 쌓이면 말도 많고 까다롭다며 벗어나려 하는 사람도 많다. 영국 가정이나 다른 이민자 가정에서 일하는 쪽이 편하기 때문이다. 성실하게 일 잘해서 자리를 잡는 사람도 있다. 청소나 안마나 마사지를 하는 조선족들은 영

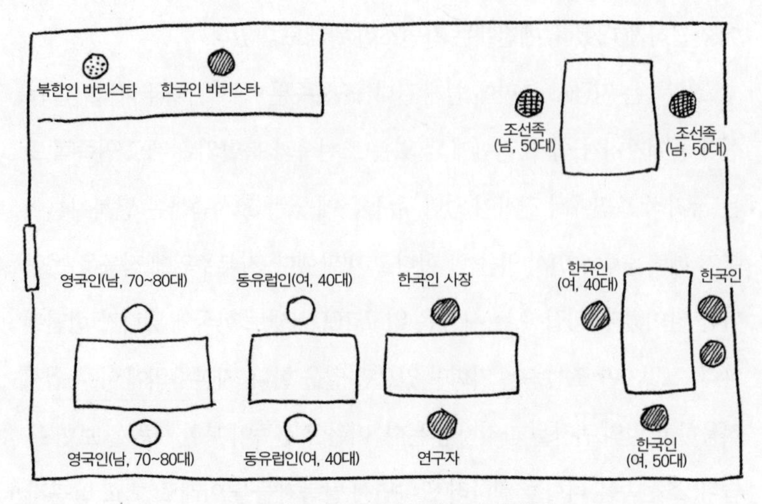

2014년 1월 21일 뉴몰든의 한 한국 커피숍 풍경.

국 사회에서 신뢰를 쌓으면 일이 계속 이어지니까 금세 안정된다. 그렇지만 대부분 영어가 안 돼서 한국인 사회나 조선족 사회에 머무른다. 집수리 일은 자기 집을 가진 한국인이 별로 없어서 영국인이나 인도인 고객이 많다.

뉴몰든 하이스트리트에 있는 한 커피숍에 들어갔다. 젊은 여성 바리스타 두 명이 상냥하게 웃으며 커피를 내리고 있다. 알고 보니 한 명은 북한 출신이고 한 명은 남한 출신이다. 손님들 중에는 조선족으로 짐작되는 이들도 있고, 영국 사람이나 동유럽 억양을 지닌 사람도 있다. 통일이 된 뒤 어느 날 한국에서 볼 수 있을 만한 광경이 2014년 런던에서 예습하듯이 나타난다.

2014년 1월에 2차 현장 조사를 시작한 내게 한국 이민자 한 명이 따뜻한 날에 한번 오라고 권한다. 이 하이스트리트가 유모차를 끄는 북한 엄마들로 가득 찬다고. 난민 복지 정책에 따라 아기가 태어나면 다달이 한 명당 지원비가 더 나오고 더 넓은 집에서 살 수 있기 때문에 북한 여성들이 영국에 와 아기를 많이 낳는다.

미래의 한국에서도 힘들 정도의 당당한 존재감을 런던의 북한 사람들이 갖게 된 이유는 두 가지다. 첫째, 난민 혜택 덕에 경제적으로 뒤처지지 않는다. 북한 난민 지위를 인정받는 순간 주택과 기본 생활비가 나온다. 한 달에 250파운드(한국 돈 50만 원 정도)를 구직 활동 기록을 제시하는 한 계속 받을 수 있다. 한국에서 살다가 영국으로 건너온 한 북한 출신 남성은 이렇게 말했다.

> 한국 사회는 (탈북자에게) 한국 사람도 하기 힘든 걸 하라고 다그치고 기다려주지 않아요. 영국 사회는 계속 돈을 주면서 끈질기게 기다려주니까 진정으로 적응을 하게 되는 것 같아요.

2014년 초 뉴몰든에서 만난 한국 사람들은 입을 모아 북한 사람들이 오히려 더 잘산다고 했다. 한국에 있는 탈북자들을 생각하면 안 된다고 얘기하는 그런 태도에는 가난한 북한 사람에게 뒤처진 피해 의식이 묻어 나왔다.

둘째, 영국이라는 무대 자체가 북한 사람들의 존재감을 키워준다. 한국에서는 조선족이나 북한 출신자를 차별하고 조그만 문화 차이만 드러나도 한국식 잣대를 절대 기준으로 내세우는 홈그라운드 이점이 있었는데, 영국에서는 그런 이점이 없다. 남한이나 북한이나 조선족이나 다 소수 민족일 뿐이다. 아직은 북한 사람들이 한국 사람들에게 고용돼 일하는 사례가 많아 상하 관계가 남아 있을 수 있지만 말이다. 2014년 초, 드디어 북한 사람이 런던에 레스토랑을 열었다.

런던의 탈북자 중에는 탈북한 뒤 한국에서 몇 년 동안 살다 온 사람이 많다. 한국 신분을 이미 받은 셈이기 때문에 탈북자 자격이 되지 않지만, 한국 정부가 탈북자 정보를 주지 않는 탓에 영국 정부는 한국에서 온 탈북자와 북한에서 바로 온 탈북자를 가려내기 힘들다. 이 도덕적 결함 때문에 탈북자들도 조심스러워 하고, 한국 언론과 한국 이민자들이 탈북자들을 비난하기도 했다. 제대로 된 여권이 없는 조선족들도 그런 도덕적 비난에서 자유롭지 않다.

말을 꽤나 단답형으로 하며 여느 탈북자들이 다 그렇듯 좀 경계하는 태도를 지닌 김기민(50대·남·가명) 씨는 영국에 온 지 7년 됐다. 런던에 온 많은 조선족이 얘기하듯 특별한 계기 없이 영국에 왔다. 한국에 1년 반 정도 있다가 친구가 같이 가자고 해서 아무 생각 없이 왔다. 친구는 영국에 오는 데 필요한 돈을 마련하지 못해 김기민 씨만 왔다. 나중에 그 친구는 영국에 들어오다가 걸려 바로 한국으로 쫓겨났다. 그 뒤 독일로 갔다고 들었는데 어떻게 됐는지는 모른다. 요즘에는 독일 정부도 탈북자 난민을 받아줘서 독일에도 많이 간다고 김기민 씨는 전했다.

한국에 있는 북한 사람들은 정보가 빠르다. 그 네트워크를 타고 영국으로 오는데, 처음에는 한국 사람들이 많은 곳으로 간다. 정보를 얻고 도움도 받을 수 있기 때문이다. 집이나 일자리는 북한 사람들의 소개를 받아 얻는다. 조선족들은 도움이 되지 않는다. 조선족도 북한 사람도 한국인들이 많은 곳으로 가기 때문이다. 한국으로 옮긴 뒤에 교회를 다닌 김기민 씨는 영국에서도 한국 사람들이 모이는 교회에 갔다. 정보를 얻고 도움을 받을 수 있으며, 무엇보다도 말이 통하기 때문이다.

비자를 받으려고 1년 6개월 정도를 기다렸다. 혼자 온 사람에게는 정부 보조금이 조금밖에 안 나오고 집이 아니라 호스텔에서 생활해야 했다. 한국에 살 때 김기민 씨는 북한 사람이 영국에 가도 한국 사람들을 더 많이 볼 테지만 태도는 달라진다는 사실을 알고 있었다.

> 한국에서는 무시를 하는 듯한 태도가 있는 반면, 여기에서는 좀더 친근하게 대해요. 하지만 한국 사람들하고는 늘 거리감이 있어요. 아마도 문화나 생각의 차이가 많아서 그러는 것 같아요. 많이 친해진 사람들도 있는데도, 그런 거리감이 있지요.

이 '거리감'은 조선족, 북한 사람들, 한국 사람들이 한목소리로 하는 이야기다. 깊은 강이 흐른다는 말도 하고 아무리 친하게 지내도 좁혀지지 않는다는 불평도 나온다.

북한 사람들끼리는 어떨까? 김기민 씨는 북한 사람들이 모인 커뮤니티를 거쳐 영국에 먼저 자리잡은 북한 친구들이 준 정보를 얻어 런던에 왔다. 집도, 일도 그 친구들을 거쳐 얻었다. 그렇지만 북한 사람들하고 같이 살기는 싫다고 말한다. 북한 사람들끼리 어울려 다니기도 싫고 같이 모여 살기도 싫다고 한다. 북한 사람들은 잘 싸우고 욱하는 성질이 있기 때문이다. 한국 사람들이 북한 사람들에 관한 나쁜 소문을 퍼뜨려서 북한 사람들하고 같이 있기가 꺼려지기도 한다. 북한 사람은 정부 보조금도 받고 일도 해서 한국 사람보다 돈을 두 배로 버니까 샘나서 그러는 듯하다고 김기민 씨는 짐작했다. 한국 사람은 집세나 세금을 내느라 돈 걱정을 하는데 북한 사람들은 그런 걱정을 안 해도 되기 때문이다. 시내에 견줘 뉴몰든이 시골이라 지루한 것도 문제였다.

한국 사람들은 같이 일하는 데 별 문제될 게 없고 친해진 사람도 있지만 조선족은 아주 싫다고 김기민 씨는 진저리쳤다. 이런 비호감의 배경에는 북한에서 탈출해 중국으로 넘어가 살면서 겪은 경험이 놓여 있었다. 조선족들이 같은 민족이라는 생각을 별로 안 한다는 점을 민족의식이 철저한 북한 사람 김기민 씨는 이해할 수 없었다. 북한 사람을 무시하는 태도도 불쾌했다.

결정적인 이유는 가족사였다. 조선족은 북한 사람하고 같이 일하다가 사이가 틀어지면 중국 정부에 신고를 한다. 탈북자를 신고하면 보상금을 받는다. 정치 체제의 속성에 개인들의 관계가 휘둘린 사례다. 북한을 탈출해 중국에 머물고 있는 김기민 씨 가족을 조선족이 신고해 어머니와 여동생은 북한으로 끌려가고 김기민 씨와 아버지는 달리는 기차에서 뛰어내렸다. 북한에 끌려간 가족은 수용소나 탄광에 끌려갔을지도 모른다. 그러니 조선족을 곱게 보기가 힘들다.

북한에서 중국으로 간 사람들도 많아 부모나 조부모 세대에서는 북한 사람들에게 친근함을 느끼는 조선족이 많지만, 리경옥 씨처럼 개인적 경험 탓에 싫어하는 사람들도 있다. 한국 사람도 조선족보다 북한 사람을 만날 때 더 거리감을 느낀다고 리경옥 씨는 말했다. 그런데 한국인보다 조선족이 거리감을 더 많이 느낀다. 한국 사람은 쉽게 마음을 여는데 조선족은 그렇지 않기 때문이다.

김기민 씨는 일식집에서 일하고 있었다. 그동안 뉴몰든에 일어난 변화를 보여주듯 한국인 사장이 조선족이나 북한 사람을 고용하는 구조가 아니었다. 사장은 북한 사람이고, 김기민 씨를 비롯한 북한 사람들이 주방에서 일하고, 한국 학생들이 서빙 아르바이트를 한다.자기가 사장이라면 어떤 사람을 고용하고 싶은지 묻자 김기민 씨는 북한 사람도 한국 사람도 조선족도 아닌 '중국 사람'이라고 답했다. 일단 조선족은 앞서 이야기한 대로 아예 고려 대상이 아니었다. 북한 사람은 말은 잘 안 들으면서 자기가 잘났다고 생각하는가 하면 윗사람이나 기술이 더 좋은 사람이 일을 가르쳐주려 해도 말을 안 듣기 때문이다. 상하 관계, 곧 갑을 관계라는 게 없다는 말이다. 김기민 씨는 다른 북한 사람하고 주방에서 같이 일하다가 싸운 적도 있다. 자기가 경력이 길고 기술도 더 좋은데 말을 안 들어서 벌어진 일이다. 재미있게도 조선족과 북한 사람들이 한목소리로 힘들다고 얘기하는, 한국인 고용주들도 불평하는 바로 그 이유다. 한국 사람들은 일하기는 괜찮지만, 꼭 그 사람들하고 일해야겠다는 생각은 들지 않는다. 사소한 듯하지만 모든 관계에서 중요한 거리감 때문이다.

중국 사람들은 자기보다 기술이 좋은 사람이나 사장이 하는 말을 잘 듣는다. 칭다오의 한인 고용주들도 다들 한 얘기다. 중국 사람들이 외국인이라 말이 잘 안 통해서 그럴 수도 있고, 정말 그런 문화가 있을 수도 있다. 조선족이 평등사상이 강조되는 중국에서 자라 갑을 관계를 이해하지 못한다는 한국인들의 불평을 생각하면 좀 모순되는 해석이다. 요즘은 중국 사람들도 많이 중국으로 돌아간다. 예전처럼 영국 돈이 가치가 높지 않고 중국에도 돈 벌 기회가 많기 때문이다. 조선족들은 가서 뭐라도 할 밑천을 만들면 중국으로 돌아간다.

김기민 씨는 영국에서 7년이나 지내면서 적응이 많이 됐다. 그렇지만 일만 해서 영국인 친구는 없다. 교회를 다니다가 지금은 안 나가는데, 앞으로 한국인 교회에 갈 생각이다. 영국 교회도 한번 가보는 등 한인 사회에만 머무르지 않고 이런저런 시도를 하는 편이었다.

계속 영국에 남으려고 시민권 시험을 준비 중이다. 법이 바뀌어 시민권을 따려면 65세 이하는 영어 점수가 필요하다. 앞으로 가게를 차리고 싶다. 프랜차이즈로 할 생각인데, 먼저 1호점을 내야 한다. 한국에는 아버지를 만나러 갈 때 말고는 갈 생각이 없다. 편법을 써서 난민 혜택을 받지는 않는다. 안정된 수입이 있기 때문에 세금을 다 내고 산다. 혜택을 못 받더라도 스스로 일해 돈을 벌면서 재미있게 지내고 싶어 런던으로 왔다. 김기민 씨의 여자 친구는 북한 사람이다.

조선족, 한국 사람, 북한 사람의 이런 복잡한 관계를 지켜본 박동욱 씨는 통일을 많이 걱정한다. 통일 자체가 쉽지 않을 뿐 아니라 갑작스럽게 남북한이 합쳐지면 어마어마한 재앙이 닥칠 수밖에 없다. 너무 달라서 생기는 문제들을 직접 봤다. 말이 비슷하고 음식도 같지만 사고방식은 많이 다르다. 이런 상황에서 갑자기 문이 열리고 자유롭게 오가기 시작하면 엄청난 문제가 생긴다. 특히 한국은 소수 민족을 무시하는 경향이 크기 때문이다. 지금 탈북자 3만여 명도 제대로 품지 못해 끙끙거리면서 2500만 명을 어떻게 감당할지 궁금할 뿐이다.

북한 사람들은 자존심이 아주 강하다고 박동욱 씨는 말한다. 주체사상 탓도 있지만, 어쨌든 여러 갈등이 표출될 수밖에 없다. 설사 통일이 되더라도 많은 부분에 금을 그어놔야 나라가 유지된다. 북한 붕괴와 흡수 통일을 말하는 사람이 많은데, 얼마나 큰 파장이 일고 많은 비용이 들지 생각하지 않는 발상이다. 통일을 하되 독자성을 유지해야 남한에도 좋고 북한에도 좋다. 통일은 문화적이고 거시적으로 접근해야 하는데, 한국 사회가 아직 밑바닥에서 준비가 덜 돼 있다고 박동욱 씨는 생각한다.

난민들의 나라 영국의 끼리끼리 네트워크

외국 드라마나 영화에 나오는 한국의 모습이 왜곡되기 일쑤이듯, 외국의 코리아타운도 한국다움하고는 거리가 좀 있다. 지나간 시대의 한국처럼 보이기 쉬운데, 한국 이민자가 그다지 많지 않으면 더 그랬다. 요즘은 인터넷으로 정보가 금세 공유되고 유통이 발전해 차이가 많이 좁혀졌다. 그래도 여느 코리아타운에 있는 미용실은 유행이 조금 지난 스타일을 연출하고 가게에 진열된 물건도 한국에서 마지막으로 본 적이 언제더라 싶다. 간판에는 꼬부랑말이 덜해서 '호랑이 분식'(로스앤젤레스), '함지박'이나 '아사달'(런던) 같은 이름들이 많다. 그런 간판을 보고 한국 사람들은 촌스럽다고 웃지만, 사실은 자연스러운 한국말이라는 생각을 나중에 하게 된다.

내가 떠나온 나라를 묘하게 다른 모습으로 느끼게 하듯이, 밀집 지역은 그 안에 있고 싶으면서 그 밖으로 벗어나고 싶은 곳이다. 많은 이주자들은 밀집 지역의 안정감과 답답함에 가까워지다 멀어지는 과정을 반복한다. 여기서 일하고 쇼핑하고 노는 이민자들은 여기 없으면 어떻게 이 나라에서 살까 하면서도 이곳에서 벗어나 주류 사회에 편입해야 한다는 두 가지 생각을 한다. 이렇듯 이민자들에게 밀집 지역의 의미는 이중적이다.

다른 나라로 옮겨 살기 시작한 사람들에게 자기 나라 사람들하고 어느 정도 어울릴까 하는 문제는 참 모호하다. 낯선 땅에 처음 도착하면 궁금한 것뿐이다. 은행 계좌는 어떻게 만드는지, 대중교통은 어떻게 이용하는지, 병원은 어떻게 이용해야 하는지, 아이 학교는 어떻게 보내야 하는지, 한국 식재료는 어디서 살 수 있는지, 집으로 온 우편물은 어떻게 해야 하는지, 집 구할 때는 뭘 주의해야 하는지, 먼저 와서 살고 있는 사람에게 물어볼 게 정말 많다. 이때는 밀집 지역에 있기만 해도 많은 시간과 수고를 덜 수 있다. 그래서 스스로 찾는 수고를 하는 대신 자기보다 먼저 온 이민자가 귀찮아하는지도 모른 채 빈대처럼 붙어서 이것저것 많이 물어보고 부탁한다.

그런데 어느 정도 시간이 지나 안정이 되면 주류 사회에 편입하고 싶어진다. 다른 이민자들하고 가까이 얽히는 일이 피곤하고 말도 늘지 않는다며 불평도 한다. 밀집 지역에 있으면 답답한 마음이 들기도 한다. 늘 만나고 어울리는 사람들이 같은 나라 사람이면 말도 늘지 않고 도무지 새로 정착한 사회에 적응하는 느낌이 들지 않기 때문이다.

다른 도시에 살다가 런던으로 온 이점순(40대·여·탈북자·가명) 씨의 이야기는 이런 딜레마를 잘 보여준다. 브래드포드에 사는 북한 사람은 처음에는 이점순 씨 가족까지 단 두 가족뿐이었다. 영국에서 7년 살면 비자를 준다고 들은 뒤 여기에서 7년은 살자고 생각했다. 주변에 말 통하는 사람이 없으니 어서 빨리 적응하고 동화해야 했다. 이점순 씨 남편은 팸플릿을 가져와 공동체 활동을 할 수 있는 곳을 찾았다. 이점순 씨는 여성 그룹에 가고 남편은 남성 그룹에 갔다. 난민 프로그램에 참여하고 아이들은 플레이 그룹에 다녔다. 그렇게 다니다 보니 그룹에서 만난 영국 현지인들하고 여행도 다니고 교류하게 됐다.

현지인들을 만나면서 이점순 씨와 남편의 영어도 꽤 늘었다. 남편은 영어 배우러 다니고, 이점순 씨는 아기를 낳은 뒤 북한에서 6년 정도 배운 영어 실력으로 전문대도 다녔다. 이점순 씨는 비자 때문에 교회에 빠져 살았다. 비자 받을 때 보증인이 필요한데, 목사가 해주는 서명은 안전하기 때문이었다. 그만큼 비자가 절실했다.

브래드포드에 사는 동안 이점순 씨는 한국 음식에 강한 애착이 있고 남편은 정치에 워낙 관심이 많아 두세 달에 한 번씩은 뉴몰든에 다녀왔다. 한 달 만에 다녀온 적도 있고, 축구만 한 뒤 먹을 것 잔뜩 사서 돌아오기도 했다. 그러면서 아는 사람들도 많아졌다. 나중에는 브래드포드에도 북한 사람이 늘어났는데, 다들 한두 달 만에 비자 받고 뉴몰든으로 떠났다. 비자 발급은 운에 따라 차이가 많이 났다. 운 좋은 사람은 한두 달 만에 나오고, 운 없는 사람은 5~6년 걸렸다. 7~8년 동안 기다려 받지 못한 사람도 있다.

이점순씨는 비자가 빨리 나와서 런던으로 왔다. 뉴몰든에 이사 온 뒤 많은 변화가 있었다.

> 뉴몰든에 오니까 생활은 윤택해졌어요. 그런데 생활이……다른 사람들이랑 대화나 관계는 오히려 없어진 것 같아요. 뉴몰든에서는 언어를 같이 쓰는 사람들이 많아 언어가 늘지가 않아요. 사람이 발전을 하지 않는 거 같아요. …… 이래저래 브래드포드에서 살 때보다 더 꽉 막힌 생활 같아요.

영국 현지에 적응을 잘 못하게 된다는 뜻이다. 브래드포드에서 알던 영어까지 다 까먹고, 의외로 놀러가는 일이나 모임도 없었다. 뉴몰든에도 영국 사람들이 많지만 다 끼리끼리 뭉쳐 산다. 북한 사람도 다 같은 곳에 몰려 살지는 않고, 명절 같은 때 통하는 사람끼리 모여서 논다.

교회를 안 다니는 이점순 씨는 사회 네트워크가 더 없다. 이점순 씨 주변은 다 교회에 다닌다. 믿어서 가는 게 아니라, 아무리 영어를 잘해도 혼자 살 수는 없어서 간다. 실용적인 목적이 강하다. 가끔 교회에 가서 어울릴까 생각도 하지만 얽매이는 듯한 느낌이 싫다. 일요일마다, 행사 때마다 가야 하는 꽉 잡힌 일정에 진저리가 났다.

활발한 편인 이점순 씨는 자치구에서 한국 사람을 대상으로 실시하는 교육이나 건강 프로그램이 있으면 다 참가했다. 그런데 뉴몰든에는 이런 커뮤니티가 별로 없어 아쉽다. 교회 말고는 눈에 띄는 게 없다. 영국은 법 때문에 아이들을 두고 운동을 가기도 어려워서 아이들이 학교에 가 있는 오전 9시에서 오후 3시 사이가 아니면 아무것도 할 수 없다. 영국 교회에 다니면서 영어가 많이 는 친구를 보면 영국 교회에 갈까 싶기도 했다. 그런데 좀 다니다가 아이들이 교회에 안 들어간다고 떼를 쓰는 바람에 창피해서 그만뒀다.

이점순 씨는 뉴몰든에 있는 한국 식당에서 오전 12시부터 오후 3시까지 일했다. 사장은 한국 사람이고, 홀에서 한국 직원하고 함께 서빙을 했다. 보조금을 받고 남편도 돈을 번다. 처음에는 한 달에 1350파운드(한국 돈 270만 원 정도)를 받았는데, 보수당 정권으로 바뀌면서 난민 혜택이 줄고 줄어 이제 500파운드(한국 돈 100만 원 정도)가 나온다. 그렇게 혜택이 줄자 전략상 갈라져 사는 탈북자들도 많다. 남편은 혼자 살고 엄마는 아이들 셋을 데리고 살면 집이 둘 다 나온다. 남편은 집에서 같이 지내지만 서류상 따로 산다. 점검 나오면 벌금 물 각오를 하고 그렇게 산다.

> 법에서 하라고 하는 대로 살면 못삽니다. 식당에 나가서 죽도록 일해 봤자 1800~1900파운드 버는데, 그러면 이런 집에서 어떻게 살겠습니까?

집세가 세금까지 합쳐서 1900파운드(한국 돈 380만 원 정도)를 조금 넘는다. 그나마 남편이 능력이 있어 일하는 덕에 가족이 같이 살지만, 아쉬운 점이 많다.

이점순 씨가 한국 사람에 관해 생각해보고 친하게 지내고 싶어진 때는 한국에 있을 무렵이 아니라 영국에 온 뒤였다. 막상 한국에 있을 때는 한국 사람에 관해 생각해보지 못했다. 아기를 낳아 집에만 있었고, 북한 사람들하고 교류했다. 할아버지나 할머니를 봐도 우리 할아버지나 할머니 같은 분이라고 생각하지 않았다. 영국에서는 식당에서 사장이나 함께 일하는 한국 학생하고 친구처럼 지냈다. 런던에 처음 온 때는 심심해서 명절이면 떡을 해 교회에 들고 가거나 아이 있는 사람들끼리 정보를 나누면서 친해졌다.

사귀고 싶던 한국 사람 때문에 상처도 받았다. 이점순 씨는 대학도 나온 한국 교민 2세하고 우연히 친해졌다. 많이 배운 여자라 친해지면 배울 게 많다고 생각했다. 그런데 마지막 만난 날 이야기를 해보니 탈북자들 사정을 전혀 모르는 사람이었다. 영국은 난민들의 나라고 북한 사람은 선택받은 이들이라고, 다른 사람들은 영국 와서 힘들게 사는데 북한 사람은 정부가 인정해줘 이렇게 잘살 수 있다고 그 한국 사람은 말했다. 그 말에 이점순 씨는 적잖이 상처를 받았다. 탈북자들이 얼마나 고생하는지 아느냐고 따지고 싶었다.

조선족들을 나쁘게 얘기하던 많은 탈북자들하고 다르게 이점순 씨는 별 감정이 없었다. 나쁜 감정은 주로 중국에서 지낼 때 고생한 기억 때문에 생기는데, 이점순 씨는 그런 경험이 없었다. 오히려 북한 협회를 하는 남편 때문에 다른 탈북자들이 계속 놀러오는 바람에 밥하기가 짜증났다. 저녁까지 먹고 가는 사람도 많았다. 다른 협회들도 늘 집에 데려와 술이나 음식을 먹이니 똘똘 뭉친다고 이점순 씨는 비판했다. 스스로 좋아서 하는 일이어야지 술과 음식 때문에 오면 진실한 행동이 아니라고 믿었다.

브래드포드와 뉴몰든을 비교해보니, 이런 식의 비교가 대개 그렇듯 각각 다른 장단점이 있어서 어디가 딱히 낫다고 할 수는 없었다. 국가가 주는 집에서 살고 돈도 받으면 얼마나 편할까 생각하기 쉽지만, 이점순 씨에게는 별로 좋지 않은 기억이다. 선택을 할 수 없기 때문이다. 국가가 정한 틀 안에서 국가가 주는 돈만 받아 살다보니 삶이 풍족하지 않았고, 집도 잠깐 사는 임대 주택이라 마음에 들지 않았다.

뉴몰든에 와 집과 아이들 학교를 선택하니까 참 좋다. '내 선택'이 주는 기쁨이 있기 때문이다.

9장

먼 거리 가족

삶 속에 들어온 경쟁의 지리학

떨어져 사는 우리, 아직 가족일까

언론과 학계에서 자주 등장하는 조선족 이야기 중 하나가 가족이다. 떨어져 사는 가족이다. 배우자나 자녀를 두고 일하러 떠나는 개인, 남아 있는 가족, 할머니와 할아버지 손에 크는 아이들. 브로커 때문에 돈이 많이 드니 혼자 가고, 비자를 받아 가더라도 가족 전체가 가기 힘들기 때문에 혼자 가는 사례가 많기 때문이다.

떨어져 사는 가족은 세계화 시대의 한 현상이다. 돈 벌 기회를 개척하는 무대가 한 나라를 벗어나기 때문이다. 그런 이동이 잦아지기는 했지만 집을 구하거나 학교를 바꾸는 식으로 가족생활 전체를 옮기기에는 걸림돌이 많다. 결국 떨어져 살기를 감행하게 된다. 스카이프, 카카오톡, 페이스북 같은 통신 수단을 이용해 일상을 공유하는 연결을 유지할 수 있다.

미디어는 조선족의 가족 해체를 마치 별일인 양 떠들지만, 해체까지는 아니어도 그런 식으로 가족이 느슨해지는 현상과 그런 변화를 감행할 수 있는 정서는 이미 한국 사회에 꽤나 스며들어 있다. 한국에서 가족이 따로 사는 이유는 다양하다. 아이들 어학연수, 직장 때문에 다른 도시에서 사는 주말부부, 외국에서 학교 다니는 자녀에게 돈을 보내는 기러기 아빠, 어린 아이들을 할머니와 할아버지에게 몇 달에서 몇 년까지 맡기는 맞벌이 부부 등이다. 이런 현상이 꽤 일반화되면서 가족이 떨어져 사는 일을 대수롭지 않게 여기는 분위기가 됐다. 이런 변화에는 세계화의 결과, 한국 사회에서 형성된 가족의 의미, 노동 시간, 경쟁의 절실함, 성역할이 다 얽혀 있다.

따로 살기가 가능하다고 여겨지는 이유는 직장을 잡을 기회와 정보가 우리가 사는 도시와 나라의 경계를 넘어선 때문이다. 미혼자와 비혼자들

먼 거리 가족

울리히 벡Ulrich Beck과 엘리자베트 벡 게른스하임Elisabeth Beck-Ghernsheim은 장거리 사랑Distant Love, 세계 가족world families, 초국적 가족transntional family, 초국적 친밀성transtnational intimacy, 유연한 가족flexible families 같은 개념들을 제시한다. 이 개념들이 공통으로 가리키는 현상은 새로운 가족 형태의 출현이다. 떨어져 사는 가족과 국제결혼을 다 포함해서 가족이 한 지붕 아래 살지 못하면 가족 해체로 여기던 때가 지나고 이제 그런 현상을 가족의 새로운 형태로 받아들이기 시작했다. 출장을 몇 주에서 몇 달씩 가기도 하고, 직장이나 사업을 몇 나라에 갖고 있으면서 1년을 나눠 살기도 한다.

이런 현상은 단순히 개인들의 결혼 문화가 달라져서 나타나지 않는다. 달라진 지정학적 조건과 정치경제적 조건의 변화가 사람들의 삶에서 인간의 얼굴로 발현되고 있다. 자본이 국경을 넘어 이동하는 흐름이 예전보다 훨씬 빠르고 넓어지고 다양해졌다. 그렇지 않으면 자본은 임금이 낮은 곳에서 높은 곳으로 움직이는 개인 이주 노동자가 필요해진다. 낮은 임금과 좋지 않은 노동 조건에도 기꺼이 일하기 때문이다. 그래서 불법 이주 노동자를 사실상 눈감아주는 일이 흔하다.

경쟁을 우선시하는 신자유주의의 흐름도 이동하는 자본이 규제를 싫어하고 무한 경쟁을 일으키는 현실에 관계돼 있다. 그 경쟁의 흐름은 자본의 일일 뿐 아니라 우리 삶에 깊숙이 들어온다.

'별거하면서 유지하는 가족' 현상에는 계급성이 있다. 가사 도우미를 하는 이주 노동자처럼 생계 때문에 가족을 남겨두고 떠나야 하는 노동 계급과, 지금보다 더 나은 미래와 자녀 교육을 위해 별거를 감수하는 중산층과 상류층 말이다. 이 계급성은 섞여서 구별하기 힘들 때가 많다. 저개발국의 중산층이(어야만 얻을 수 있는 정보를 얻어서) 잘사는 나라에 가 저임금 노동을 하며 정착한 뒤 자녀를 데려와 교육하는 사례가 많다. 직업을 갖고 살아갈 수 있는데도 좀더 나은 미래를 고려한 투자가 생계를 잇는 문제만큼이나 절실해진 사람들도 많다.

읽을거리

· Ulrich Beck and Elisabeth Beck-Gernsheim, Distant love, John Wiley & Sons, 2013(울리히 벡·엘리자벳 벡-게른샤임 지음, 이재원·홍찬숙 옮김, 《장거리 사랑》, 새물결, 2012).

· J. Waters, "Flexible families? 'Astronaut' households and the experiences of lone mothers in Vancouver, British Columbia," Social and Cultural Geography 3(2), 2002, pp. 117~134.

뿐 아니라 가정을 이미 꾸린 이들도 그런 기회를 흘낏거린다. 그렇게 안 한다고 해서 굶지는 않지만 경쟁에서 뒤처지는 사태는 생존의 문제로 다가온다. 일이 중심이 되고, 경쟁에서 살아남는 문제가 가족이 함께하는 삶보다 더 중요해졌다. 좋은 직장을, 좋은 교육 기회를, 영어를 배울 기회를, 더 많은 돈을 벌 자리를 가족하고 떨어져 살아야 한다는 이유 때문에 포기할 수 없게 됐다. 직장뿐 아니라 육아와 교육도 중요한 요소다. 아이들이 좀 더 좋은 교육을 받게 하려고 직장이 다른 도시로 옮겨도 서울을 떠나지 않고, 장시간 노동 때문에 할아버지와 할머니 손에 아이를 맡기려 한다. 손주를 돌보느라 할머니와 할아버지가 떨어져 살기도 한다.

여기 나오는 조선족의 가족 이야기는 이동의 시대에 중요 현상인 '떨어져 사는 가족'에 관련된다. 조선족과 한국 사람들은 이 분야 세계 1위를 달린다.

"잘 받았어. 고생했어"
— 가족의 곳간이 되다

런던에 있는 한국인 업소 여러 곳에서 일하는 구남 씨(50대·남·가명)는 한국인 상사에게 구박받은 일, 부당하게 돈을 못 받은 일을 담담하게 이야기했다. 가족 얘기를 하면서 눈물을 정말 많이 흘렸다. 다른 사람들은 보통 수수료 때문에 돈을 모아 한꺼번에 보내는데, 구남 씨는 돈을 달마다 부친다. 잘 받았다는, 고생했다는 말을 듣고 싶기 때문이다. 아내가 하는 그 말 한마디를 들으면, 또 한 달 동안 자존심이 구겨지고 힘들어도 열심히 일할 수 있다.

중국에 두고 온 가족 얘기를 물어보면 런던에서 만난 조선족들은 하나같이 많이 울었다. 앞에 앉은 조선족의 표정이 어둡고 복잡해진다. 돈 때문에 가족을 보지 못하고 살아야 하는 처지, 외로움, 그리움 때문이다.

기혼자들이 과감하게 가족 이별을 선택하면서 조선족은 유난히 빠른 속도로 많은 나라에 진출할 수 있었다. 영국에 오려면 정말 과감해야 한다. 전화만 할 수 있을 뿐 몇 년간 가족을 만나지 못할 각오를 해야 하기 때문이다. 이렇게 각박하게 사는 이들은 중국에 사는 가족들에게는 곳간, 그것도 큰 곳간이다. 조선족들이 흔히 하는 얘기를 구남 씨도 했다.

> 빨리 돈을 벌어서 가족을 먹여 살리려고 그러는 거죠. 중국에서 회사 출근해 봤자 생계도 유지하기 힘들어요. 1988년쯤에 아내랑 같이 한국에 갔는데, 한국에서 1년만 고생하면 중국에서 아파트도 사고 잘살 수 있었어요. 지금은 발전이 빠르고 환율이 예전 같지 않아서, 돈 있는 사람들은 한국에 안 가요. 미리 머리가 좀 트이고 빠른 사람들은 미국이나 일본 같은 다른 선진국으로 간 지 오래예요.

일할 게 없다, 회사 다녀도 돈을 못 모은다는 얘기는 런던 조선족들에게서 반복해 나왔다. 중국 전체가 아니고 동북 3성 이야기다. 앞이 안 보이는 탓에 가족하고 몇 년 떨어져 있겠다는 극단의 선택을 한다. 다른 사람들도 많이 하니까 마음의 짐을 덜어가며.

"마누라도 애들도 참 좋아해요." 떠나와 있는 자기가 자랑스러운 것도 사실이다. 아이 옆에서 챙기는 부모 노릇을 하지 못하는 게 가장 마음에 걸리지만, 자기가 보낸 돈으로 아이는 학비 걱정 않고 대학에 갈 수 있다. 생활비로 쓰고 남은 돈을 모아 집이나 가게를 사기도 한다. 이 '걸어 다니는 곳간' 덕분에 중국에 남아 있는 가족들은 돈 걱정에서 해방될 수 있다. 구남 씨는 영국에서 돈 벌어 중국에 새 아파트를 샀다.

십 년을 떨어져 있다가 만나는 가족도 많았다. 그런 가족이 유지된다는 사실이 신기했다. 중국을 떠날 때 가족들이 반대하지 않았느냐는 질문에 김만국 씨는 아파트를 살 수 있으니까 반대는 안 했다고 했다. 중국에 있는 가족에게 번듯하게 돈 번 결과를 보여주는 게 중요하다. 집을 산다거나 가게를 차릴 목돈을 준다. 집에 전화는 자주 했다. 처음 나온 때부터 전화카드를 썼다. 1995년에 중국을 떠날 때 17살이던 아이를 2005년에 만났다. 떨어진 산 지 7~8년 뒤에는 영상 통화를 시작했고, 나중에는 사정이 더 좋아져서 자주 연락했다. 2006년에 다시 3년 비자를 받아 한국에 오고, 2009년에 중국에 들어간 뒤, 2010년에 또 5년 비자를 받아 한국에 왔다.

런던 조선족 중에는 영국에 오기 전에 한국에서 돈을 벌어 집이나 가게를 산 베테랑들이 많았다. 런던에서 정말 악착같이 돈을 번 이해자(50대·여·가명) 씨는 영국 온 지 6년 만에 북한 난민 신분을 얻어 중국에 갔다. 브로커 돈을 갚은 뒤 3년 동안 고생해 번 돈으로 남편 자동차를 사줬다. 정말 비싼 자가용이 김해자 씨 남편이 다니는 직장에서는 어느새 욕심 부릴 만한 사치품이 됐다. 외국에 돈 벌러 간 아내를 둔 사람들이 늘어난 덕이다. 배고파도 밥 먹을 겨를 없이 다음 집 청소하러 종종걸음 치며 악착같이 모은 돈으로 사기에는 자가용은 알맞아 보이지 않았다. 그래도 이해자 씨는 남편 기를 살려줬다며 흐뭇하고 자랑스러운 표정이었다. 떨어져 있는 아쉬움과 미안함을 금전으로 보상하는 셈이다. 곳간이 느낄 수 있는 보람이다. 재물이 쌓이고 가족이 그 재물을 쓰면서 고마워하면 혼자 떨어져서 돈 버는 기계로 살아도 괜찮았다.

우리는 아직 가족인가
— 시간이 지나면서 나도 변하고 가족도 변한다

자기는 영국에서 열심히 일해 돈을 부치고 가족은 중국에서 착실히 모으는 상황을 만들려고 떠나오지만, 계속 그렇게 살 수 있는 사람은 드물다고 영국에서 만난 조선족들은 한목소리로 얘기였다.

그것만은 아니라는 게 더 문제다. 시간이 지나면서 상황도 바뀌고 나도 바뀌고 가족들도 바뀐다. 생각보다 돈이 잘 안 모이고, 생각보다 중국 물가가 빠르게 오르고, 생각보다 중국에 있는 가족들이 돈을 잘 관리하지 못하는 사례가 많다. 그리움만 갖고도 마음이 아픈데, 어색함, 억울함, 괘씸함이 더해지니 혼란스럽다. 너무 적응을 잘해 자유롭게 살게 되면, 가끔 '우리는 아직 가족일까' 하는 생각에 먹먹해진다.

중국에 있는 가족들의 씀씀이도 커졌다. 지금껏 보지 못한 큰돈이 때마다 들어오면 대부분 처음에는 생활비를 무척 아껴 쓰며 차곡차곡 모았다. 그런데 시간이 지나면서 투자를 해볼까 기웃거리는 사람도 생기고 별 필요 없는 자동차를 사려는 사람도 있었다. 중국에 남은 사람들은 일할 의욕이 나지 않는다. 애써 벌어도 영국에서 오는 돈에 견주면 용돈 수준이다. 남아 있는 배우자는 이제 일에서 멀어지기 시작한다. 일을 관둔 남자들끼리 낮 모임도 만들어 시간을 보낸다. 같이 모여서 아내가 먼 곳에서 보낸 돈으로 한턱씩 내는데, 체면이 깎일 수 없으니 그 돈도 적잖게 들어간다.

중국에서 돈을 받는 가족의 처지를 김봉기(50대·남·가명) 씨는 이해했다. 한국에서 돈을 벌어 중국에 돌아가니 일이 손에 잡히지 않았다. 중국에서 벌 수 있는 돈이 정말 적었다. 아내는 여전히 한국에서 일하며 돈을 보냈는데, 그 돈에 견줘도 버는 게 적으니 일하기가 싫었다. 영국에 출장 왔다가 차라리 여기서 일하는 게 낫겠다는 생각이 들어 눌러앉았다.

리고화(40대·여·가명) 씨는 가족 얘기를 꺼내자마자 표정이 침울해졌다. 처음 중국을 떠나 마카오로 갈 때 아이가 일곱 살이었다. 전화비가 비싸 돈 받은 사실만 겨우 확인하고 끊느라 많이 외롭고 힘들었다. 3년 동안은 남편도 착실히 모았다. 리고화 씨가 보낸 돈을 모아 빌려주고 이자를 받아 생활비로 쓴 뒤 본전은 그대로 뒀다. 집을 두 채 사고 아이를 사립 학교에 보내니 남는 돈이 없었다. 중국 물가가 10년 새 많이 올라서 다시 외국으로 가야겠다고 했다.

이번에는 영국이었다. 런던에서 4년을 지낸 뒤에야 중국에 돌아가 4개월을 지냈다. 그립던 가족을 만나 중국에서 지내는 동안 런던에 있을 때보다 훨씬 심하게 마음고생을 했다. 수의사인 남편이 일을 쉬면서 영국에서 보내온 돈을 생활비로 썼고, 그것도 모자라 빚까지 지고 있었다. 자초지종도 설명하지 않았다. 런던에서 리고화 씨가 받는 월급 넉 달 치에 맞먹는 4000파운드(한국 돈 800만 원) 정도 됐다. 여자를 만났다고 짐작했다. 그 돈을 다 갚은 뒤 생활비는 빼고 아이 학비만 보내기 시작했다. 남편은 다시 직장을 구했다.

아들도 리고화 씨 편이 아니었다. 엄마가 고생하는 모습은 못 보고 옆에서 자기 밥 챙겨준 아빠를 좋아했다. 아들은 바닥을 닦는 아빠를 보고 소리쳤다. "이제 엄마 왔는데 왜 아빠가 걸레질을 해!" 자기는 런던에서 웬만하면 걷거나 버스를 타는데, 중국 가족들은 짧은 거리도 택시 타는 게 어느새 익숙해진 눈치였다. 리고화 씨는 허탈했다. 시간이 지나면서 외국에서 돈 버는 리고화 씨는 허리띠 졸라매고 열심히 일하는 버릇이 몸에 배었고, 중국 가족들은 풍족한 생활에 익숙해졌다. 아무리 고생해서 돈을 벌어도 멀리 떨어져 사는 엄마를 향해 아이는 정을 쌓기는커녕 원망만 키우고 있었다.

운동을 좋아하고 낙천적인 리고화 씨도 결국 드러누울 정도로 충격을 받았다. 대충 치료하고 서둘러 영국으로 돌아와 수영장에 등록했다. 본전을 뽑아야 하니 날마다, 어떤 날은 하루에 두 번씩 물속에 몸을 담근다. 법적 부부지만 애 때문에 이혼을 못할 뿐, 이혼한 사이나 다름없다.

정도는 다르지만 런던의 조선족들은 대부분 비슷한 정신적 충격을 받는 듯했다. 한 여성은 십 년 만에 만난 아이가 자기가 해준 반찬은 맛이 없다며 먹지 않고 남편하고 시어머니가 한 반찬만 먹는 모습이 서러워서 울었다. 이런 서운함은 짧은 만남 뒤에 다시 돈 벌러 떠나면서 위안이 되기도 한다. "내가 있는 게 아이에게 꼭 필요한 일은 아니야."

"떨어져 살 때보다 걱정이 두 배"
— 다시 합쳐도 걱정

많은 사람이 일부러 선진국에 자녀를 유학 보내려 애쓴다. 먼저 선진국에 자리잡은 부모는 자연스레 아이를 데려올 생각을 한다. 어린 아이를 두고 중국을 떠난 부모는 십 년 넘게 시간이 흘러 대학에 갈 나이가 된 아이를 런던이나 서울로 데려오려 한다.

서울에 사는 오정희 씨도 아들을 데려올 기회를 엿보고 있다. 베이징에 있는 한국 기업의 주방에서 일하다가 자기가 47살이고 아들이 초등학교 다니던 2005년에 중국을 떠나 한국으로 왔다. 오정희 씨 가족은 가면 가나 보다 할 정도로 떨어져 사는 일을 담담하게 받아들였다. 주위 상황이 영향을 미치고 남편도 배를 오래 타 떨어져 지내는 상황이 이상하지 않았다. 혼자 결정하고 서울에 왔는데, 아들이 마음에 걸렸다. 시어머니가 돌봐주기로 했지만 계속 마음에 걸렸다. 시어머니하고 아들은 큰집에 가서 산다. 오정희 씨 남편은 한번 나가면 2년 정도 있다 돌아와 1년 동안 그 돈 다 까먹고 다시 또 나간다. 나가지 말라고 해도 계속 가고, 한국에 와서 돈 모으라고 해도 술을 좋아해서 돈 못 모은다며 안 온다.

오정희 씨는 아들하고 통화하느라 전화비를 한 달에 10만 원쯤 쓴다. 아들은 이제 좀 컸다고 보고 싶다는 말은 안 한다. 예전에는 자기만 두고 다 나가서 혼자 있다며 서운해했다. 집에서 반찬도 잘 못 챙겨 먹는 아들이 마음에 걸려 맛있는 음식을 먹을 때 마음이 편하지 않다. 아들이 학교 다닐 때는 달마다 50만 원 정도씩 보내다가 지금은 안 보낸다. 아들도 돈을 벌고 있다. 오정희 씨는 아들을 한국에 데려오고 싶다. 한국에 오려면 25살이 돼야 하는데, 아들은 아직 22살이다. 2년 뒤 오정희 씨가 다시 중국으로 나가야 하니까 나갔다가 다시 들어올 때 같이 나올까 생각한다.

먼 영국 땅으로 나중에 가족을 데려오는 조선족도 꽤 된다. 그렇지만 다시 합친다고 해서 행복이 기다리지는 않았다. 특히 영국에서는 언어와 문화의 차이 때문에 다 큰 아이가 오면 할 수 있는 일이 모호했다. 엄마나 아빠가 어느 정도 자리를 잡은 탓에 혼자 돈 벌러 온 젊은이보다 절실함도 덜했다. 영국 대학을 다니는 사례도 있지만 드물었다.

보수적인 시댁 식구들하고 빚어진 갈등 때문에 중국을 떠나기로 마음먹은 남순정(50대·여·가명) 씨는 고위급 교사였다. 도망치듯 나온 남순정 씨는 아이들에게 늘 미안했다. 그래서 영국에서 하는 일이 중요했다. 벌어서 보낸 돈으로 아이들이 가난을 벗어나 비뚤어지지 않기를 바랐다. 그래야 시집 식구들을 비롯한 친척들에게 체면이 섰다. 남순정 씨는 오랜 세월 품은 소망대로 나중에 두 아들을 데려왔다. 드디어 영국에 정착해 아이들하고 함께 살 수 있게 되니 이제 안심이라고 생각했는데, 아들이 온 이야기를 한 뒤 오히려 표정이 더 어두워졌다. "떨어져 살 때보다 걱정이 두 배입니다." 아들이 딱히 하는 일 없이 집에 있기 때문이었다. 영어를 잘하지 못하고 학교 다닐 나이도 지나 직업을 구하기 어려웠다. 집에 데리고 있으면서 민박이나 청소를 돕게 하는 일 말고는 길이 보이지 않았다. 낯선 사회에서 주눅든 두 아들은 적극적인 태도도 가질 수 없었다.

이런 걱정은 구로와 대림 지역도 마찬가지였다. 조선족협회의 한 간부는 한숨을 쉬며 말했다. "이 동네 피시방에 가봐요." 먼저 온 부모가 드디어 자리를 잡아 한국으로 데려온 자녀들 중 적응하지 못하는 아이들이 모여 있다. 하루 종일 피시방에서 시간을 보내는 자녀들을 두고 계속 일할 수밖에 없는 조선족 부모들의 속이 썩어간다. 고생하며 일한 부모 세대는 생각지도 못한 자녀 문제 때문에 당황하고 있었다.

가족의 재탄생 또는 시대병

박연춘(40대·여·가명) 씨는 아이가 세 살 때부터 한국으로 갔다. 줄곧 떨어져 있다가 초등학교 다닐 때 고작 석 달 함께 지내고, 고등학교 갈 때쯤 1년 같이 살다가, 대학 학비 때문에 영국으로 왔다. 남편은 같이 한국에서 돈 벌고 아이는 조부모가 키웠다. 박연춘 씨가 영국으로 오면서 남편은 아이 옆에 남았다.

아이가 엄마하고 함께 지낸 시간이 거의 없는 셈이다. 그렇지만 놀랍게도 이런 세월 동안 이 가족은 거의 날마다 하는 전화와 인터넷 화상 통화로 끈을 놓지 않았다. 전화비가 비쌀 때도 박연춘 씨는 날마다 전화했다. 런던에서 아이 돌보는 일을 했는데, 일이 끝난 뒤나 낮에 틈틈이 스카이프로 남편과 아들을 '관리'했다. 스카이프로 두 사람의 이야기를 듣다가 반찬 투정하는 아들을 아버지가 너무 크게 나무랐다고 생각해 부부싸움도 했다. 아들이 바꾼 머리 모양이 못마땅해 한마디해서 볼멘소리를 듣기도 했다. 중국에 있는 남편은 화상 통화로 박 씨가 돌보는 아이도 가끔 봤다.

이렇게 극성으로 관리한 덕에 박연춘 씨 가족은 곧잘 싸움을 해도 잘 유지된 듯했다. 박연춘 씨는 나중에 중국으로 돌아갔다가 다시 한국으로 갔다. 남편도 한국으로 가고 중국에는 대학 다니는 아들만 남았다. 한국으로 돌아온 박연춘 씨를 다시 만났는데, 아들은 한국에 오라 해도 안 온다 하고 자기는 서울을 떠나 지방에서 일하게 됐다고 소식을 전했다.

많은 조선족 가족에게 통신 기술의 발전은 가족의 유지와 재구성에 꽤나 기여했다. 초국적 가족은 전화로 유지되는 사례가 많은데, 국제 전화 요금이 예전보다 많이 싸졌다. 특히 스카이프 같은 인터넷 화상 통화 시스템은 떨어져 사는 가족들에게 감사패를 받아 마땅하다. 화상 통화, 카카오톡, 싸이월드, 인터넷 전화 등이 없었으면 조선족의 삶은, 이민자의 삶은 얼마나 더 힘들었을까.

문화적 특성도 있었다. 중국에는 부모가 맞벌이하는 동안 조부모가 아이들을 키우는 전통이 있어서 떨어져 사는 일이 자연스러웠다. 부부의 성적 사랑에 덜 의존하는 아시아 가족의 특성 덕에 오랜 기간 떨어져 있어도 가족을 유지할 수 있다는 연구도 나왔다. 기술과 문화가 도와주기는 하지만 가족 관계가 크게 달라지는 건 사실이다. 조선족 구남 씨는 이런 말도 했다. "전화는 자주 하는데, 딸이 아파 중국에 갔을 때 부인이 너무 어색하고 남의 여자 같았습니다." 처음 만난 사람 같고 어색했다. 열흘이 지나니 그제야 예전 같은 느낌이 들었다. 참 이상하다고, 자주 전화하고 화상 채팅도 하는데 왜 그러는지 모르겠다고, 다른 사람들도 다 그렇다고 했다.

조선족을 다루는 전문가나 미디어는 가족 해체를 종종 얘기한다. 현대 사회에서 전통적 의미의 가족이 해체되는 흐름은 여러 곳에서 나타난다. 다른 도시나 나라에 떨어져 사는 부부가 늘어나고, 동성 결혼도 인정하며, 남성 전업주부가 늘어나고, 무자녀나 입양도 별일이 아니게 되는 추세다. 그렇게 보면 조선족 가족은 해체가 아니라 재탄생되고 재구성된다.

전세계에서 늘어나고 있는 이런 흐름이 꼭 가족 해체는 아니고 새로운 가족 형태를 제시하고 있다고 많은 사회과학자들은 본다. 혈연이 아닌 사람들끼리 혈연 가족을 뛰어넘는 가족을 꾸리는 사례도 나타난다. '따로 또 같이'의 가족 형태다. 가족하고 떨어져 있는 많은 조선족이 나름대로 그런 생활 방식에 익숙해지고 정당화도 잘하는 편이었다. 그렇게 정당화하고 나니 살 만한 듯했다.

한편 런던에 일찌감치 와서 가족을 꾸린 조선족 리경옥 씨는 떨어져 사는 가족 얘기가 나오자 무척 비판적이었다. 특수한 시대에 나타나는 병적 현상이라며 염려했다. 자기 세대, 지금 40~50대에 이른 조선족은 삶의 정신 체계가 없다고 했다. 부모 세대는 사회주의식 정신문화와 전통대로 살았다. 자기 세대는 교육은 전통 사회주의식으로 받았는데 사회에 나오니 개혁 개방이 됐다. "감옥에서 정말 잘살던 사람들이 사회에 나오면 적응을 못하는 그 느낌이었어요." 그 어리둥절한 느낌을 리경옥 씨는 이렇게 말했다.

> 우리는 삶의 구멍이 엄청 많았어요. 위 세대는 전통 방법대로 사니까 구멍이 없어요. 오히려 지금 20대들은 처음부터 그렇게 살아서 자유롭게 사는 게 익숙해요. 그런데 40~50대는 변화기를 거쳐서 삶의 질서가 없어요. 이 세대 사람들이 힘든 세대예요. 돈하고 달려드니까 다 외국으로 나가고, 애들을 두고 가버리고……. 지금 이 아픔이 다음 세대까지 갈 거예요. 왜냐하면 부모가 가정을 버리고 가서, 가정 파괴범이 돼버렸기 때문이에요. 자녀들이 힘들다 아프다 할 때 돈으로만 해결했거든요.

밤낮으로 아이들 걱정을 하며 오랜 세월을 보낸 조선족은 '아이들이 힘들다 아프다 할 때 돈으로 해결'했다. 조선족뿐 아니라 여러 이유로 떨어져 사는 한국인 부모도 이런 말에 억울해했다. 바로 그 아이들을 위해, 아이들이 대학에 가고 기죽지 않고 살게 하려고 자기가 이 고생을 하는데, 국가와 조상이 잘살지 못해서 이렇게 고생하는데, 비난만 받으니 안타깝다.

자녀들 옆에 있어주지 못한 사실은 맞기 때문에 많은 조선족이 걱정을 안고 살았다. 그래도 길게 얘기하지는 않았다. "어쩌겠어요." 그렇게 짤막하게 얘기하고는 입다무는 사람이 많았다. 날마다 괴로운 심정이라거나, 솔직히 말하면 꽤 익숙해져서 돈 벌어 혼자 살기가 편하다는 이야기도 짧게 할 뿐이었다. 얘기하기 쉬운 주제가 아니라는 뜻이다.

리경옥 씨는 처지가 다른 탓인지 구체적으로 걱정을 드러냈다. 조선족 자녀들이 자라 이제 가정을 꾸리기 시작하는데, 이 아이들은 건강한 가정을 본 적이 없다. 자녀만 데리고 온 조선족도 있다. 엄마나 아빠가 혼자 자식만 데리고 있는 사례가 많다. 다들 갈라져 있다 보니 지금 옌벤에 가면 아이들 돌보는 사람은 죄다 할머니나 할아버지다. 런던에서 배우자 아닌 사람하고 같이 사는 사람도 많은데, 심지어 자녀가 옆에 있어도 그렇게 한다. 그런 애들에게는 이혼도 쉽고 남들하고 사는 것도 쉬운 시대병이 생길 게 틀림없다고 염려했다.

부모들은 가장 쉬운 방법이 돈이다. 미안하면 돈 보내고 필요하면 돈 보내니, 이 돈으로 이 아이들은 쉽게 산다. 서로 병이다. 부모도 자녀도 병들어간다. 이 아이들의 가정은 어떻게 될까. 리경옥 씨는 내게 물었다.

> 우리 부모 세대처럼 이혼은 무조건 안 되고 힘들어도 참으면서 사는 분위기가 우리 세대에는 없어요. 싫으면 다 갈라져요. 지금 아래 세대는 더 하죠. …… 병들어 있는 세대예요. 지금은 중국에서 태어나서 안착하는 분들은 외국에 놀러는 가지만 돈 벌러 가는 분은 거의 없어요. 많이 줄었어요. 그래서 그 잠깐의 시대에 생긴 시대병인 것 같아요.

성장하는 중국에서는 잠깐 지나가고 끝났지만, 이 시대병은 이동, 경쟁, 세계화의 시대에 다른 나라에서는 계속될지도 모른다. 떨어져 사는 조선족과 한국 사람들을 많이 보면서, 나도 이런 변화를 시대 흐름으로 받아들이고 가족 형태는 어차피 바뀌기 마련이라는 쪽으로 생각이 옮겨가고 있었다. 그때 만난 리경옥 씨의 걱정과 비판은 새롭기까지 했다.

개인의 삶과 도덕적 측면을 강조하는 교회에서는 어떻게 얘기할까. 조선족교회에서 가족하고 거의 연락을 안 하는 조선족, 런던에 와 새로운 가정을 꾸리는 조선족을 많이 본 박동욱 씨도 뚜렷하게 결론 내리기 힘든 문제였다. 기독교는 도덕적 판단을 내리는 편이지만, 런던에 와 있는 대부분의 조선족이 결혼한 뒤 아이가 있는 상태에서 혼자 와 오랜 기간을 외롭게 지내는 형편이니 현실적으로 판단하기가 힘든 문제였다.

젊은 세대가 와 여기에서 결혼해 살면 좋고, 나이가 좀 있는 사람도 정착해 가정을 꾸리면 좋은데, 많은 사람이 중국에 가족을 둔 상태에서 동거도 하고 도박도 하면서 가족이 해체됐다. 세계화 시대에 기러기 아빠도 많고 직장 때문에 떨어져 사는 부부도 많으니 어쩔 수 없이 실용적으로 바뀌기도 하지만, 교회가 성적 순결을 아주 중요하게 생각한다는 말은 조선족에게 꽤나 부담이 됐다.

가족이 떨어져 있으면 빨리 합치라는 조언도 하고, 런던에서 아이를 낳아 중국에 있는 조부모에게 보내려는 사람도 있어서 아이가 어릴수록 부모가 키워야 한다고 말린 사례도 있다. 그러자 부담을 느끼는 사람이 많아졌다. 그래서 교회도 이 난감한 주제는 말을 안 하기 시작했다. 떨어져 사는 사람들 중 어떤 사람도 마음 가볍게 그런 결정을 하지 못한다는 사실을 알기 때문이었다. 그 사람들의 삶을 알게 될수록 이 문제에 원칙을 들이대기가 힘들어졌다. 가족하고 떨어져 사는 삶이 자유인지 속박인지, 자유로 시작하지만 망하는 길인지, 어쩔 수 없이 시작하지만 결국은 자유를 주는 길인지 분명하지 않다.

나도 재미있는 경험을 했다. 런던 대학교에 있을 때 남편이 연구 때문에 중국에 가면서 가족이 떨어져 살게 됐다. 그런데 서양인 동료 교수들이 그 얘기를 하기 꺼려했다. 나중에 알고 보니 그 사람들 기준에서 볼 때 떨어져 살기를 선택한 부부는 이혼을 결심한 사람들이라 짐작하고 나를 생각해 아예 이야기를 안 꺼내려 한 모양이었다. 가족이 떨어져 사는 상황은 극단적이라고 여긴 때문이었다. 반면 한국에 있는 내 친구들, 특히 기혼 여성 친구들은 축하한다고 했다. 한국에는 주말부부나 기러기 가족을 부러워하는 정서가 있었다.

가족 안의 성역할이나 가족의 의미도 다르고 배우자 한 명이 없을 때 대체할 수 있는 시스템에 차이가 있기 때문일 듯하다. 이를테면 영국은 조부모의 도움을 받는 사례가 드물고, 도우미 비용이 높으며, 학원이 차로 아이들을 집에 데려다주는 시스템이 없다. 배우자 없이 혼자 아이를 키우기가 훨씬 더 힘들다. 그렇지만 지금 추세처럼 먼 거리 가족이 좀더 보편적이 되면 영국 사람들도 그런 시스템과 문화에 적응할지 모른다.

가족 이별을 감수하는 조선족들의 상황은 가난한 나라에서 저임금 노동을 하러 다른 나라로 가는 많은 사람들이 겪은 비극이다. 못살아서 가족하고 같이 살지도 못하는 신세다. 다른 한편으로는 돈도 있고 잘나가는 사람들이 가족하고 떨어진다. 기러기 가족, 조기 유학도 돈이 있어야 한다. 직업상 잘나가는 사람들이 이별이 잦다. 어떤 사람은 조선족이 갑자기 개방을 경험한 세대라 자유를 주체 못해 이렇게 가족하고 떨어진다고 했다. 갑자기 바뀐 상황에 적응하면서 자기에게 맞는 생활 방식을 찾아갈 여유가 없이, 사회주의에 묶여 있다가 1980년대 초에 개혁 개방으로 풀어놓으니까 감당을 못한다는 말이다.

먼 거리 가족이 가족의 재구성인지 경쟁을 우선시하는 문화 아래 자유가 주는 시대병인지는 분명하지 않지만, 조선족은 그 현상의 맨 앞에 있다. 한국인도 마찬가지다.

10장

“십자가를 찾아가라”

떠나온 이가 잡은 ‘하나님’

조선족은 다르다고 생각했다. 중국에서 원칙적으로 종교를 허용하고 있지 않기 때문에 종교하고는 무관한 환경에서 자란 사람들이다. 알고 보니 중국 조선족 밀집 지역에도 신도가 수천 명 다니는 교회가 있었다. 그렇지만 내가 만난 대부분의 조선족은 중국에 살 때 종교를 배척하는 분위기에서 자랐다고 했다.

이런 한계가 있지만 교회는 런던, 서울, 칭다오에 있는 조선족 지역 사회의 중심이다. 특히 타국인 런던과 서울에는 교회 말고 이렇다 할 조선족 조직이 없고, 먹고살기 바빠 조선족협회도 운영이 쉽지 않다. 칭다오에는 여러 협회가 꽤 활발히 운영되는 편이고 조선족 교회도 많다. 로스앤젤레스에서 만난 조선족 중에는 종교 망명자로 신청해 영주권을 받은 사람이 많았다. 로스앤젤레스에 있는 교회에 다닌 증거를 내야 하기 때문에 교회를 다니는 사례가 많다. 그러다가 독실한 기독교도가 되는 사람도 있다.

이민자들의 교회는 그저 신앙의 중심이 아니라 개인 삶의 중심, 이민자 사회의 구심이 될 때가 많다. 커뮤니티 서비스에 해당하는 일들을 교회가 많이 해, 어느 교회 간부의 말마따나 동네 집사 구실을 한다. 심리 상담, 가족 문제 상담뿐 아니라 직장, 집, 비자, 병원에 관련된 일을 돕는다. 종교인이 아닌 내가 이주자 연구를 하며 교회나 절에 숱하게 다닌 이유다.

이민자 교회의 확산과 이동은 이민자들의 움직임과 그렇게 다르지 않는 특정한 직업군의 이동이다. 개척 교회가 무리한 방법으로 신자를 유치하는 현실 뒤에는 한국의 신학 대학에서 배출하는 목사 수가 일자리보다 많다는 현실이 있다. 같은 이유로 외국에 진출한 목회자가 늘어난다. 목회

이민자와 종교

이민자와 종교는 곧잘 붙어다니는 주제다. 종교 기관이 이민자 사회의 중심이 돼 중요한 구실을 하거나 이민자 밀집 지역의 랜드마크가 되는 사례가 많다. 필요한 정보가 많은데 물어볼 곳은 마땅하지 않은 이민자에게 종교 기관은 관대하게 도움을 준다. 마음 붙일 곳이 없고 삶의 구심점을 잃어 심리적으로 불안정해지기 쉬운 이민 생활에서 종교는 삶의 목적과 안식을 가져다준다.•

사회가 물질적이나 문화적으로 발전하면서 종교가 서서히 힘을 잃을 것이라고 많은 전문가들은 예견했다. 그렇지만 오히려 더 근본주의적인 종교가 강해졌다. 여기에서 이민자들이 큰 구실을 했다. 결핍된 근본과 뿌리를 다른 곳에서 찾기 때문이라고 보는 견해가 많다. 《네트워크 사회의 도래The Rise of the Network Society》••에서 마누엘 카스텔Manuel Castlls은 변화하는 사회 속에서 개인은 점점 주류 네트워크에서 멀어지고, 전통적인 노동 운동과 시민사회가 무너지며, 환경 운동이나 여성 운동 정도만 살아남는 상황에서 근본주의 종교가 성행한다고 주장한다.

근본주의 종교가 성행하면 종교 갈등이 더 심해진다. 예전에는 다른 종교가 다른 지리적 위치에 자리잡으면서 서로 부딪칠 일이 많지 않았지만, 이제는 집단 이주하는 사람들을 따라 그 사람들의 믿음과 종교를 제도적으로 떠맡는 기관들도 옮겨간다. 그리고 낯선 다른 종교를 만난다. 히잡을 쓴 여인을 보게 되고, 빵모자를 쓴 유대인을 만나고, 독실한 힌두교도는 예수를 믿지 않으면 지옥 간다는 전단지를 받는다. 대부분의 종교는 절대적 믿음을 바탕으로 하기 때문에 다른 종교를 보는 일은 다른 인종을 만나는 일 이상으로 거부감을 일으키기 일쑤다. 종교 분쟁은 종종 정치적 분쟁하고 비슷한 양상을 띠며, 가끔은 인종 갈등이나 정치 갈등하고 어우러져 심각한 문제를 일으킨다.

한국 이민자는 종교 중에서도 특히 기독교를 빼고 얘기하기가 힘들다. 미국 전체 기독교에서 한국 이민자들이 차지하는 비율이 크고 열정이 높아 기독교를 연구하는 학자들이 한국 이민자들에게 고마워한다는 얘기도 있다. 한국 이민자들이 없으면 현대 미국 사회의 기독교에 관해 연구할 거리가 별로 없을 정도다.

• W. M. Hurh and K. C. Kim, "Religious participation of Korean immigrants in the United States," *Journal for the Scientific Study of Religion* 29(1), 1990, pp. 19~34; F. Matsuoka, *Out of Silence: Emerging Themes in Asian American Churches*, Cleveland, OH: United Church Press, 1995

•• 마누엘 카스텔 지음, 김묵한·박행웅·오은주 옮김, 《네트워크 사회의 도래》, 한울아카데미, 2014.

자 처지에서 보면 일자리 기회와 미래의 신도가 생길 가능성과 자기의 소망을 종합해 목회 장소를 정하는데, 그 무대가 다른 직업군에 속한 사람들하고 다르게 국경을 벗어난 셈이다. 세계 곳곳으로 선교 활동을 하러 떠나는 기독교도가 늘어난 이유는 세계 여러 곳에 공부하러, 돈 벌러, 살러 떠난 사람들이 늘어나고, 관광객이 증가하고, 해외에 가서 어느 정도 머물다 오는 생활형 장기 관광이 유행한 현실의 연장선상에 있다.

2012~2013년 무렵에 중국으로 선교지를 옮길까 생각하는 목회자가 많아졌다. 언어 문제가 걸림돌이 되자 목회자들은 한국어와 중국어를 모두 할 수 있는 조선족에게 관심을 갖기 시작한다. 칭다오에 진출하면서 조선족 관리자를 고용하려던 한국인 사업가하고 똑같은 모습이다.

다른 나라에 와서 기독교도가 된 조선족은 중국에 가서 일할 수 있다는 새로운 아이디어를 얻었다. 중국이 빠르게 발전한 탓에 큰돈을 벌어 금의환향하는 꿈이 좌절돼 목표를 잃어버린 조선족이 많다. 그렇지만 중국이 기독교의 새로운 시장으로 떠오르면서 조선족들은 이제 '하나님의 부름'을 일찌감치 받아 옛 친지들을 구제할 수 있는 사람이 됐다. 경제적 우위가 아니라 사상적 우위를 갖게 됐다. 사상적 우위는 직접적으로는 한국 목회자들에게 교육받은 아주 한국적인 산물이지만, 그 배경에는 영국과 한국이라는 선진국의 선진적인 다문화 기독교가 자리하고 있었다.

"한국 사람도 북한 사람도 아니었다"
— 뉴몰든 조선족 교회 박동욱 씨

런던 코리아타운에 조선족 교회가 생기고 발전한 과정은 우리들의 삶처럼 우연의 연속이다. 한국인 박동욱 씨는 런던에 주재원으로 있었다. 회사를 그만두고 2002년에 다시 런던으로 왔다. 자기가 믿는 하나님이 회사를 그만두고 영국으로 가라는 신호를 줬다고 했다. 영국은 기독교 국가기 때문에 선교가 필요한 나라라고 생각하지 않았는데 '성경 말씀'이 영국으로 가라는 신호를 보냈다.

박동욱 씨가 뉴몰든에 살면서 오다가다 만난 사람들은 같은 민족인데 한국 사람도 북한 사람도 아닌 조선족이었다. 2004년 봄이었다. 조선족이라는 사람들이 있는지도 모르던 박동욱 씨는 조선족이 영어에 익숙하지 않고 차가 없는 사람이 많아서 생활이 불편하다는 사실을 알고 도움을 줬다. 그렇게 관계가 생기고 조선족들에게 선교를 하면서 신앙 안에서 가까워지기 시작했다.

막 신앙을 가지게 된 다른 회사 주재원이 자기가 운영하는 피시방을 주중에 하루 쓰게 해줄 테니 선교 활동을 하라고 했다. 조선족들이 실생활에 필요한 기능이 컴퓨터와 영어였다. 교회 사람 중에서 컴퓨터 잘하는 이들을 모아 조선족을 대상으로 주 1회 일요일 아침에 무료 컴퓨터 교육과 영어 교육을 시작했다. 실생활에 필요한 간단한 영어도 못하는 조선족들이 정말 좋아했다. 아침에 1시간 정도 강의를 한 뒤 30분 남짓 예배를 했다.

조선족 중에 예배를 해본 사람은 거의 없었다. 중국에 조선족 교회가 있지만 사회주의 사회라 받아들여지지 않았다. 엄밀히 말하면 금지였다. 지하 교회도 있다. 런던 조선족교회의 교인 대부분이 중국에서 교회를 다녀본 적이 없는 사람들이다. 사회주의 사회라서 종교 문화는커녕 오히려 종교를 꺼려하는 거부감이 있었다.

예배를 하자고 하자 조선족들은 교회가 어떤 곳인지는 알고 있었지만 종교를 믿을 생각은 없는 듯했다. 자기한테 필요한 컴퓨터를 가르쳐주고 커피도 주니까 예배 한번 해준다고 생각한 사람이 대부분이었다. 군인들이 간식도 먹고 노래도 할 겸 종교 행사에 참석하듯 말이다. 게다가 중국

런던 조선족교회에서 예배드리는 조선족들.

에서는 싫다고 해서 드러내놓고 거부하지 않았다. 싫어도 싫다고 하지 않는 문화가 있어 친절을 베푸는 사람이 부탁하면 앉아 있어주는 게 예의라고 생각했다. 그래서 큰 갈등 없이 예배가 시작됐다.

박동욱 씨는 고민이 되기 시작했다. 진즉 신앙심으로 시작한 일이었고, 봉사 활동 비슷한 컴퓨터나 영어 교육만으로 계속 갈 수는 없다고 생각했다. 컴퓨터는 조금만 배우면 일상생활에 필요한 간단한 워드나 이메일 사용법을 알 수 있어 길게 할 프로그램이 아니었다. 반 년 넘게 진행한 영어 교육은 효과가 너무 느리게 나타났다. 외국어 학습은 개인의 노력이 더 많이 필요했다. 한인 교회에 나가는 조선족들은 적응을 잘 못하고 있었다. 많은 한인 교회가 있고 그 안에 조선족이나 탈북자들이 섞여 있지만, 마음을 열지 못하고 붕 떠 있었다. 같은 교회의 한인들하고 섞이지 못했다. 한인 교회에도 주재원, 학생, 이민자 등 여러 부류의 사람이 있어 자기들끼리도 서로 못 받아들이는데 조선족이 섞이지 못하는 정도는 놀랄 일도 아니었다. 한국인들이 조선족을 딱히 배척하지는 않았지만 사회 분위기나 문화가 달라 대화가 단절되고 섞이기가 힘들었다.

고민 끝에 컴퓨터와 영어 교육은 비중을 줄이고 예배와 기독교 프로그램을 늘렸다. 좀더 나아가 교회를 세우는 계획을 짰다. 2005년 여름부터 컴퓨터와 영어 교육을 중심으로 10개월 정도 봉사 활동을 한 이 선교팀은 조선족 교회를 세우기로 했다. 조선족 커뮤니티 안에서 사람도 만나고 친하게 지낼 수 있는 교회가 필요하다고 생각했다. 2006년 4월 초에 조선족 교회를 세웠다. 조선족 교회가 있어도 조선족들이 모인 곳이 싫어서 한인 교회를 가는 조선족도 있다. 한인 교회가 많아도 현지 교회를 찾는 한국인 이주자들이 있듯이 말이다. 한인 교회를 찾는 조선족은 좁은 조선족 커뮤니티를 불편해한다. 조선족들이 하는 일도 비슷하고 가깝게 모여 사는데 교회까지 같으면 서로 정말 잘 알게 돼 말이 나기 쉽다. 한국 사람들하고 친해지거나 도움을 받고 싶어하는 이유도 있었다.

박동욱 씨에 따르면 이해관계가 얽혀서 그렇기도 하다. 중국에서 중상위 계층으로 살다가 영국에 와 하층으로 보이기가 싫은 사람도 있고, 자기가 도움을 줘야 하는 처지라 귀찮아서 그러는 사람도 있다. 특히 사무직으로 일하는 조선족은 사생활 노출을 꺼리는 사람이 많다. 혼자 와서 사는 조선족들도 많아서 일탈 현상이 벌어지기도 한다. 영국에서 다른 이성을 만나 동거하거나 도박에 빠진 사람도 노출을 싫어해서 대형 한인 교회에 간다. 이민자 사회에 모여 있으면서 밀집 지역에 남을지 아니면 주류(이때는 한국인이다)에 속할지를 결정하는 문제는 어느 교회를 다닐지를 선택하면서 해결되는 셈이다.

새로 생긴 이 조선족 교회의 이름은 '조선족교회'였다. 여러 안을 놓고 투표를 했는데 압도적으로 뽑혔다. 친교를 나누고, 교제를 나누고, 신앙 교육을 받고, 아직 예수를 믿지 않는 사람들에게 알리는 사명을 조선족에게 심어줬다. 중국에 있는 일가친척, 친구, 다른 민족들에게 복음을 전하는 사명이었다.

조선족의 초국가적 정체성은 앞서 말한 대로 종교에서도 비슷하게 드러났다. 박동욱 씨가 보기에 조선족은 좋은 지정학적 위치를 지니고 태어났다. 조선족은 중국어도 잘 쓰니 중국에 돌아가 소수 민족들에게 선교를 하면 된다. 중국에는 한족을 뺀 소수 민족이 55개 있는데, 한족은 지배 민족이라 거부감이 있다. 조선족이 가서 나도 중국인이고 소수 민족이라고 하면 다른 소수 민족들이 마음을 연다. 어쨌든 소수 민족에게 다가갈 수 있는 기반을 갖춘 셈이고, 북한에 조상이 있으면 한반도를 품고 북한에 갈 수도 있으며, 나아가 한국도 갈 수 있다.

런던에 있는 기독교도 조선족들은 이런 얘기를 반기는 듯했다. 중국으로 갈까 말까 하는 고민은 마치 버릇처럼 일상생활의 일부로 자리잡는데, 선교 활동을 하려고 중국으로 돌아간다는 전제 아래 그 뒤의 일들을 생각하게 된다. 선교 사역을 할 수도 있기 때문이다. 옌볜을 기준으로 동북 3성을 보면 서부와 남부를 품고 강 건너 북한까지 시야에 넣을 수 있다.

'조선족교회'에서 '한민족교회'로, 그러나 계속 있는 금

박동욱 씨는 조선족 선교를 하다가 북한에 자연스럽게 관심이 생겼다. 하나님이 처음에 조선족을 알게 하고, 조선족을 만나게 하고, 교회를 세우게 하고, 사역을 하다가 북한 쪽으로 넘어가게 했다고 말했다. 북한의 고아들에게 도움을 주는 일이었다. 조선족 교인들에게도 이렇게 말했다.

> 여러분의 할아버지, 할머니, 사촌들이 북한에 있지 않습니까? 여러분이 영국에 뿌리를 내린 것은 단순히 잘 먹고 잘살기 위한 것이 아니라, 여러분은 모르겠지만 하나님이 뜻이 있어서 믿음의 은혜를 갖고 나가는 것이고, 그 타깃이 자기 뿌리를 위한 겁니다. 기회 있을 때마다 기도하고, 가능하면 들어갔다 오십시오.

조선족의 뿌리인 북한에, 대부분 함경도와 평안도에 살던 조상들을 가슴에 품고 자기에게 부여된 사명을 다하라고 북돋아준다. 박동욱 씨가 보기에 조선족들에게 북한은 정통성을 갖춘 조상의 땅이고 자기들은 중국 사람이다. 그래서 조선족들은 북한에 한번 다녀온다. 조상의 땅이기도 하고, 국경도 맞닿아 있고, 중국 사람이니까 다녀온다.

북한에 다녀오라는 이유는 또 있다. 북한이 조금 잘살 때 중국을 도운 적이 있었다. 동북 3성에 옷을 보내고 먹을거리도 줬다. 북한에서 쓰는 역사, 국어, 산수 교과서를 보내 교육에도 도움을 줬다. 런던에서 만난 한 조선족은 어릴 때 '평양출판사'가 낸 교과서로 공부했다고 말했다. 중국 정부가 못하는 일을 북한이 해줬다고 생각해서 나이 많은 조선족 중에는 김일성에게 좋은 감정을 지닌 사람들이 꽤 있다. 북한을 떠올리면 가슴 뭉클해지는 감정이 남아 있기 때문에 북한을 위해 뭔가 하자고 하니까 흔쾌히 동의한다.

박동욱 씨는 런던에서 조선족교회 일을 하는 한편 오스트레일리아에 사는 한국 사람을 따라 북한에 들어가 고아나 어려운 사람들을 돕는 일을 하고 있었다. 북한의 시장인 장마당에서 물건을 사 고아원이나 유치원에 전달했다. 그러다 북한 정부가 고아를 돕는 외부인의 활동을 허가하지 않으면서 이제는 비닐하우스를 지어준다. 사람을 도우려면 가장 먼저 먹는 문제를 해결해야 하고, 그러려면 농업이 중요하다고 생각하기 때문이다. 북한을 돕고 싶어하는 박동욱 씨를 믿는 후원자들도 많다.

조선족 교회가 조선족 커뮤니티에 갇혀 있지 않으려 애쓰는 모습이 흥미롭다. 2010년에 '조선족교회'는 '한韓민족교회'로 이름을 바꿨다. 조선족교회라는 이름 자체에는 문제가 없지만, 외부에서 안 좋게 쓰기도 하고 조선족이 게토화되는 느낌이 들었다. 이름 때문에 다른 사람이 올 수도 없고 조선족 사회 안에서도 너무 좁아지는 느낌이 들었다. 조선족교회 운영위원회에서 교회 이름을 공모했고, 들어온 제안 중 하나가 한민족교회였다.

그렇다고 한국인이나 북한 사람이 이 교회에 오지는 않는다. 조선족이 전도해서 온 한국 사람이 있기는 했다. 아이들이 같은 학교를 다니기 때문에 조선족 엄마를 알게 돼 세례도 받고 직책도 떠맡았다. 그렇지만 한국 사람은 대부분 오자마자 나갔다. 옷차림이나 말투가 너무 달라서 불편해했다. 정식 예배당 건물이 아니다 보니 겉모습도 후줄근했다. 한인 교회는 나름대로 규모와 질서가 있는데 조선족교회는 예배 중에 돌아다니는 사람들이 보이고 세련되지 못하다며 한인 교회로 간 한국 사람들이 있었다.

조선족교회를 담당하는 한국 사람들이 겉도는 느낌도 있었다. 선교사와 목사를 어려워하기 때문은 아니다. 조선족은 평등을 강조하는 사회주의 사회에서 살아온 탓에 나이나 직위에 따른 차별이 적다. 높은 사람에게 허리를 굽히는 일이 없다 보니 목회 과정에서 문제가 생겼다. 조선족에게는 마을 문화가 아직 남아 있어서 집사님보다는 언니 같은 호칭을 많이 쓴다. 그런 게토화된 조선족 마을에서 한국인은 외부인인 셈이다. 같은 교회에 다니지만 출신, 문화, 신분이 다른 사람이다. 조선족끼리 나누는 이야기를 한국 사람한테는 하지 않는다. 교회에 다니는 조선족들이 자기 이야기를 한 사실을 알고 박동욱 씨가 왜 직접 말하지 않느냐고 물으니 이런 대답이 돌아왔다. "한국 사람이잖아요!" 시간이 흐르면서 많이 나아지기는 했지만 아직도 그렇다.

박동욱 씨는 시간과 노력이 필요하다고 생각했다. 시작할 때보다는 많이 나아졌다. 세월이 흐르면서 서로 좀더 알게 되고 나쁜 사람이 아니라는 생각을 하게 됐다. 그렇게 거리감이 좀 풀렸다. 조선족들은 중국에서 교회를 안 다녀서 교회가 어떻게 돌아가는지 몰랐다. 헌금은 예민한 문제였다. 헌금을 내면 어떻게 쓰는지, 다 목사가 가져가는지 궁금해했다. 시간이 흐른 뒤에야 사적 이익을 취하거나 돈을 목적으로 선교를 하지는 않는다고 믿게 됐다.

조선족교회에서 8년 넘게 몸담고 있다 보니 박동욱 씨는 조선족들 대하기가 편하다. 조선족들의 문화를 다 알고, 용어도 좀 익숙해지고, 살아온 세월도 알기 때문이다. 한때는 5월마다 한민족 축구대회가 열렸다. 한인 교회 일반 팀과, 조선족 팀, 탈북자 팀이 나와 축구를 했다. 한번은 응원을 갔는데, 자기도 모르게 교인들이 포함된 조선족 팀을 응원하고 있었다. 자기가 조선족인지 한국인인지 헷갈렸는데, 기분은 좋았다. 왜 하필이면 조선족에 관계된 일을 하느냐는 의심을 받기도 했다. 배울 만큼 배우고 남들 부러워하는 직장에도 다닌 사람이 뭔가 흑심이 있지 않느냐는 궁금증이었다.

런던 조선족교회에서 가진 예배 뒤 친교 시간.

기독교 관련 일을 하는 사람이 보기에 탈북자도 마찬가지지만 조선족이 아주 잠재력이 많다고 박동욱 씨는 말했다. 중국에서 태어나 여러 문화 요소를 지니고 있고 '크로스 컬처'를 이해하는 사람들이기 때문이다. 한국 사람은 단일 민족이라고 생각하고 살지만, 조선족은 한족 문화도 알고 다른 소수 민족 문화도 알고 한국 문화도 알고 북한 문화도 좀 안다. 여러 문화를 겪어온 덕에 한국 사람들보다 훨씬 열려 있다.

중국어 능력은 지금 시대에 큰 힘이 된다. 좀더 배운 조선족은 영어도 쓰고 일본어도 한다. 외국어 하나도 하기 힘든 평범한 한국 사람에 견주면 조선족은 능력이 훨씬 뛰어나다. 조선족은 한국 사람보다 훨씬 뛰어난 기독교 일꾼이 될 수 있다고 박동욱 씨는 말했다.

이런 비슷한 이야기를 조선족에게 하면 처음에는 뜬금없다는 반응이 많다. 괜히 조상이 중국에 와서 소수 민족으로 산다고 한탄한다. 런던 조선족들에게 용기를 북돋아주고 일깨워주는 게 소임이라고 박동욱 씨는 생각한다. 조선족이 지닌 잠재력과 가능성을 확인하고 이끌어주는 일 말이다. 대부분은 듣고 흘려버리지만 바뀌는 사람이 나온다. 이를테면 조선족교회에서 새로 만든 파인교회(중국 교회)를 이끄는 조선족이 그렇다. 박동욱 씨는 조선족을 거쳐 북한 사람들에, 나아가 중국 사람들에 접근할 수 있어야 한다고 생각했다.

런던 탈북자들은 대부분 북한을 도와주는 일을 싫어한다. 도와주면 전부 북한 정권 손안에 들어간다고 보기 때문이다. 박동욱 씨는 북한 정권에 많이 들어가기는 할 테지만 그렇게 안 하면 어려운 사람은 더 힘들어진다고 말했다. 런던 탈북자들은 북한의 실상을 알고 실망한 탓에 더 비판적이다. 그중 몇 명은 친척이나 브로커가 중국에 있다. 브로커에게 돈을 100을 보내면 북한으로 40~50밖에 안 간다. 박동욱 씨는 그 사람들에게 이렇게 묻고 싶었다. "만약에 가족이나 친척이 북한에 사는 고아라면, 그런 일을 못하게 하겠어요?"

북한 경제에도 수요와 공급의 법칙이 있다. 공급이 많아지면 값이 떨어진다. 수요가 있는데 공급이 줄면 값이 올라간다. 북한은 물자가 모자란 상황이다. 외부에서 공급이 들어가면 수요자는 100을 내고 사던 물건을

런던 조선족교회에서 운영하는 중국 교회.

80이나 50만 내고 살 수 있다. 어차피 한 사람이 하루에 20끼를 먹지는 않는다. 있는 사람들 몫이 줄어든다고 해도 없는 사람은 싼 값에 물건을 살 기회가 생긴다. 그게 북한에 사는 사람들에게 도움이 될 수 있다.

조선족, 한국인, 탈북자들하고 함께 일하면서 갈등이 많이 드러나는데 자기가 적극적인 구실을 못해 박동욱 씨는 아쉬움이 많다. 갈등의 원인은 복잡하다. 나하고 다르면 거북해하고 틀리다고 생각하는 배타성이 있고, 나보다 못하면 업신여기는 태도도 문제다. 박동욱 씨는 한국인이 자기는 1급, 조선족은 2급, 탈북자는 3급으로 본다고 비판했다. 사회주의 국가 출신이라서 런던에 와 적응을 못한다며 조선족들이 자기 자신을 탈북자처럼 낮게 여기기도 한다. 그런 조선족이 한국 사람들은 좀더 세련된 사회 출신이고 많이 배운데다 현실적으로 자기들보다 좀더 좋아 보이는 직업을 갖고 있다며 높게 본다. 한국 사람한테 직간접으로 당한 사람들은 싸잡아서 한국 사람은 나쁘다고 보기도 한다.

오히려 박동욱 씨는 한국 내부의 차별, 가진 사람과 못 가진 사람, 권력자와 비권력자 사이의 차별이 더 심각하다고 주장했다. 또한 지난 10년 동안 외국에서 온 사람들이 많은데, 그중 미국인을 중심으로 한 백인과 동남아시아, 중앙아시아, 아프리카 출신 비백인들을 대하는 자세가 너무 달라서 문제라고 봤다. 박동욱 씨가 보기에 그런 차별은 '저주받은 심리'다. 그 저주받은 심리를 보여주는 사례가 조선족과 탈북자고, 이런 관계가 런던에서도 나타난다.

"교회 밥은 공짜 밥이었어요"
— 기독교 안에서 위안받는 리경옥 씨 이야기

리경옥 씨가 영국으로 옮긴 뒤 살아낸 삶의 이야기는 기독교 안에서 이민자가 위안을 받고 이민자를 기반으로 기독교가 성장하는 모습을 잘 보여준다. 리경옥 씨는 드물게 유학으로 젊은 나이에 영국에 왔다. 스코틀랜드에 있는 중국 식당에서 고생스럽고 지루하게 살다가, 런던에 한번 오라는 아는 언니의 전화를 받고는 주급 받고 여행용 가방 들고 간단히 런던행을 결행했다. 런던에서 놀다가 중국으로 가든지 돈을 좀더 벌자는 심산이었다. 어차피 영국에 오래 있을 계획은 아니었는데, '잠시만' 지내려다가 한 달이 두 달 되고 1년이 2년 됐다.

런던에서 지내기가 막연하던 리경옥 씨는 일단 교회에 갔다. 신앙은 없었지만 갈 곳이 없고 만날 사람도 없고 돈이 없고 영어도 짧으니 도움이나 받자는 심정으로 갔다. 처음 간 교회는 신앙에 상관없이 모인 조선족이 50~60명 정도 되는, 조선족 모임 장소였다. 무료로 영어를 가르쳐주는데 유일한 조건은 성경을 교재로 한다는 점이었다. 인정상 한 번은 따라줘야 할 듯해서 교회에 갔는데, 찬양이 정말 좋았다. 위안이 되니까 계속 다니고 싶어 나가다가 목사님을 비롯해 다른 사람들을 알게 됐다. 가진 것도 많은데 교만하지 않고 겸손하게 헌신하는 모습을 보고 '이 사람들 왜 이럴까? 나한테 뭔가를 얻을 게 없을 텐데' 하는 생각을 했다. 그래서 조선족교회가 생기자 옮겨왔다.

조선족들이 월급도 조금 받고 주거 환경도 나쁜 때였다. 그래서 교회에 사람이 더 잘 모였다. 어렵게 사는 사람들끼리 서로 돕는 분위기였다. 그런데 살 길이 생기기 시작하니 흩어져 나갔다. 신앙이 깊지 않고 다른 목적으로 교회에 나오던 사람들은 생활이 조금씩 안정되고 시각이 열리기 시작하자 교회를 떠났다. 남아 있는 조선족들은 믿음이 강한 진짜 신도다. "이렇게 정착해서 살 생각은 없었는데 살다보니까 지금까지 오게 됐습니다." 리경옥 씨는 교회에서 남편을 만나 연애를 하고 결혼해서 아이도 가졌다. 아이가 돌이 지나자 보모에게 맡기고 열심히 일했다.

리 씨 부부는 돈을 잘 모으고 잘 썼다. 1999년에 와서 2000년에 결혼하고, 2001년에 딸을 낳은 뒤, 2002년에 새 차 뽑고, 2003년에 집을 샀으니 해마다 승승장구했다. 조선족들 중에 첫머리에 집을 샀다. 그 뒤에는 테이크 아웃 중국 음식점을 차렸다. 처음에는 마음먹은 대로 돈이 벌리는 듯하다가 어느 순간 이건 아니라는 사실을 알았다. 헛된 욕심 탓인지 그동안 번 돈을 사업하면서 다 까먹었다. 리경옥 씨는 그런 경험을 하며 신앙에 더 기대게 됐다. 그전에는 자기 생각과 방식대로 살아서 세상이 만만한 줄 알았다. 가게는 파산했다. 권리금을 주고 산 가게를 그냥 문 닫아버렸다.

원금을 못 받을까봐 전전긍긍하며 안 팔고 버티다가 결국 공중분해된 셈이었다. 어떻게 보면 고맙다고 리경옥 씨는 말했다. 조금이라도 남기면 한 가닥 희망을 붙잡고 늘어졌을 테니 말이다. 완전 공중분해가 돼 사라지니까 부부는 오히려 사이가 좋아졌다. 자기들이 날마다 바라보고 악착같이 쌓은 미래가 모래성이었다고 느낀다. 지금까지 승승장구했다면 자기 삶이 어떻게 됐을지 상상이 안 된다고, 중간에 '하나님이 브레이크를 걸어줘서' 아무것도 안 남았지만 사람이 되게 해줬다고 기독교식 해석을 덧붙였다.

파산하고 종교에 깊이 기대기 전에는 사람을 사람으로 대하지 못하고 돈으로 사람의 가치를 매겼다고 반성했다. 기독교 안에서 하나님을 만나고 달라졌다. 가게에 집착해서 일할 때는 영국을 싫어했다. 가게를 하면서 크고 작은 사고가 많았다. 죽을 용기는 없고 짐 싸서 어디 숨고 싶었다. 영국은 달아나고 싶은 땅이었다. 둘째 아이를 보면 아직 어려서 말을 못하니 어딘가로 달아날 때 데려가도 안전하다 싶었다. 큰딸은 말도 하고 주소도 다 알아서 누가 물어보면 다 말할 듯해 불안했다. 실행은 못하지만 도망가는 생각을 거듭하며 날마다 달아나고 싶어했다. 하나님을 만난 뒤에야 영국은 소망과 기쁨의 땅이 됐다. 떠나고 싶고 숨고 싶고 아무것도 마음에 안 들던 영국이 축복의 나라가 됐다.

가게를 할 때는 주방에서 일할 사람으로 한족 3명을 고용했다. 집 판 돈으로 모자라 지인들에게 꿨다. 부부가 사업을 만만하게 생각했다. 가게는 작은 돈을 모아 큰돈을 만드는 곳인데, 이 부부는 화끈하게 벌어서 몇만 파운드를 갚고 잘살고 싶었다. 막상 한 끼에 몇 파운드짜리 음식을 팔아 돈을 모으려니 너무 답답했다. 돈을 빨리 벌자며 다른 데 돈을 쓰다가 사기도 당하는 등 사건과 사고가 끊임없이 벌어졌다. 판단이 급하다 보니 빠른 길을 쫓다가 결국 가게가 공중분해됐다.

이 힘든 과정을 다 거치면서 리경옥 씨가 단 하나 안 끊은 인연이 바로 교회다. 처음에는 사람이 그리워서 갔지만 그동안 여러 일을 겪으면서도 일요일 예배를 빠진 적은 없다. 워낙 책임감 있고 성실하게 일하는 성격 탓이다. 리경옥 씨가 교회에서 중요한 구실을 맡는 모습을 보면, 종교는 사회를 꽤나 반영한다는 사실을 확인할 수 있다. 조선족 교회를 한국인이 이끄는 모습도 마찬가지다. 리경옥 씨는 영어와 운전을 할 수 있어서 도움이 많이 됐다.

영어를 할 수 있으면 아무래도 영국에 살기가 편했다. 리경옥 씨는 비자 때문에 억지로 다닌 학교에서 영어를 배워 사는 데 도움이 많이 된다. 중국에서 조선족 학교를 다닐 때는 영어반이었다. 일어반에 견줘 학생 수가 적었다. 고등학교 대신 사범 학교를 갔다. 선생님을 키우는 전문 학교라서 아동 심리학과 교육학 등을 많이 공부하고 외국어 과목은 없었다. 영어 공부는 중학교 때가 끝이었다. 비자 문제가 아니면 굳이 돈 내고 학교 다닐 일은 없었을 텐데, 억지로 다닌 학교에서 귀가 열리고 영어 기초를 다졌다. 영어를 배울 뿐 아니라 영국 사람들도 접할 수 있었다. 영어 덕에 일상생활이 많이 편해지고 남들에게 도움을 덜 구하게 됐다. 내가 뭔가 할 수 있다는 생각이 큰 힘을 주는 듯했다. 처음에는 학비가 아까워서 그 돈 안 내도 올 수 있지 않았을까 아쉬웠는데, 결국 그 돈과 시간이 헛되지는 않았다.

런던에 와서 처음에 청소 노동자로 일할 때 잠깐 다른 조선족하고 같이 있었다. 조선족이 뉴몰든에 막 살기 시작한 때인데, 한국 사람은 시간당 7.5파운드(한국 돈 1만 5000원 정도)를 받는 반면 조선족은 5.5파운드(한국 돈 1만 1000원 정도)를 받았다. 다른 조선족은 영어를 못하니까 한국인 집에만 가면서 시간당 5파운드(한국 돈 1만 원 정도)를 받고 만족했다. 리경옥 씨는 영어가 좀 되니까 한국인 집은 안 가고 싶었다. 손수 전단지를 만들어 뿌리며 다른 나라 사람들 집만 청소했다.

남편이 운전을 할 줄 알아야 한다고 강조해서 아이를 낳은 뒤 운전을 배웠다. 조선족 여자치고는 빨리 땄다. 남들은 버스를 타고 다녀도 리경옥 씨는 차를 모니까 거리상 제약이 없었다. 청소 도우미를 쓰는 잘사는 동네는 버스가 잘 안 다녀서 일 다니기 힘든데 차를 타고 가니 좋았다.

전단지를 보고 청소 의뢰가 들어오는데 남 주기는 아까우니까 아는 조선족들에게 같이하자고 제안했다. 영어가 되는 리경옥 씨가 일을 찾아 손수 운전해서 다른 조선족들을 데리고 왔다갔다했다. 청소하는 다른 조선족에게는 한국인이 주는 만큼 5파운드만 줬다. 그렇게 리경옥 씨는 점점 중개인이 됐다. 직접 청소하는 일은 그만두고 아줌마들을 데리고 2~3년을 중개인으로 일했다. 그러다 누가 신고했는지 세금 조사에 걸렸다. 일하는 사람들이 다 불법이니까 벌금으로 몇 천 파운드를 내고 중개인 일을 정리했다.

그 뒤 미용실에서 일하다가 둘째 아이를 낳고 큰 아이가 사춘기에 들어가면서 일을 잠시 쉬었다. 둘째가 어린이집에 들어가면서 한 반찬 가게에서 4개월 동안 일했다. 교회에서 알게 된 가게라 편의를 많이 봐줬다. 그러다가 가게 주인인 목사가 교회 일을 좀 도와달라고 제안했다. 리경옥 씨가 운전과 영어를 할 수 있어서 교회 일을 많이 맡았다. 확성기 등 짐 나를 일이 있으면 교회 가기 싫어도 가야 했다. 장비가 없으면 예배를 못 하니 어쩔 수 없었다. 리경옥 씨는 지금 와서 보면 이 일이 정말 고맙다. 안 그러면 진작 떠났을 테니 말이다. 가게 할 때도 7일 내내 일하고 일요일 오전만 쉬는데, 교회 일을 넘겨줄 사람이 없었다. 그렇게 자기를 묶어준 운전 일이 리경옥 씨에게는 축복이었다.

가게를 한 4년 동안 리경옥 씨를 유일하게 지켜준 곳도 교회였다. 큰일 서너 개가 잇따라 밀려오면서 한때 우울증까지 왔다. 숨고 달아나고 싶을 때 리경옥 씨는 교회 덕에 견딜 수 있었다. 교회에서는 울 수 있었다. 처지가 궁색해지자 사람들이 다가오지 않았는데, 그때 리경옥 씨를 사람대접한 곳이 교회였다. 아프면 같이 울어주고 돌봐줬다. 신앙이 웬만하면 흔들리지 않게 굳건해졌다.

예전에는 눈빛이 호의적이지 않으면 자기가 너무 못해서 그럴까 고민했다. 이제는 하나님에게 먼저 찾아가 오히려 은혜를 받는다. 예전에는 '왜 나만 이런 일을 겪나? 내가 잘못을 안 했는데 왜 이런 일을 겪어야 하나?' 하고 생각하면서 억울해했다. 지금 돌아보면 하나도 헛된 것이 없다. 다른 사람들도 리경옥 씨가 여러 어려움을 다 겪은 탓에 창피한 말을 해도 비웃지 않을 듯해 편안하다고 한다. 그래서 리경옥 씨는 기도했다. "주님 감사합니다! 내 인생의 수치, 주님이 세워주지 않았으면 부끄러움으로 남아 있을 일이 주님 앞으로 들어오니까 선으로 바뀌었습니다. 내가 받은 수치가 다른 사람을 치료할 수 있게 됐습니다."

그렇게 안 믿을 듯하던 남편도 이 어려운 과정을 겪어내면서 세례까지 받았다. 남편은 처음에는 '내가 가주는 것을 영광으로 알라'는 태도였다. 리경옥 씨가 사정해서 겨우 같이 가 밥만 먹었다. 그러던 남편이 어느 날 고백했다. 교회 밥은 공짜 밥이라 먹으러 갔는데 공짜가 아니더라고, 가랑비에 옷 젖는다고 7년을 그렇게 다니면서 교회 사람들이 말하는 예수님의 사랑을 깨달았다고 했다. 아직도 헌신적이지는 않지만 해야 할 일은 꼬박 꼬박 잘하고 예배도 꼭 간다.

리경옥 씨는 중국말로 예배를 이끌고 있었다. 돈을 받지 않는 자원봉사다. 소망과 비전이 보이니 맡아주면 좋겠다는 제안에 대답도 못하고 거절도 못했다. 살면서 하나님이 주관하는 일은 인간이 결정하는 게 아니라는 점을 깨달았고, 아니라고 할 때 넘어진 적이 너무 많아서, 머리는 안 하고 싶어하는데도 감히 거절을 못했다. 직접 응답을 받고 싶어 기도했더니 응답이 딱딱 떨어졌다. 중국말로 하는 예배는 큰 부담이었다. 당연히 한국말이 더 편하고 중국말을 중국 사람처럼 잘하지는 못하기 때문이다. 한국말은 어떤 단어를 쓸지 굳이 생각하지 않아도 저절로 나오지만, 중국말은 알아듣기는 하는데 단어를 골라서 쓸 수가 없다.

경제적 문제도 있었다. 일요일에 하는 예배뿐 아니라 구역 모임에다 일대일 면담도 있고, 일요일에 설교를 하려면 그전에 준비도 해야 해서 풀타임 근무하고 다르지 않다. 돈을 못 벌 각오를 해야 했다. 남편이 싫어하겠지 생각해서 여러 이유를 적어두고 기도를 했는데 '응답을 다 받아서' 시작을 했다. 응답을 받았다는 말은 남편이 흔쾌히 좋다고 했다는 뜻이다.

초창기 개척 교회라 쉽지는 않았다. 중국이 교회를 개방한 나라가 아니어서 그런지 믿어도 대충 믿는데다 기분 좋으면 오고 아니면 그만둔다. 리경옥 씨는 자기도 많은 갈등 속에 방황하면서 신앙을 갖게 된 만큼 사람들이 하나님을 쉽게 믿지 못해도 이해가 된다. 지금은 한족을 대상으로 하는 개척 교회를 조선족교회 목사의 지원을 받아 혼자 이끌고 있다. 예배를 이끌면서 자기 믿음이 한 단계 높아졌다고 리옥경 씨는 말했다. 예전에는 자기만을 위한 믿음이었는데, 사역자 자격으로 앞에 나서니 부담과 책임감만큼이나 자기가 받는 은혜가 크다고 느낀다.

중국인 교회에 잠시 들어가 앉아 있을 때 내가 들은 음악은 익숙한 찬송가보다는 발라드 같았다. 중국 찬송가가 별로 없어서 타이완 찬송가를 많이 쓰는데, 대부분 발라드 비슷하다. 피아노 반주자 없이 유튜브에서 타이완 찬송가 동영상을 찾아서 튼다. 중국 찬송가도 있지만, 지하 교회가 많은 탓에 우아한 노래보다는 중국 사람들 정서에 맞는 토속적인 노래가 많다. 중국말을 할 수 있는 조선족 리경옥 씨도 중국말 설교는 큰 부담이 됐다. 영국에 온 뒤로 중국어를 쓸 일이 별로 없으니 말이다. 중국말 설교가 너무 부담이 돼서 그만두고 싶다는 생각이 들었지만, 돌아보니 퇴로가 없었다. 날마다 답이 없는 갈등만 계속됐다.

리경옥 씨는 책임감이 강한 사람이라 거절하지 못하고 일을 많이 맡아서 했다. 다 잘할 수는 없는데 말이 나와서 괴로웠다. 교회에서 자리를 맡은 것도, 중국인 교회를 맡은 것도 뒷말이 두려웠다. 안 맡았으면 허점이 드러날 일도 없고, 중국어를 잘하네 못하네 하는 말이 나올 일도 없고, 신학교를 나왔네 안 나왔네 하는 말도 들일 이유가 없었다. 왜 일을 맡아 사람들 앞에서 손가락질을 받고 살아야 하나 생각하면 괴로웠다. 사생활도 없어지고 생활이 다 드러나 싫었다. 사람들의 눈이 정말 싫었다.

요즘은 바뀌어서 하나님이 나를 이렇게 사랑하는구나 하고 받아들이며 감사한다. 어느 정도 수준에 올랐으니 이제 됐다고 생각하는 순간 더 큰 책임이 맡겨졌다. 밥하기가 익숙해져서 이제는 교회 일을 스트레스 안 받고 할 수 있겠다 싶을 때 찬양을 인도해달라는 제안을 받았다. '왜 또 새로운 일을 주시지?' 하며 불평하지 않고 '내가 너무 익숙한 것은 주님이 빼 버리고 또 새로운 항목을 주신다. 그럼 너무 감사함으로 받겠습니다'고 기도했다. 나를 만난 일도 기독교식으로 해석했다.

오늘 교수님을 만난 것도 이 사람을 만나서 내가 해야 할 무엇인가가 있나 보다 생각이 들어요. 주님이 이렇게 사랑하시네. 그럼 된 거예요. 사람의 기대가 떨어지니까 이제는 고마워요. 뭘 해도 고마워요.

종교 생활 덕에 사람에게서 좀 자유로워지는 듯하다고 했다. 예전에는 상대방이 잘 안 들어주는 느낌을 받으면 상처가 됐는데, 이제는 상대방이 어떤 말을 하고 무슨 태도를 보이든 괜찮다. 이런저런 풍파를 겪고 사람들에게 상처받는 일을 타지에서 겪으면 더 큰 타격을 받는다. 이주자들끼리 벌이는 경쟁이 생채기를 내고 배신감을 들게 하는 일이 잦아 많은 사람들이 사람을 믿지 않는다고 얘기한다. 사람을 믿지 말아야지 하면서 마음을 다잡지만, 아무도 믿지 않고 사는 마음은 허전하기 때문에 스스로 대책을 마련한다. 리경옥 씨처럼 종교에서 대안을 찾는 사람도 많다.

북한과 중국을 향한 책임과 애착도 리경옥 씨는 신앙 속에서 해석했다. 런던에서 탈북자 신분을 받은 많은 조선족은 '북한에 빚을 졌다'고 교회에서 얘기했다. 먹고살려고 받기는 했지만, 틀림없이 그 빚을 갚아야 할 때가 온다고 말했다. 그런 식으로 탈북자 신분을 받지는 않았지만, 조선족인 리경옥 씨는 할아버지 때 중국에 가 먹고산 은혜가 있으니 자기는 중국에 빚진 사람이라고 했다. 그래서 교회에서 배운 대로 소명을 품고 언젠가 그 빚을 갚으리라고 생각하며 산다.

중국인 교회를 맡고 있어서 리경옥 씨는 자꾸 중국 쪽으로 눈이 간다. 워낙 중국에서 나고 자라 중국 정서를 가진데다 애착도 있다. 예전에는 중국에 돌아갈 일이 전혀 없지 싶었는데 중국인 교회를 맡은 뒤에는 돌아가고 싶다는 생각도 든다. 남편과 애들은 영국 시민권을 받았지만, 리경옥 씨는 영주권만 있고 시민권은 신청하지 않았다. 혹시 늙어서 중국에 가게 되면 한 사람은 국적을 갖고 있는 편이 낫지 싶었다. 중국 국적이 있으면 중국 말고 다른 나라를 갈 때 다 비자를 받아야 해서 무척 불편하다. 시아버지 칠순 잔치에 갈 때 영국 국적인 가족들보다 훨씬 심사도 까다로워 영국 시민권을 받을까 생각도 했다. 그렇지만 혹시 중국에 선교하러 들어가면 중국인인 편이 훨씬 낫다는 생각에 하지 않았다. 중국은 외국인들이 섞여 예배를 보는 일이 아직도 불법이다. 이를테면 집회에 한국인이 끼어 있으면 불법이다.

중국에 들어가게 되면 하나님이 부르시는 곳으로 가겠지 싶다. 옌볜은 아닐 듯하고, 때에 맞는 소명이 있으리라고 믿는다. 런던에서 중국인 교회를 맡은 만큼 조선족이 많은 옌볜은 안 맡길 듯하다. 지금 중국에 한국 선교사들이 많이 오는데, 조선족 선교를 펼치는 사람도 있지만 많은 사람들이 내지로 들어갔다. 중국 내지에 들어가 한족들이 사는 곳에서 전도할 수 있는 조선족이 아주 많다는 얘기를 리경옥 씨도 들었다.

조선족은 산업뿐 아니라 신앙에서도 한국과 중국을 이어주는 다리였다. 한국 기독교인들이 중국으로 선교하러 들어올 때 다리 구실을 하는 사람들이 조선족이다. 언어와 문화의 한계 때문이다. 이제는 한국하고 북한을 잇는 구실도 한다. 북한 선교의 문이 열리면 그 일을 감당할 사람들도 조선족이다. 한국말은 다 통하지만, 한국인보다는 조선족의 정서가 북한 사람들에게 좀더 가깝다.

조선족이 옌볜으로 이주한 데도 하나님의 뜻이 있다고 리경옥 씨는 믿는다. 지금 중국에 있는 조선족들이 떠맡은 소임이 있다는 말이다. 옌볜 조선족들이 아무 의미 없이 거기 살게 된 게 아니라, 그곳에서 감당해야 할 일이 있기 때문에 하나님이 이민을 시켰다고 봤다. 중국 사람이나 북한 사람을 대상으로 한 선교에는 한국 사람이나 외국 사람보다 옌볜 조선족이 들어가는 쪽이 많은 도움이 된다. 이미 많은 조선족이 한국 선교사들하고 함께 중국 내지로 다니며 전도하고 있다. 조선족이 통역도 하고 중국 사정도 잘 알아 많은 도움이 된다.

칭다오에서 한국 기업의 중간 관리자 구실을 하듯 선교 분야에서도 조선족은 중간 관리자였다. 요즘 한국 기독교인들이 중간 다리 구실을 기대하면서 조선족을 많이 찾는다는 이야기가 들린다. 칭다오에서 한 중간자 실험, 그 뒤에 독립해 떨어져 나오는 현상이 선교 분야에서도 나타날지 모르겠다.

김일성과 김정일 대신 '하나님'
— 런던의 북한 교회

조선족 교회와 북한 교회. 한 태권도장을 시간제로 빌려서 오전에는 조선족 교회가 예배를 하고 오후에는 북한 교회가 예배를 한다. 서로 아는 사람도 있지만 교류는 없이 각자 할 일을 한다.

런던에 있는 한 북한 교회의 관계자를 만나 한 인터뷰는 '왜 한국 사람이 굳이 북한 교회를?'이라는 질문부터 시작했다. 한국인 송기완 씨는 조상이 북한 출신이라 북한에 연결 고리가 있었다. 북한에 기독교인들이 많았다. 베이징에 인삼 장사 하러 간 북한 사람들이 열병에 걸리자 스코틀랜드 선교사들이 치료해줬고, 병이 나은 북한 사람들이 기독교를 믿게 됐다.

황해도 소래에 한국인이 처음 세운 교회가 들어섰다. 그 나라 사람들이 직접 자기네 교회를 세운 사례는 기독교 역사에서도 아주 드물었다.

송기완 씨는 직장 생활을 하다가 일찍 퇴직하고 쉰 살이 넘어 영국에 와 신학을 공부했다. 예전부터 신학을 공부하고 싶어서 직장을 다니면서도 성경을 가르치던 송기완 씨는 영국에서 잠깐 주재원으로 산 인연이 있었다. 영국 교회에서 몇 년 동안 목회를 하다가 그만두려 할 때 맨체스터에 있는 어떤 교육자가 연락을 했다. 가까운 곳에 북한 사람이 왔는데 이 사람이 영어를 못하니 좀 도와달라는 내용이었다. 알고 보니 송기완 씨 사는 곳 근처에 북한 사람들이 여덟 가족이나 있었다. 그 사람들은 중국을 거쳐 오면서 도움을 많아 받아 대부분 기독교에 관심이 있었다. 송기완 씨는 함께 예배를 드렸다. 자기가 영국으로 오게 된 이유를 하나님의 뜻으로 해석했다. 하나님이 북한을 위해 기도하게 하고 영국으로 오게 했는데, 와보니 탈북자가 가장 많은 나라였다.

종교가 허용되지 않지만 세계에서 기독교 인구가 가장 많은 곳이 중국이다. 숨어 있는 기독교인을 합치면 1억 명 가까이 된다. 13억 인구 중 7~8퍼센트 정도가 기독교인이다. 문화혁명 때 교회를 다 없애려 하다가 골수 기독교인만 남았고, 남은 사람들을 통해 암이 낫는 등 기적이 일어나서 주변이 믿기 시작했다. 아직도 중국 교회는 핍박받고 있지만, 선교사 100만 명을 내보낸다는 선언을 하기도 했다.

몇몇 조선족이 자기가 탈북자라며 난민 신청을 하고, 어떤 북한 사람은 난민 지위를 인정받지 못한다. 한국에 머물다 온 사실이 드러나서 그렇다. 원칙적으로 난민 지위는 한 나라에서 받으면 다른 나라에서 또 받을 수 없다. 이제 심사를 까다롭게 하면서 위장 탈북자는 한국으로 돌려보낸다. 북한 교회는 2008년 5월에 시작했다. 영국은 난민 지위 신청을 받아 심사하는 기간 동안 망명 신청자를 여러 곳으로 보낸다. 결과를 기다리는 동안 집과 생활비를 주고, 대기 기간이 길어지면 일을 할 수 있게 허가하기도 한다. 난민으로 받아들여지면 난민 비자를 준다. 영국에서 돈 벌고 살 권리가 있다는 뜻이다. 그다음은 대개 글래스고 같은 곳에서 뉴몰든으로 온다. 본격적으로 영국에 정착해 살아야 하는데 글래스고는 외롭고, 영어를 못하는 사람을 고용하려는 곳도 없기 때문이다.

영국에 탈북자가 많은 이유는 북한 난민이 혜택을 많이 받기 때문이다. 난민 지위를 기다리는 동안에는 집과 생활비를 받고, 난민 지위를 인정받은 뒤에도 구직 활동 기록을 내면 집과 생활비가 나온다. 일을 안 하는 쪽이 편하다고 생각해 직업이 없는 사람이 생긴다. 그래도 2주마다 가서 말하기 귀찮으니까 대체로 일을 한다. 일을 해도 수입이 적으면 혜택을 받는다. 급여를 현금으로 받는 일을 해서 이중으로 돈을 챙기기도 한다.

2008년 무렵에는 한국 사람들이 꺼려하는 이삿짐 같은 일은 이제 조선족들이 안 하고 북한 사람들이 한다는 말을 들었다. 2014년에 다시 물어보니 한국인, 조선족, 북한 사람들의 임금이 거의 같아졌다. 임금 차별은 없지만 한국 사람이나 조선족이 꺼려하는 일은 있었다. 최저 임금은 무조건 줘야 하니까 임금 차별이 없다고 볼 수 있지만 실상은 다르다고 송기완 씨는 말한다. 시간 외 근무를 시키면서 추가 임금을 주지 않는 사례가 많다. 불법이라 신고할 수 있지만 북한 사람이나 조선족은 정서상 신고하기를 꺼리는데다 북한 사람들은 공권력을 두려워한다. 또한 한국식 정서가 아는 사람을 법대로 처벌해달라고 고발하는 행동을 마땅치 않아 한다. 그래서 북한 사람들이 화해를 잘한다. 월급을 안 줘도 그냥 그만두고 만다.

런던에 있는 어느 북한 교회.

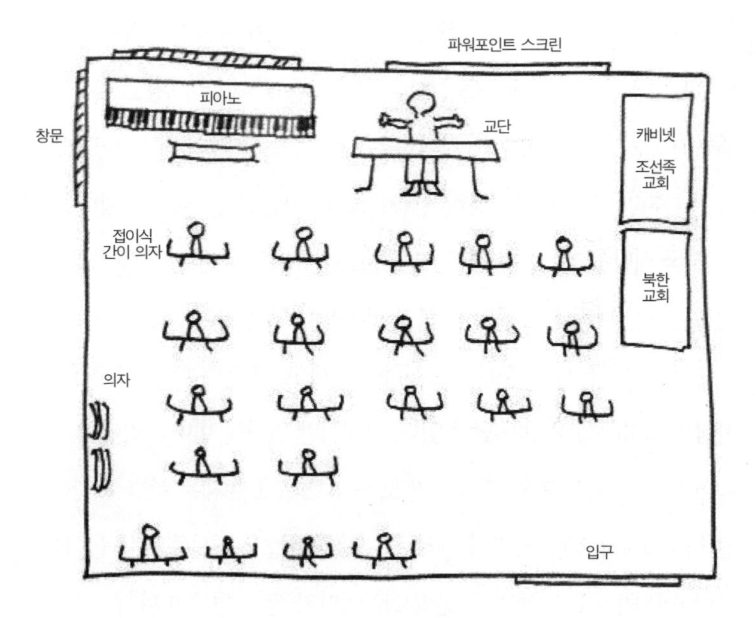

런던에 있는 조선족교회와 북한 교회의 내부 구조.

송기완 씨는 자기 사업을 하는 북한 사람이 늘어났다고 했다. 한국 사람이나 조선족 밑에서 인테리어 일을 하다가 독립하는 사람이 생기고, 식당을 운영하는 사람도 생겼다. 돈을 모아서 하는 사람도 있고, 임대도 했다. 비자 문제로 한국 사람들이 영국으로 많이 못 오고 학생들은 취업을 하지 못하니 인력이 모자랐다. 지금은 이민국에서 식당에 자주 나와 종원업들 비자를 조사한다. 조사에 걸리면 추방되기도 하고, 업소는 한 명당 1만 파운드(한국 돈 2000만 원) 정도 되는 벌금을 문다. 비자 없는 사람을 고용하기는 더 힘들어지고 임금은 올라가니, 매달 일정 금액을 받고 장사에서 손 떼고 싶어하는 한국인들이 많아졌다. 조선족이나 북한 사람에게 한 달에 얼마씩 내고 아예 식당을 맡아서 운영하게 하는 식이다. 유럽에 많이 있는 한국 민박집Bed and Breakfast도 그런 식으로 장사하는 곳이 많다.

이런 일들 때문에 앞으로 한국 식당도 분위기가 달라질 수 있다고 송기완 씨는 내다봤다. 조선족들은 다른 조선족을 끌어올 수 있고 일을 무서워하지 않기 때문이다. 한국 사람들은 이런 일을 안 하려 하니까 끌어오기가 힘들지만 조선족이나 북한 사람은 다른 사람을 끌어올 수 있다. 게다가 한국 식당을 찾는 사람이 늘고 있다. 한류 덕인지 한국 음식이 많이 알려져서 다른 나라 사람들이 와 불고기나 잡채 등을 많이 먹고 간다.

아직은 한국 사람 밑에서 조선족이 일하고, 조선족 주인 밑에서 북한 사람이 일하는 분위기가 남아 있다. 그렇지만 변화는 이미 시작됐다. 조선족이 먼저 와서 터를 잡고 브로커 노릇을 했는데, 이제는 북한 사람이 조선족의 위치가 됐다. 게다가 한국 사람이 줄어들고 조선족도 좀 돌아가니 북한 사람의 비율이 늘었다. 불법으로 있다가 돈을 벌고 떠나거나 단속에 걸려 중국으로 돌아간 조선족들이 많다.

송기완 씨는 통일 이야기를 했다. 독일이 통일된 지 20년이 넘었고 동독 출신이 총리가 되기도 했지만 내부에는 큰 갈등이 있다. 경제 격차가 4 대 1밖에 안 되는 독일도 저런데 100~200 대 1인 한국은 대책이 없다고 걱정했다. 탈북자 3만 명 정도를 제대로 품지 못하는 한국은 통일이 된 뒤에는 문제가 더 심각해질 수밖에 없다. 런던 뉴몰든을 보면 갈등이 많다. 북한 사람과 한국 사람들이 겉으로는 같이 일하지만 잘 어울리지 않는다. 북한 사람들은 남한 사람보다 성질이 더 급하고 폭력이나 욕을 많이 쓴다. 남존여비 사상도 아직 남아서 여자는 남자가 있어야 한다고 우기는가 하면 여자를 때리기도 한다. 일할 때도 타박을 조금 하면 그냥 관두고 가버린다.

그런 자존심은 북한 사람들이 교육받은 주체사상, 미국에도 고개 숙이지 않는 태도에 연관된다고 송기완 씨는 봤다. 어떤 한국인은 북한 사람들의 그런 특성을 가리켜 아이 같다고 했다. 그래서 한국 사람들은 같이 일하기 싫어하지만 대안이 없어 어쩔 수 없이 북한 사람을 고용한다. 북한 사람들이 왜 저 사람은 저렇게 주고 나는 이렇게 주느냐고 따지는데, 송기완 씨는 북한 사람들이 일을 열심히 해본 적이 없어서 생산성이 떨어지지만 한국도 예전에 그랬으니 특별은 일은 아니라고 생각한다.

다른 한편 송기완 씨는 통일에 대비해 런던 뉴몰든을 중요하게 연구해야 한다고 주장했다. 한국 사람, 조선족, 북한 사람의 인구 비율이 그다지 차이 나지 않은 상황에서 서로 어울려 살기 때문이다. 통일이 된 뒤 남북한 사람들이 어울려 사는 방법을 뉴몰든을 사례로 연구하지 않으면, 북한이 개방될 때 혼란을 막을 길이 없다는 말이었다. 고개가 끄덕여졌다. 세계 어느 다른 곳에서도 한국인 대 북한인 비율이 10 대 1인 곳은 없다.

북한 사람들에게 신앙생활은 낯설고 어렵지 않을까 생각하던 나는 뜻밖의 대답을 들었다. 북한에서 하는 많은 일이 기독교식이라는 말이었다. 수요 예배, 일요일 예배, 금요일 기도 같은 방식이 북한에서 하는 생활 총화하고 똑같다. 북한에서 김일성 우상화의 틀을 만들 때 기독교를 베꼈다는 설명이었다. 북한을 떠난 북한 사람들이 기독교의 십계명을 보면 자기네 십계명하고 거의 비슷하다는 사실을 깨닫는다. 김일성이나 김정일 대신에 하나님을 넣으면 딱 맞는다.

어떤 북한 사람들은 부작용에 시달린다. 북한에서 속았는데 기독교도 똑같으니 거부감을 가진다. 일요일에 교회 나와라, 성경 공부 하라고 하면 진저리친다. 이 사람들은 도움을 받으니 교회에 나올 뿐 마음속으로 신앙을 받아들이는 데 많은 시간이 걸린다. 한번 신앙이 생기면 더 잘한다고는 한다. 북한 사람들은 집단적으로 살아와서 집단을 떠나지 않는다.

북한 사람들과 조선족들의 관계는 묘하다. 북한과 중국에서는 가까운 사이라고 볼 수 있지만 런던에서는 한국 사람들이 얽혀 있어서 좀 달라진다. 조선족은 북한 사람으로 비자를 받아서 떳떳하지 못하고 북한 사람도 북한에서 바로 탈출한 진정한 탈북자가 아닌 탓에, 서로 은근히 비난하고 뒤가 구린 상태다. 일자리 문제에서는 협력과 경쟁이 동시에 진행된다.

중국에서는 조선족 교회가 탈북자들에게 중요한 구실을 했다. 북한을 탈출하는 사람들은 '중국에 가서 십자가를 찾아가면 다 도와준다'는 정보를 듣는다. 그런데 런던의 조선족은 좀 붕 떠 있다. 북한 협회 임원들은 한국 협회 사람들하고 연락하고 초대도 하고 밥도 먹으면서 개인적 친분을 쌓는다. 북한 사람들은 어느 대형 마트에서 많이 일하는데, 그곳에서 북한 협회에 사무실을 아주 싼값에 빌려주고 북한 인권 문제를 비판하는 신문도 낸다. 반면 조선족은 한국인들하고 교류가 별로 없다.

송기완 씨는 런던에 있는 탈북자들이 자유 민주주의를 잘 배워서 통일이 되면 북한에 돌아가 민주주의를 잘 가르쳐야 한다고 말했다. 북한에서 온 유학생들이 정치학을 공부하고 영국 정치인도 만나는데, 이 사람들이 북한에 가서 중요한 구실을 할 수 있게 해야 한다는 말이었다. 한국 정부가 한국에 있는 탈북자뿐 아니라 영국에 있는 탈북자도 꾸준히 관리하고 나중에 잘 써먹어야 한다는 당부도 했다.

탈북자들이 영국에 가장 많이 온 때는 2007~2009년이다. 그때 온 사람들은 이미 시민권을 신청할 단계에 있다. 북한 안에서는 이동이 힘들기 때문에 대개 국경 지역에서 많이 왔다. 어떤 마을은 탈북자가 많아 주민의 반이 사라졌다. 한국인 송기완 씨와 탈북자들은 같이 있으면서도 동질감을 느낄 수 없어 무척 힘들었는데, 기도를 하면서 마음이 열렸고 서로 이해할 수 있었다. 처음에는 탈북자들이 인간적 관계를 맺기보다는 필요할 때만 연락했다. 시간이 많이 지나면서 젊은 엄마들 중심으로 관계가 형성되고 속 이야기도 나눴다. 일상생활에서 부딪히는 어려움을 도와주니까 교회를 나오는 사람도 많다. 편지나 추천서 같은 일 때문에 오기도 한다. 시간이 지나면서 한 사람 한 사람의 이야기를 알게 되고, 많이 이해하게 됐다.

내가 북한 교회에 드나들 때도 북한 교회를 이끄는 한국인과 탈북자 사이에 힘겨운 문화 적응이 진행되고 있었다. 뭔가 어려운 일 때문에 한 탈북자 가정에 들렀을 때 마주친 격한 분위기가 그 한국인을 힘들게 하고 있었다. 교회는 사람 사이의 관계가 무척 가깝고 정서와 책임이 크게 얽혀 있어서 문화 충돌이 적지 않게 벌어진다.

그곳에서 만난 탈북자들은 어떤 면에서 한국에 있는 사람들하고 똑같아 분간이 되지 않을 정도였다. 그중 한 명은 교회 일 때문에 곧 한국에 사는 아는 탈북자 동생을 만나러 간다고 했다. 그곳에 있으면 분단이나 탈북이 그냥 평범한 삶의 일부처럼 느껴졌다. 탈북해서 영국에 사는 사람이 탈북한 동생을 만나러 한국에 관광하듯이 가서 교회 일을 보고 돌아오는 세상이 됐다.

"이제는 익숙해져서 우리나라 같다"
— 쉼터와 교회, 서울 조선족의 안식처

서울 조선족 밀집 지역을 특징짓는 또 다른 풍경은 조선족 쉼터와 교회다. 교회에 붙은 쉼터가 있고, 단체가 운영하는 쉼터도 있다. 서울에 조선족 쉼터가 세 곳 있는데, 두 곳에 들러 시간을 보냈다.

한 곳은 병원도 붙어 있었다. 교회 예배가 끝나자 병원 무료 진료권을 나눠줬다. 진료권을 받으려는 사람들이 무척 많고, 먼저 받으려 아우성이었다. 진료권을 나눠주던 한국인은 그런 모습을 이해하면서도 난감해했다. 앞쪽에서 예배를 본 나는 진료권은 필요 없으니 가만히 앉아 있었는데, 나눠주던 사람이 나를 가리키면서 모범적인 사람이라며 가장 먼저 줬다.

처음 한국에 와 갈 곳 없는 조선족들이 잠깐 지내다가 집을 구하면 사라지기 때문에 쉼터에 머무는 사람들은 들쭉날쭉했다. 내가 쉼터에 들어가서 끼어 앉아도 별로 특별한 일이 아니었다. 몇 번 가니 내 자리도 생겼다. 쉼터에는 한 사람이 누울 수 있는 크기로 접은 담요가 벽을 따라 나란히 놓여 있다. 사람이 없을 때는 둘둘 말아서 벽에 붙여놓는다. 자기 자리라는 표시로 개인 용품을 같이 두기도 하고, 어디는 누구 자리라는 암묵적 인 동의가 있는 편이다. 한 쉼터는 일을 한 만큼 달란트를 받아 밥을 먹을 수 있었고, 다른 쉼터는 무료였다. 쉼터에 있는 사람들은 다른 쉼터도 잘 알고 있었다. 어느 쉼터가 밥이 낫다고 비교하기도 했다. 쉼터에서 3개월 넘게 있으면 밥이 부실해 몸이 상한다고 서로 충고하기도 했다.

교회하고 같은 건물에 있는 쉼터에서 만난 전정선(60대·여·가명) 씨는 옌벤에서 2007년에 임시 비자로 한국에 왔다. 거의 3년을 같은 집에서 가사 도우미로 일했다. 그 뒤 간병인 등을 하다가 아파서 1년 정도 쉬고 있다. 3번이나 수술을 한 탓인지 몸이 아직 좋지 않아 누워서 인터뷰를 했다.

한국에 조카가 있는 전정선 씨는 친척 방문으로 들어왔다. 딸이 결혼해서 한국에 오게 된 친구가 같이 가자고 해 3개월 있으려고 왔는데, 계속 연장하는 중이다. 65세 이상은 3개월 비자를 받을 수 있지만, 그 뒤 중국에 3~4번 갔다 와야 연장이 가능하다. 한국에 온 지 15일 만에 구로로 왔다. 처음에는 친구네 집에 있었다. 그 뒤에 출근할 때 빼고는 계속 쉼터에 있었다. 목사님이 있고 병원도 있어서 좋다. 이 쉼터는 여권과 등록증을 등기해서 오면 들어올 수 있다.

불법 체류자인 여자 조선족들은 가정집, 세탁소, 모텔, 사우나, 시골 농장에 많다. 전정선 씨는 2007년부터 계속 불법 체류자로 지내고 있었다. 정부가 불법 체류 10년이 지난 사람만 구제해줘서 전정선 씨는 해당이 안 됐다. 그래도 전정선 씨는 대체로 여유가 있었다. 정책은 언제든 또 바뀔 수 있기 때문에 기다리는 중이다. 일단 있는 날까지 있고, 잡히면 어쩔 수 없다는 태도였다. 전정선 씨는 전철역을 지나거나 일하다가 잡힌 사람들 이야기는 많이 들었다. 그래서 불법으로 있는 마음이 불안하다. 이명박 정

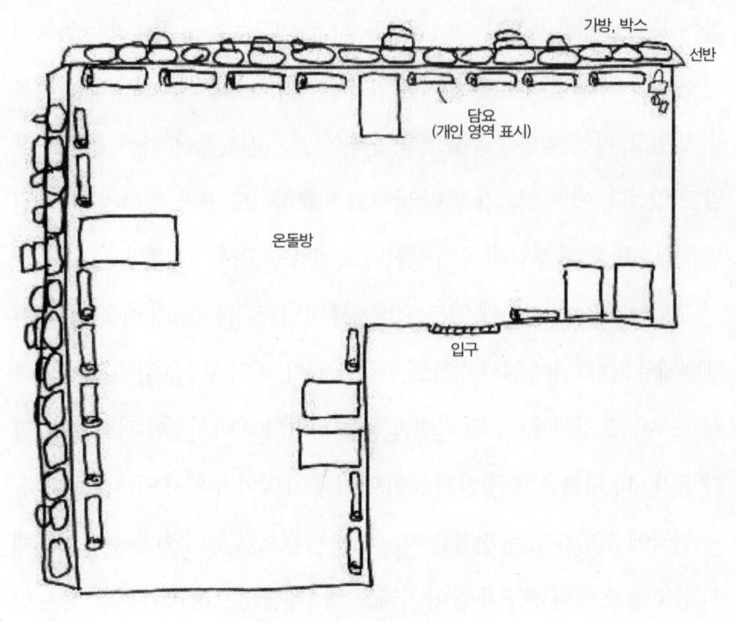

구로에 있는 조선족 쉼터 내부 구조.

부가 들어선 뒤 한국에 와서 9개월 공부를 해야 5년 비자를 받을 수 있게 바뀐 탓에 곤란한 점이 많았다.

전정선 씨에게 한국 목사의 존재감은 컸다. 중국에서는 교회를 다니지 않았지만, 텔레비전 뉴스에 나온 조선족 병원을 보고 찾아왔다가 외국인을 돕는 목사에게 감동받아 기독교인이 됐다. 2007년에는 쉼터 시설이 좋지 않았는데, 그 목사님 덕분에 좋아졌다. 어두운 시절에 많이 탄압받고 감옥까지 갔다 온 분이라면서 아주 깊은 존경과 신뢰를 보냈다.

한국에 온 지 3년 정도 된 아들이 있다. 아들은 공장에서 일한다. 예전에는 공부를 안 해도 5년 비자를 줬다. 그런데 지금은 학비를 내면서 공부를 꼭 해야 하기 때문에 힘들다. 전정선 씨는 조선족들 중 죽은 사람도 많고 장례도 못 치른 사람도 많다고 한숨지었다. 좋은 구경도 하고 돈도 많이 벌어서 중국으로 돌아가자며 서로 북돋우면서 열심히 일하지만 설움이 많다.

가정집 일은 소개소를 통한다. 소개소는 소개비를 받으려고 아무데나 연결해준다. 안 맞는 곳에 보내서 소개비를 되돌려 받으려 하면 시간이 한참 걸려서 애를 먹는다. 좋은 집 가면 밥도 잘 먹으면서 일하는데, 절반 넘는 집이 조선족한테는 다른 밥을 준다. 전정선 씨는 한국이 복잡한 사회기 때문에 그런 차별이 있다고 생각하는 듯했다. 중국은 당도 하나인데 한국은 당도 몇 개고 복잡하다며 웃는다. 조선족이 중국에 살아도 같은 '조선민족'인데 다르게 대해서 서럽다. 조선족도 좋은 사람이 있고 나쁜 사람도 있기 때문에 이해하기는 하지만 많이 서럽다.

중국에서 미술부에 있다가 퇴직한 전정선 씨는 식장에 꽃을 그리는 등 수채화 작업을 많이 했다. 중국에서는 일하기가 훨씬 편했다. 제시간에 퇴근하고, 한국처럼 12시간씩 일하지 않아도 됐다. 그렇지만 이제는 괜찮다. "이제는 익숙해져서 우리나라 같습니다." 한국 지리를 알게 되니 한국살이가 편해졌다. 그런데 서울에서 4년을 살았어도 서울 지리는 거의 몰랐다. 일하느라 다른 곳은 다니지 못했다. 들어온 지 한 달도 안 돼 가정부 일을 시작하고, 주말에는 쉼터에 왔다. 그러고는 아파서 쉼터에 계속 있다 보니 다른 곳을 못 돌아다녔다. 쉼터에 계속 있으니 미안해서 곧 딸과 며느리가 있는 중국에 갈 생각이다.

한마음으로 기도하고, 밥 먹고, 일하고, 하나님 말씀 들으면서 같이 지내다 보니 익숙해지고 편해졌다. 신앙은 전정선 씨에게 큰 힘이었다. 많은 조선족이 돈을 벌어야 하니 감수해야 한다며 마음고생을 심하게 하는데,

그나마 교회를 다니면서 위안을 받는다. 전정선 씨는 좀더 많은 사람들이 목사님에 관해 알고 신앙을 가지면 좋겠다고 말했다. 몰라서 못 오는 사람들이 큰 힘을 받을 수 있다고 확신했다.

전정선 씨가 눈 수술을 두 번 할 때 목사님이 큰 도움을 줬다. 큰 안과 병원에 가서 돈을 하나도 안 내고 수술을 했다. 전정선 씨는 신문에 그 의사를 소개하고 싶다고 했다. 눈병이 재발하자 자기 병원은 기술과 장비가 모자라다며 아산병원을 연결해줬다. 이때는 전정선 씨 돈이 좀 들어갔다. 미국에서 공부한 교수가 마감 수술을 했다. 세 번째 수술을 하고 나니 회복하는 데 시간이 한참 걸리지만 하나님과 목사님 덕에 휴식과 치료를 잘 하고 있었다.

이 쉼터에는 전정선 씨 말고도 신앙에 크게 의지하게 돼 신학대에 다니는 젊은 사람도 있었다. 그 조선족 여성은 쉼터 구석에서 공책에 성경 구절을 열심히 적고 있었다. 쉼터는 큰방에 많은 사람이 같이 생활해서 산만하다. 많은 사람들이 옆 사람하고 이야기하거나 누워 있었다. 이런 환경에서 공부가 쉽지 않을 텐데, 이 여성은 눈을 반짝이며 열중하고 있었다.

종교는 이주자에게 삶의 질서와 활력을 주고 삶의 목표를 설정해준다. 반면 많은 이주자들이 자기 생활은 집과 교회가 전부라고 하는 데서 알 수 있듯이 종교 활동에 열중하다가 결과적으로 사회에서 고립되기도 한다. 이런 점에서 이주자 밀집 지역과 종교 단체는 비슷한 구실을 하고 똑같은 장단점을 지닌다. 종교 단체가 밀집 지역의 핵심이 되는 이유도 활발한 에너지가 집중되는 곳이고 하는 구실이 비슷하기 때문이다. 밀집 지역은 종교 단체의 확장된 형태다.

11장

중국으로 돌아갈까?

돌아가려고 떠난 이들의 떠나오기

떠나기와 돌아가기

"언제 돌아가실 계획이에요?" 내가 만난 모든 조선족에게 인터뷰 끝머리에 한 질문이었다. 중국으로, 고향으로 돌아갈지, 언제 돌아가고 싶은지, 아니면 어디에서 살고 싶은지.

런던, 칭다오, 서울에서 만난 조선족들은 모두 이 질문에 시원하게 대답하지 않았다. 특히 이주한 지 시간이 좀 된 조선족들은 잠깐 생각을 하거나, 씩 웃거나, 난감해했다. "앞일을 어떻게 알겠어요." 돌아갈 수 없는 탈북자들도 마찬가지였다. 북한으로 돌아가기는 아예 불가능해 선택 사항이 아니었지만, 런던보다 더 나은 곳이 있는지 줄곧 기회를 엿보는 듯했다.

떠나온 사람들의 돌아갈 결심은 뒤로 미뤄지기 십상이다. 내가 한국을 떠나 미국에 갈 때, 미국을 떠나 영국에 갈 때, 영국을 떠나 한국에 갈 때도 늘 질문을 받았다. 언제까지 그곳에 있을지, 언제 이곳(질문자가 있는 곳)으로 돌아올지. 한국으로 돌아올 때도 이곳이 내 나라라고 해서 그런 질문이 생략되지는 않았다. 영국의 동료 교수들과 친구들은 물었다. "그래서, 언제까지 한국에 있을 예정이야?" 처음에는 한국에 계속 살 생각이라고 대답했다. 그랬더니 믿지를 않았다. 아니면 농담하지 말라고 했다. 그래서 나도 똑같은 대답을 했다. "앞일을 어떻게 알겠어요." 정말, 어떻게 알겠는가. 박사 과정을 마치고 당연히 한국으로 돌아가려 했다. 경험을 쌓는 게 좋다고 해서 영국에 2~3년만 있다가 한국에 돌아가기로 계획했다. 그 뒤 자리 잡고 살게 되면서 이제 그냥 영국에서 계속 살겠거니 했다. 그런데 갑자기 계기가 생겨 부랴부랴 돌아오게 됐다. 마치 정치인에게 다음 선거에 나갈 테냐고 묻는 질문처럼, 그 답은 상황이 어떻게 바뀔지에 달려 있다.

영국에 사는 한 조선족이 그랬다. 영국에 온 조선족들은 중국에 돌아갈 수 없다고, 중국 공항에 내리는 순간 대기 오염으로 시커먼 하늘을 보면 '이런 데서는 살 수가 없다'고 느낀다고. 그리고 시간이 좀 지나 중국 경제가 부상한 뒤 또 다른 조선족은 그랬다. 중국에 가면 내가 가장 거지라서, 친구들이 다 큰 부자가 돼서 창피해서 갈 수가 없다고.

2011년에 한국에서 만난 조선족들은 돈을 모아 돌아가겠다고 했다. 2014년과 2015년에 만나보니, 이제 안정이 됐다고 했다. 한국 국적을 취득한, 국적을 회복한 사람들도 꽤 됐다. 나이든 조선족들은 자리잡고 살고, 그 사람들의 자녀나 젊은 조선족들은 중국과 한국을 오가며 살고 있었다. 한번 옮긴 사람이 돌아갈 시점을 늦추는 일은 일반적이다. 그렇게 늦추는 동안 도시로 옮긴 조선족, 영국으로 옮긴 조선족, 한국으로 옮긴 조선족은 각자에게 또 다른 가능성을 준다. 다른 가능성을 보는 동안 고향으로 돌아가겠다는 결심은 조금씩 달라진다.

한국에 온 조선족을 귀환자로 봐야 하느냐는 의문이 있었다. 그 의문에서 출발한 연구도 있었다. 시간이 지나면서 조선족 2세대와 3세대가 자기를 한국인으로 규정하는 정도가 한국인이 바라는 만큼은 아니라는 사실을 알게 된 듯하다. 그래서 이 문제는 모호한 채로 남아 있다. 한국에서 국적 회복을 하는 조선족은 공식적으로 예전에 있던 자격, 있어야 마땅한 자격이 없어져서 회복한다는 정당성이 필요하기 때문에 자기를 귀환자로 볼 수도 있다. 조선족처럼 조상 때 이주한 사람들뿐 아니라 이주한 뒤 꽤 오랜 시간을 타지에서 보낸 사람들이 귀환자라 불리지만 '돌아왔다'고 보기에는 그동안 인종적으로 조선인인 조선족과 한국인이 따로 지낸 세월이 길었다.

런던과 서울에 있는 조선족에 견줘 칭다오에 있는 조선족들은 요즘 중국의 위상이 빠르게 올라가고 있어서 굳이 밖으로 나가기보다는 중국에 남아 있는 게 맞는 판단이었다고 생각하는 경향이 있었다. 그래도 고향인 동북 3성으로 돌아갈 생각은 하지 않았다.

돌아가기와 떠나기는 동전의 양면이다. 돈을 벌려고 가족을 두고 떠나올 때는 돌아가기가 떠나기의 목적이다. 돌아가려고 떠난다. 몸은 새로 도착한 곳에 있지만 날마다 돌아갈 곳을 보면서 오늘을 열심히 사는 꼴이다. 이것이 바로 동화 이론이 비판받은 이유이기도 하다. 내 한 부분은 떠나온 곳에 계속 머물러 있기 때문이다. 시간이 지나면서 이주자들은 동일한 집단에서 점점 다양한 길로 나뉘게 된다. 이런 진화를 살펴보면 특히 1세대는 돈을 얼마큼 모았는지, 직업이나 사회적 지위가 돌아갈 때 어떻게 바뀔 수 있는지에 따라서 이민 생활의 성공이나 실패를 판단하게 된다.

떠나온 사람의 성공은 어떻게 정의할 수 있을까. 성공인지 실패인지, 다시 돌아갈지 말지는 어디에 비교하느냐에 따라 다르다. 떠나온 곳에 남아 있는 사람들, 특히 떠날 때 비슷한 여건에 있던 사람들하고 비교할 수도 있고, 비슷하게 옮긴 사람들에 견줘 얼마큼 잘나가는지를 볼 수도 있으며, 도착한 사회에서 어느 정도의 사회적 위상과 경제적 지위를 가지고 있는지에 따라 얘기할 수도 있다.

돌아온 다음에 어떤 모습으로 살 수 있을까. 떠나온 곳에서 누린 경제적 지위에 상관없이 귀환자가 돌아온 곳에 어떻게 다시 적응하고 어떤 존재가 돼 사는지는 또 다른 중요한 주제다. 한국을 떠나 일주일 정도만 외국에 있다 와도 시각이 좀 달라진 느낌을 받는다. 늘 당연하게 여기던 한국식 정서, 자기 동네의 문화, 주위 사람들의 표정이 새롭게 보이기 일쑤다. 몇 년, 몇 십 년을 다른 곳에 살다가 다시 돌아와 보면 돌아왔다기보다는 새로운 환경에 적응한다는 생각이 든다.

조선족은 외국으로 갈 뿐 아니라 중국 안에서도 멀리 뿔뿔이 흩어져 산다. 옌볜 대학교를 다니는 조선족 학생이 점점 줄어든다. 예전처럼 모여서 살려는 노력을 하지 않는다. 한 번만 옮기지 않고 여러 번 옮기는 삶이 일반적이다. 내가 만난 조선족 중 꽤 여러 명이 이미 다른 곳으로 갔다가 다시 옮기기로 인생을 건 결정을 내려서 칭다오, 서울, 런던에 있던 사람들이다. 다른 사람들은 일단 런던, 서울, 칭다오로 옮겨 어느 정도 시간을 보낸 다음 다시 인생을 건 결정을 내리려는 이들이다.

그 결정의 토대가 '지정학적 눈치'다. 지정학적 지식을 깔고 전문적으로 설명할 수는 없지만 조선족들 사이에는 '어디는 요즘 어떻다'고 하는 전세계적 '카더라 네트워크'가 형성돼 있다. 일단 이민자들은 내가 결행한 떠나기가 맞는 판단인지 불안하기 때문에 두 나라의 형편을 늘 비교하게 된다. 조선족은 두 나라뿐 아니라 다른 곳에도 가능성을 열어두는 만큼 범위가 훨씬 넓어진다. 거기에서 도는 얘기는 다름 아니라 조선족이 가서 할 만한 일들이 지닌 전망이다. 국가별 발전 현황과 전망에 기대어 가늠한다.

탈북자들도 이 지정학적 축을 세우고 정보를 공유한다. 조선족보다 더 빨리 공유하는 듯했다. 런던 뉴몰든에서 민박집을 하던 한국인은 한 탈북자를 친절하게 도와준 뒤 곧바로 많은 탈북자들이 몰려와서 깜짝 놀랐다. 런던에 있는 탈북자들 사이에는 또 다른 정보가 돌고 있다. "요즘은 스웨덴이 좋다더라. 그래서 그리로 많이들 간대."

금의환향
— 미루어진 마감과 실패한 꿈 사이에서

고향을, 나라를 떠난 이들은 금의환향의 꿈을 가슴에 간직한다. 비단옷을 입은 듯 번듯한 모습으로 고향에 돌아가고 싶어한다. 금의환향은 돈을 모아가는 길일 수도 있고, 학위 과정을 마치거나 외국 주류 사회에서 지위를 얻는 등 체면이 서는 길일 수도 있다. 그저 며칠 여행이나 출장을 왔다가 가는 사람도 하다못해 멋진 사진이라도 보여주고 싶어한다.

금의환향의 관객인 고향에 남아 있는 사람들은 정작 그렇게 관심이 많지 않다. 여행에서 찍은 사진 보는 일은 고역일 수도 있고, 외국에서 사 온 선물을 받은 뒤 외국에 있다 와서 좋겠다고 말해주고 자기가 갔으면 어떤 성과를 냈을까 상상해보는 정도일 수 있다. 남아 있는 사람들은 가지지 못한 기회기 때문에 부럽거나 시샘이 나 배 아플 수도 있다.

남아 있는 사람들이 실제로 얼마나 눈여겨보는지에 상관없이 떠나온 사람들은 대부분 여간 해서는 금의환향의 꿈에서 자유로워지지 못한다. 새로운 사회로 들어가더라도 고향에 있는 사람들은 여전히 자기를 평가할 준거 집단으로 남아 있기 때문이다. 그 꿈과 강박 관념 때문에 많은 떠난 사람이 무리해서 노력한다. 인정 욕구 때문에, 사회적 사랑을 좀더 받고 싶어서 용을 쓰는 게 요즘 삶이라고 하는데, 이민자, 특히 돌아가기로 한 조선족 이민자는 몇 년 뒤 평가가 마감되는 시점(오랜만에 친지들을 만날 때)이 정해져 있는 셈이다.

떠나온 조선족들에게는 돈이 평가 기준이지만, 내가 런던과 서울에서 만난 조선족들은 생각보다 돈이 모이지 않는다고 얘기했다. 돈을 잘 모으려면 삼박자가 맞아야 한다. 첫째, 떠나온 조선족이 열심히 일해야 하고, 둘째, 보낸 돈을 받은 중국의 가족들이 그 돈을 잘 관리해야 하고, 셋째, 환율이 일정해야 한다. 이 세 가지를 모두 갖추기는 쉽지 않았다.

런던은 물가가 워낙 높으니까 지나칠 정도로 아끼며 살아야 단기간에 목돈을 모을 수 있는데, 그렇게 궁핍하게 사는 삶은 시간이 흐르면서 조금씩 흐트러지기 마련이다. 중국에 있는 가족 생각에 몸 사리지 않고 닥치는 대로 일하면 몇 년 뒤 슬슬 몸에 이상이 온다. 수십 명이 같이 사는 곳에서 욕실을 쓰려고 긴 줄을 서는 일이 싫어지고, 영국 온 지 1년이 넘으면 날마다 보고 지나치던 액세서리 가게에서 기념품이라도 하나 사고 싶다. 1년에 한 번 정도는 가까운 곳에 구경도 가고 싶다.

이민자들은 다 애써서 돈을 모을 듯하지만 타국에서 몇 년간 모든 걸 절제하며 돈을 모으는 사람은 뜻밖에 얼마 안 된다. 절실해 보이는 조선족들도 그렇다. '한국에 있는 조선족들은 노느라 돈 못 모으고, 영국에 있는 조선족들은 도박하느라 돈 못 모은다'는 얘기를 서울과 런던에 있는 조선족들이 똑같이 했다. 말이 통하고 놀 게 많은 한국에서는 노래방이나 술집에 가서 돈을 쓰고, 갈 곳이 별로 없는 영국에서는 술 마시는 펍에서 하는 도박에 빠진다. 임구식(40대·남·가명) 씨는 정도 차이가 있을 뿐 뉴몰든에 있는 조선족의 70~80퍼센트는 기계에 돈 넣고 하는 도박을 한다고 봤다. 어떤 사람은 일도 계속 열심히 하지만 1파운드도 남기지 않고 거기에 돈을 다 쏟아붓기도 한다고 걱정했다.

리성국(50대·남·가명) 씨가 중국을 떠날 때 세운 계획은 이런 게 아니었다. 처음 목표는 영국에서 5년을 일해서 집 한두 채에 가게 하나 살 정도 벌기였다. 이 고생스러운 삶에서 손 털고 나가 가족하고 함께 편하게 살고 싶었다. 그런데 집 한두 채에 가게 하나 살 돈이 생각보다 잘 모이지 않았다. 중국 물가가 계속 올랐고, 모은 돈이 목표치에 겨우 가까워지면 환율 때문에 다시 멀어졌다. 중국에는 일자리가 별로 없다는 소식이 계속 들려서 차라리 이렇게 영국에서 바쁘게 일하는 게 낫지 싶었다. 가족하고 떨어져 사는 삶도 익숙해져서 이제는 할 만하다는 생각이 들었다. 혼자 영국에 온 조선족들은 자기가 돌아가려 애쓰기보다 아이들을 이 선진국으로 데려와 교육을 시킬 궁리를 하게 됐다.

떠나기로 계획한 기간이 채워질 때 목표만큼 벌지 못한 사실을 깨달은 조선족들은 차라리 더 있자고 결심했다. 미뤄진 마감이 실패한 꿈보다 나으니까. 목표가 실현되지 않는 것도 있지만, 시간이 갈수록 목표에 관련된 생각이 달라지기도 했다. 금의환향에서 완전히 자유로워지기는 힘들지만 비단옷의 의미가 달라지거나, 성취하고 나니 또 다른 기회가 보이거나, 고향에 관한 생각이 달라지기도 하고, 고향으로 돌아가는 게 두려워졌다. 이제껏 겨우겨우 여기까지 적응했는데, 그 노력이 아깝다.

박금춘(40대·여·가명) 씨에게 닥친 가장 큰 시련도 꿈이 흔들린 현실이었다. 열심히 돈 벌어 중국 가서 잘살자는 꿈을 안고 살았는데 중국이 빠르게 성장하면서 환상이 다 깨졌다. 남들도 같은 꿈을 꿀 때는 방도 따로 없이 부엌에서 지내는 삶도 견딜 수 있다. 자랑스럽게 얘기할 거리가 되기 때문이다. 이제 어떻게 하나 싶었다. 모아둔 돈이 너무 보잘것없어졌다. 아이를 맡기고 일을 하려니 돈도 많이 들었다. 여러 가지로 만만치 않자 '내가 왜 여기서 이러고 살고 있나?' 하는 회의가 들고, 자기가 한 희생과 자기 인생을 다시 생각하게 되면서 만사가 귀찮아졌다.

박금춘 씨에게 영주권은 중국으로 갈 수 있는 자유를 뜻했다. 그밖에는 사실 신분이 뭔가를 보장해주거나 뚜렷하게 달라지는 점도 별로 없었다. 신분 때문에 고생하는 다른 조선족들도 신분을 받은 가장 큰 이점으로 중국을 방문하고 싶을 때 방문할 수 있다는 점을 꼽았다. 그렇지만 박금춘 씨의 고향 방문은 아름답게 끝나지 않았다. 생각보다 달라진 가족들, 발전한 중국 때문에 자기가 오히려 더 초라해 보였다. 왜 이 고생을 했을까 하는 회의가 그 뒤에 기다렸다. 시간이 지나면서 주변에 허리띠를 졸라매는 사람들이 점점 줄어들자 여럿이 비좁게 사는 방이 아니라 무리하라도 혼자 살 만한 방을 얻으려 노력하게 됐다.

이주자들에게 계층 상승과 금의환향의 꿈은 정말 중요하다. 열심히 일해서 어느 정도 꿈을 이루는 사람들도 많다. 이주자들이 빈곤 통계에 몰려 있다는 보도가 나오는데, 반만 맞는 얘기다. 돈을 모아 경제적으로 나아지는 사람들이 있고, 새 이주자가 들어와 허드렛일을 시작하면서 그 빈곤의 자리를 채우기 때문이다. 어떻게 보면 꿈을 못 이루는 게 아니라 꿈을 향한 갈증이 습관이 된다. 세상에 기회는 얼마든지 있어서 자기가 익숙한 곳을 벗어나 눈을 돌리면 한정이 없다. 모르고 살 때는 그만이지만, 알고 나서는 조금 더 나은 곳이 있지 않을까, 좀더 큰 목표를 달성할 수 있지 않을까 해서 계속 찾아다니게 된다.

"가도 문제예요"
— 영국살이에 익숙해진 떠나온 이들

중국을 떠난 지 3년 반 됐고 가족을 무척 그리워하는 리성국 씨에게 물었다. "중국에 빨리 돌아가고 싶겠어요. 언제 가실 거예요?" 잠깐 감상에 젖은 표정이 현실로 돌아오듯 바뀌더니, 아직 돈을 더 벌어야 해서 4~5년 정도 더 일할 생각이라고 했다. 거의 9년을 가족하고 떨어져 산다는 계획이었다. '아직'은 인터뷰 때마다 중국으로 돌아갈 계획을 물으면 가장 많이 나오는 말이다.

외로움과 두려움이 생각보다 훨씬 커서 영국행을 후회한 남해화(50대·여·가명) 씨는 친정어머니에게 울면서 선언했다. "딱 본전만 하면 갈게." 뉴몰든에 온 지 6년이 넘은 딸에게 친정어머니는 놀린다. "이미 본전 했을 텐데 왜 안 오냐." 남해화 씨는 이제는 영국에 사는 게 많이 편안해졌다고, 돈을 좀더 벌어서 가고 싶다고 웃으며 말했다. 겉으로 보기에도 몇 년 전보다 훨씬 여유 있고 예뻐졌다.

이제 가야겠다고 말하면 중국에 있는 가족들은 내년에 들 목돈 얘기를 슬그머니 꺼내며 더 있기를 권하기도 했다. 남편은 원칙적으로는 이제 오라고 하지만, 자식들도 결혼시켜야 하고 돈 쓸 일이 많다는 얘기를 하다 좀더 있기로 합의하면서 통화를 끝낸다.

> 여기서는 자유롭고 한 달에 2000파운드(한국 돈 400만 원 정도)를 버는데, 중국에 가서 내가 어떻게 벌겠어요? 그래서 가도 문제예요.

일이 정말 바빠서 갈까 하는 생각도 잘 못한다고 했다. 이 이유도 클 듯하다. 어딘가로 옮기는 결정은 삶을 좌우하는 큰 문제다. 확실하게 좋은 조건이 있어도 날마다 살아내는 일이 버거워 그런 큰 결정을 내리기 힘들다.

가족을 두고 온 아픔 때문에 멀리 날아가는 비행기만 봐도 눈물 흘리던 임구식 씨는 2년이 흐르니 비행기를 봐도 아무 느낌이 없다고 했다. 가족들을 잊고 살지는 않는 듯하다. 어떤 의미에서는 더 애틋하다. 남해화 씨도 여전히 가족이 보고 싶어 명절 때 조선족들끼리 모여 만두를 빚어 먹으며 울기도 한다. 그래도 당장 돌아간다는 얘기는 아니다. 먼 곳에서 애틋한 마음을 품는 데 익숙해지고 편안해졌다는 뜻이다.

외국에 산다는 사실이 중국 사회에서 누리는 프리미엄도 좋았다. 제대로 된 절차를 밟아 오지 못하고 가족하고도 떨어져 지내야 하지만, 중국에 사는 가족이나 친구들이 잘 모르는 선진국에서 살아가는 삶은 뭔가 특별한 의미를 지녔다. 친구들이 외국 가서 사니 좋겠다고 부러워한다고 우희팔(50대·남·가명) 씨는 기분 좋게 말했다. 처음에는 중국에서 익숙한 일들에 견주며 새로 접하는 영국 사회와 런던의 특징을 불평했다. 그렇지만 시간이 지나면서 이해되지 않던 영국 사회의 장점을 알게 된다. 길 가는 사람을 배려하는 운전자에 감동받은 경험처럼, 중국에서 익숙하던 일들이 이제는 좀 창피하기도 하다. 영국에 정이 많이 들어서 떠나면 정말 섭섭하고 생각이 많이 날 듯하다고 했다.

가족, 친구, 중국 사회는 큰 그리움의 대상이기도 하지만, 먼 거리에서 보니 예전보다 객관적이고 냉정하게 다가가게 된다. 일을 정말 많이 하는 이 조선족들은 치열한 삶 속에서 강해졌다. 그리고 그런 삶이 익숙하고 자랑스러운 듯했다. 많은 이들이 중국에 남아 있는 배우자들, 특히 남편에게 무척 비판적이었다. 나이도 많지 않은데 일손을 놓고 빈둥거렸다. 돈이 문제가 아니라 패기도 없고 야망도 없는 사람으로 느껴지기 때문이었다.

리경옥 씨는 영국에 온 뒤 4년 동안은 해마다 중국에 갔다. 중국을 떠나 지낸 기간이 길지 않아서 여기와 저기의 삶이 다르다는 느낌을 강하게 받지는 않았다. 혼자니까 비수기에 갈 수 있었다. 결혼 전이라 부모님 말고 인사할 곳이 별로 없었다. 이래저래 돈이 많이 안 들었다. 결혼 뒤에는 비자가 끊기니 아무데도 갈 수 없었다.

비자를 받고 나서 2007년에 다시 갔다. 지금은 아이들 방학 때만 가야 해서 늘 성수기에 비행기를 탄다. 큰딸을 데리고 갔는데, 8년 만의 중국행이었다. 리경옥 씨는 그제야 자기가 중국에 살 때는 철이 없었고 진짜 사회생활은 영국에서 시작한 사실을 깨달았다. 영국이 중국보다 더 익숙했다. 중국이 그립고 중국에 가고 싶었는데, 가보니 이제는 자기가 바뀌어 있었다. 사고방식도 생활양식도 바뀌어 있으니 중국에 잠깐 가 있는데도 적응이 되지 않았다. 와서 살라고 하면 못살 듯했다. 부모님 보는 일 말고는 굳이 미련이 없었다.

그렇게 중국에 다녀온 뒤 미련은 없어지고 아이들 데리고 영국에서 사는 삶이 익숙해졌다. 더 가고 싶다는 생각도 안 하고 살았다. 작정하고 옮겨온 게 아니고 돈 벌러 나왔다가 어찌어찌하다 보니 못 가게 됐는데, 뜻밖에 돌아갈 생각이 없어졌다. 영국이 좋아서 온 것도 아니고 영국에서 아이를 낳아 잘살자는 목표도 없었다. 돈 좀 더 벌자고 있다가 어쩌다 보니 아이도 생겼다. 미리 계획한 일은 하나도 없었다. 지금 생각하면 주위에서 많은 도움을 받았다. 영국이라는 나라보다는 확장된 조선족 공동체가 큰 도움이 됐다. 중국에 있는 조선족 공동체하고는 어느새 멀어져 있었다.

탈북자는 일단 돌아갈 곳이 없다. 북한에 돌아갈 수 없으니 한국을 생각하기도 하지만, 영국살이에 익숙해지려는 노력이 훨씬 더 치열하다. 런던에서 만난 탈북자들은 그래서 주인 의식이 있어 보였다. 뉴몰든이라는 지역 사회에 책임감을 갖고 있었고, '영국에 사는 나'를 자연스럽게 받아들였다. 북한에 돌아갈 수는 없지만, 한국에 있다가 온 사람들이 많아 비교 대상이나 돌아갈 후보지로 한국을 얘기했다.

탈북자 이점순 씨는 한국이 아니라 영국에 있으니 다른 사람들 눈치보지 않아서 좋다. 한국에 있을 때는 경쟁심이 있었다. 런던에 오니 일단은 안정되고 눈치볼 게 없다. 학교에 가도 작은 집에 살든 큰 집에 살든 상관없으니 좋다. 한국에서는 빨리 돈 벌어 임대 주택을 벗어나야 했다. 임대 주택 애들끼리 따로 놀고 같은 평수 애들끼리 따로 논다는 말에 스트레스를 받았다. 한국에서는 옷차림에도 신경이 쓰였는데 지금은 그냥 다녀도 돼서 정말 편하고 좋다고 했다.

그렇다고 영국에 온 뒤 경쟁에서 자유로워지지는 않았다. 높은 교육열에 어느새 영향을 많이 받아 한국에서는 돈이 없어 못하던 일을 해보려 하고 있었다. 명품 학교로 아이들을 옮길까 생각 중이었다. 그 학교를 다니는 아이들은 어느 학원을 다니고 무슨 레슨을 받는지를 서로 묻는다. 한국 학생이 70~80퍼센트인데, 한국 애들 때문에 영국 학생들도 학원에 다니거나 과외를 한다. 선행 학습을 받는 아이들이 점점 많아진다는 얘기도 하면서, 이점순 씨는 여전히 한국 사람들 사이의 경쟁을 의식하고 있었다. 그러면서도 한국에 가고 싶기도 하다.

> 가끔 한국에 가고 싶기도 해요. 사람이 그렇지 않아요? 내가 북한은 못 가는 것이고, (한국이) 고향이랑 비슷한 곳이니까 가고는 싶은데……. 그래도 여기가 편해요. 한국에 편안하게 가서 좀 쉬다가 오고 싶다는 생각은 있지만, 살러 가고 싶지는 않아요.

영국 시민권을 받은 북한 사람은 한국에 가끔 간다. 재미있게도 한국에 여행 가서 성형도 하고 뱃살 제거도 하고 온다. 뱃살 제거 하러 한국에 놀러가는 영국 시민이 된 탈북자라니.

떠난 곳으로 돌아가기가 문제가 되는 상황에는 좋아진 노동 조건도 한몫했다. 떠나온 사람이 새로운 장소에 적응하기도 했지만 세월이 흐르면서 런던 한국인 사회도 조선족에게 호의적으로 바뀌었다. 조선족의 신분이 몇 년 사이에 많이 달라졌다고 조선족과 한국인들이 입을 모아 얘기했다. 한 조선족은 이렇게 말했다.

> 지금은 이 뉴몰든에, 아마 한국 식당이나 한국 가게에서 조선족이 빠지면 안 돌아갈 거예요. 왜냐면 이제 투입이 된 사람이 너무 많아서 그렇죠. 이제는 (한국인과 조선족 사이에) 임금 차이도 안 나요.

합법 신분을 받은 사람들도 많으니까 당당하게 온다. 예전에는 법에 따라 줘야 하는 휴일을 안 줬는데 이제는 준다. 조선족이 요구하기도 하고, 그렇게 해서라도 사람을 찾지 않으면 일할 사람이 없기 때문이다. 심지어 한국에 있는 조선족에게 노동 허가권을 줘 데려오기도 한다. 이런 상황이라 조선족들이 지금은 당당하게 일한다. 조선족과 한국 사람들 사이에 신뢰도 쌓였다. 상대방의 특징을 파악하고 어떤 사람들인지 알고 나서는 연결감이 생겼다. 그렇게 이해하고 나니 일은 별문제가 안 된다.

런던에 어느 정도 정착한 조선족들은 이제 직접 식당, 민박집, 이삿짐센터를 차리기도 하고, '돈을 조금 더 주고 덜 까다로운' 비한인 가정을 소개받아 가기도 한다. 한국인들을 징검다리 삼아 더 멀리 가고 있다.

"여기는 자유가 있다"
— '왔다갔다'가 몸에 밴 서울 조선족

나이들면 중국의 넓은 집에서 편하게 살고 싶다는 바람은 한결같았다. 불법 이민자나 편법을 써 얻은 신분으로 살아가는 삶, 무엇보다 '남의 땅'에서 남의 돈 벌어먹고 살면서 느끼는 소외감과 긴장에서 '언젠가는' 벗어나고 싶어했다. 저 말 뒤에 덧붙이는 말이 재미있다. 중국으로 돌아간 뒤 중국에 계속 있기는 싫고, 가기 쉬운 한국에 가서 중국과 한국을 왔다갔다하면서 사는 게 미래의 소망이라고 했다. 그러니까 나이들어서는 편안한 나그네 삶을 누리고 싶다는 얘기였다. 한번 떠나본 사람들은 공통된 모습을 보였다. 나중에 나이들어서 왔다갔다하고 싶다는 말도 똑같았다. 서울에 사는 조선족 김철수 씨는 말했다.

> 뭐, 왔다갔다하면 돼요. 지금도 왔다갔다하는데, 자주는 못 가요. 두려운 건 한국에 나온 지 오래되다 보니, 중국에 가면 너무 생소하죠. 사실 중국도 그사이 너무 많이 바뀌었고, 그래서 가면 우리가 외국인 같아요. 사업을 하려고 해도 처음부터 다시 시작해야 하는 상황이라서, 다시 돌아가기도 무서워요. 그리고 한국에서 사는 것이 이제 익숙해졌어요.

김철수 씨는 중국에 다시 갔을 때 많이 놀랐다. 중국이 그렇게 빨리 발전할지는 몰랐다. 그래도 한국에 온 결정을 후회한 적은 없고, 지금도 한국에 잘 왔다고 생각한다. 일단 돈을 많이 벌었고, 사회 활동도 꽤 했기 때문이다.

이렇게 많은 조선족은 '왔다갔다'족이었다. 어느 조선족이 한 말마따나 고생해 돈 좀 벌어서 중국 가고 중국에서 돈 떨어져 뭐 좀 해야겠다 싶으면 다시 떠나는 식이다. 세계 여러 나라를 전전하게 된다. 특히 한국과 중국을 오가는 조선족이 많은데, 중국에서 가깝고 말이 통하는 곳이면서 제도상 또는 편법으로 오는 길이 많이 열려 있기 때문이다.

외국에 나갔다가 중국으로 돌아간 사람도 중국과 한국을 오가는 왔다갔다족이 되기 쉽다. 처음에는 몇 년 바짝 돈을 모아서 간다고 했지만 대부분 기간이 길어지면서 자기 관리를 하기 힘들어진다. 혼자 있으면 외롭고, 돈 관리나 몸 관리도 안 돼서 잘 아프다. 그러다 보니 대부분 돈을 못 벌고, 그래서 생각보다 더 오래 머무는 사람들이 있다.

빨리 중국으로 돌아가는 조선족은 옌볜에 집 2채 정도 사놓은 사람들이다. 이 사람들도 가서 문제에 부딪친다. 런던에서 받는 임금이 중국에서 받는 임금보다 아직은 훨씬 많아서 일할 마음이 사라진다. 중국 노동자가 받는 한 달 임금이 200~300파운드(한국 돈 40~60만 원)다. 런던에서는 한 달에 1500파운드(한국 돈 300만 원)는 번다. 이것저것 빼도 1000파운드(한국 돈 200만 원)는 남는다. 중국에 돌아가 돈을 벌어도 돈이 돈처럼 안 보이니까 돈을 못 번다. 일자리도 별로 없으니 벌어놓은 돈을 다 쓰면 한국에 간다. 벌어놓은 돈이 바닥나면 다른 나라로 간다.

서울에서 입주 육아 도우미로 살아가는 오정희 씨도 왔다갔다를 어렴풋이 꿈꾸고 있었다. 5년 비자를 갖고 있는데, 5년이 지나면 어떻게 할 생각이냐고 묻자 잘 모르겠다고 했다. 한국 법이 자주 바뀌기 때문에 어떻게 될지 알 수 없어서 더 모르겠단다. 지금 5년 비자로 바꾼 사람들에게 5년 비자를 또 준다는 말도 있는데, 5년 더 연장할 수 있다면 연장하려 한다.

아들도 한국으로 데려올까 생각 중이다. 고등학교를 다니는 아들이 대학에 안 간다고 하니 와서 돈이나 벌라고 할 참이다.

입주 육아 도우미는 힘들었다. 한국 아이들은 장난감도 많고 부모가 다 챙겨주니까 키우기가 더 힘들다. 중국 애들은 자기가 알아서 자고 먹고 해서 키우기가 쉬운데 한국 아이들은 다 갖춰줘야 해서 힘들다. 그렇지만 오정희 씨는 대체로 만족했다. 한국이 쇠고기와 게가 비싼 점 말고는 중국에 견줘 아쉬운 일이 없다. 친구들도 다 대림동, 신림동, 신도림 등 서울에 산다. 대림동 조선족 시장에도 자주 안 간다.

오정희 씨는 60세가 될 때까지는 있어야 할 듯하다. 일할 수 있을 때까지는 일해야 하기 때문이다. 몸만 따라주면 일할 생각이다. 서울을 떠나고 싶지 않다는 말도 했다. 지방은 촌구석 같아 가기 싫다. 공기는 좋지만 일하기 힘들어 싫다. 지방 쪽은 여자들 일자리가 별로 없어서 더 안 좋다. 중국을 완전히 떠날 수는 없다. 아들이 중국에 있기 때문이다. 중국에 다시 가면 먹을 것 실컷 먹고, 살 것 사고, 일 적게 하니 좋다. 명절에도 1~2주 정도 쉰다. 중국에 살다가 한국에 와서 일할 생각을 하면 몸서리가 쳐진다고 했다.

그런데도 돈은 벌어야지 하다 보면 오정희 씨는 다시 한국으로 와야겠다고 생각한다. 한국은 일하는 시간이 길어서 힘들지만, 돈 벌기에는 더 좋다. 한국 국적을 따는 과정이 매우 복잡하지만 앞으로 시도할 생각이다. 한국에 있는 조선족의 70~80퍼센트가 국적 딸 생각 없이 중국에 간다고, 집에 돌아가 다시 안 온다고 하지만, 오정희 씨는 믿을 수 없다고 말한다.

불법 체류를 하던 김만국 씨는 이제 합법 신분이 됐으니 당당하게 중국과 한국을 왔다갔다할 생각이다. 한국은 같은 말을 쓰고 환경도 깨끗해서 살기 좋다. 10년 만에 중국에 가니 마음은 편했지만 지저분하고 마음에 안 드는 구석이 많았다. 많은 조선족들, 자기 나라를 떠나 외국에서 오래 산 사람들에게서 자주 들은 이야기다.

문제도 있다. 한국 음식이 여전히 입에 맞지 않는다. 직접 해먹는 게 더 낫다. 이제는 중국 식당이 여럿 생겨서 살기 좋아졌다. 그래도 한국에서 다녀본 곳이 많지는 않다. 단순한 일과가 보여주듯이 일하러 다니기만 했다. 친구들 만나 가끔 술을 마실 뿐 놀러가지는 않는다. 주위에 친척이나 동창들도 많다. 지금은 가족하고 함께 있어서 자주 만나지 않지만 혼자 살 때는 틈나면 모였다.

한국살이에 익숙해지고 가족하고 같이 살게 되면서 저축이 줄었다. 한국에서 돈 벌어 한국에서 다 쓴다. 김만국 씨가 친구들하고 지내기는 중국이 낫다. 한국에서는 돈을 많이 버는 만큼 계속 쓰게 된다. 나고 자란 곳을 떠나면 불안해서 그런 듯하다. 중국에서 정년퇴직을 한 덕에 죽을 때까지 계속 돈이 나온다. 중국에 없어도 나온다. 아파트 집세도 나오니까 여유가 있는 편이다. 딸은 지금 영등포시장에 있는 컴퓨터 학원을 다닌다. 집주인은 어떠냐고 물었다. "같이 늙어가고 괜찮습니다." 여유로워 보였다. 김만국 씨는 지금 다세대 주택 1층에서 부인하고 함께 산다.

한국 생활을 좋게 얘기한 뒤에 여기 계속 살고 싶은지 묻자 완전히 그렇다고 하지는 않았다. 아직도 모른다, 5년 지나봐야 알 듯하다고 했다. 떠난 뒤 계속 한쪽 발만 담근 채 '한번 보자'는 태도였다. 주변에 영국, 미국, 일본으로 가는 사람들도 많다. 중국에 있을 때 김만국 씨는 브로커에게 돈을 주기 싫어 안 갔다고 했다. 그 돈 가지고 한국에서 사는 편이 낫다고 봤다. 돈 욕심 있는 사람들은 한국보다 더 많이 벌 수 있다니까 갔는데,

김만국 씨는 큰 부담이 없으니 힘들면 쉬면서 슬슬 살겠다고 했다. 그러면서도 부인이 같이 일하니까 중국에 아파트를 한 채 더 사려고 생각 중이다. 중국에도 한발 걸쳐놓았고, 계속 그 한발을 의식한다.

중국에 아내와 아이들이 있는데 한국에 애인을 두고, 그야말로 돈 벌기와 가족 관계에서 두 집 살림을 하는 사례도 있었다. 합법과 불법 신분을 오가던 박계인 씨는 몇 년 동안 지내면서 정이 들고 말도 편해서 계속 한국에 있고 싶다. 이제 한국에 익숙해져서 중국 생활에 적응하기 힘들지 싶다. 박계인 씨에게 한국의 장점을 물었다.

> 여기는 자유가 있죠. 말할 권리도 있고. 중국은 공산당이 있어서 나쁘게 말하면 안 되고, 말조심해야 해요. 자본주의랑 공산주의 나라는 정말 달라요. 여기서는 자유롭게 말할 수도 있지만, 중국에서는 못해요.

단점은 중국 사람을 깔보는 한국 사람들 태도다. 아무것도 없는 한국 사람도 조선족을 깔본다. 일을 하다보면 대놓고 깔보는데 대응할 방법이 없어서 그냥 참는다. 한국 사람이랑 친한 친구가 되기가 힘들고 말도 많이 안 한다. 막노동하는 사람들은 밥 먹고 바로 일하는데다 일도 힘들기 때문에 말을 거의 안 한다. 아내는 애들하고 같이 살고 있다. 십 몇 년을 혼자 살면서 중국에 한 번도 못 갔다. 그 시간이 무척 힘들었고, 인터뷰하던 때 한국에 애인이 있었다. 지금 중국에 들어가면 할 일도 딱히 없고 살기 힘들다고 했다.

박계인 씨는 다른 곳보다 구로와 대림에 같은 조선족 사람들, 아는 사람들이 많아서 외롭지 않아 좋다고 했다. 다른 곳에는 아는 사람도 없는데다 한국 사람들하고 대화도 못하니 외롭다. 한국 사람들은 이 동네에 살고 싶어하지 않을 듯하다는 말도 했다. 조선족들이 나가면 이 동네는 망하고 다 헐어버려야 한다고 봤다. 여럿이 살기에는 방이 작아서 불편하다는 말도 했다. 박계인 씨가 사는 방은 보증금 500만 원에 월세 20만 원이다. 부인과 아이들이 사는 중국 집은 서울 집보다 훨씬 더 여유롭고 호사스럽다. 그래도 중국에 완전히 정착하기에는 한국에 일궈놓은 게 아까운 듯했다. 가족도 못 본 채 한국에서 힘들게 번 돈, 중국에서 경험하지 못한 정치적 자유, 구로 지역에 만든 네트워크, 애인까지.

어디에서 살지 저울질할 때 기준이 꼭 거주 조건이나 재산 정도는 아니다. '그곳에 만든 관계'를 생각할 때 중요한 점은 관계가 있는 '상태'만이 아니라 그 관계를 일군 역사, 과거의 자기를 향한 애착이기도 하다. 환경이 깨끗해서, 정치적 자유가 있어서, 사람들이 열심히 일하는 모습이 좋아서, 놀거리가 많아서 한국이 좋다고 할 때, 그 말은 그 안에 있는 자기 모습이 마음에 들었다는 뜻이다. 아니면 그런 요소들이 다른 사람의 사랑과 인정을 받을 뭔가를 자기에게 줬다는 뜻이다.

김철수 씨의 '왔다갔다'는 진행 중이었다. 지린 성에 살 때 김철수 씨는 교사고 아내는 시립 병원 간호사여서 사는 형편은 괜찮았다. 아이가 생기니까 생활비가 더 필요하기도 했고, 미국이나 영국, 일본, 한국 등으로 다른 조선족들이 많이 가니까 마음이 동했다. 영국에 아는 사람이 있지만 언어 때문에 갈 엄두를 못 내 한국으로 왔다. 주변에 한국에 간 조선족이 여럿 있었고, 한국에서 돈 벌면 차이가 많이 나서 결심했다.

김철수 씨는 친척이 없어서 정상적인 방법으로 올 수는 없었다. 1997년에 브로커를 거쳐 1500~1600만 원 정도 들여서 15일짜리 단기 비자로 들어와 불법 체류를 시작했다. 브로커에게 준 돈을 1년 6개월 정도에 갚고 3~4년쯤 머물자고 생각했는데, 10년 넘게 한국에 남아 있었다. 온 지 3일 만에 프레스 일을 하다가 사고를 당해서 오른손이 절단되고 4개월쯤 뒤에 중국으로 돌아갔다. 산재 처리도 제대로 안 되고 보상도 못 받아서 원한을 많이 품고 갔다. 그 뒤 종양이 생겨서 계속 아팠다. 2000년 6월에 다시 수술 받으러 3개월 비자로 들어왔고, 그때는 산재 처리가 돼 수술을 받을 수 있었다.

그렇게 지내다 보니 한국이 편하고 좋아서, 비자가 만료된 뒤 불법 체류자 신분이지만 정착하기로 결심했다. 일자리가 필요했는데 장애가 있으니 받아주는 곳이 없었다. 노숙도 하고 교회 시설에 들어가 살기도 했다. 우연한 기회에 마음에 드는 가게를 찾았다. 돈이 없어 다른 사람 명의로 가게를 시작해 빌린 돈을 갚으면서 장사를 했다. 그 가게를 1년 동안 했는데, 싸우는 사람 때문에 경찰이 올까봐 가장 무서웠다. 경찰이 와 주인에게 신분증을 달라고 하면 불법 체류자라는 사실이 들통나니까 싸움꾼들을 빨리 내쫓고 가게 문을 닫았다. 어떤 때는 2~3일씩 셔터 내리고 눈치보면서 3년 넘게 장사를 했다.

브로커는 못하는 일이 없었다. 김철수 씨가 가게를 시작할 때 간병인으로 아내와 아이를 초청했다. 거동이 많이 불편한 사람만 되기 때문에 팔만 아픈 김철수 씨는 거절당했다. 그렇지만 1000만 원을 주고 다시 브로커를 거쳐 초청할 수 있었다. 그 덕에 다른 많은 조선족들하고 다르게 김철수 씨 가족은 함께 지낼 수 있었다.

길을 가다가 운전자의 잘못으로 차에 치어도 불법 체류자라 무조건 도망가야 했다. 불법 체류자라고 쫓아내도, 성폭행을 당해도 빚을 갚으려면 참고 가만히 있어야 했다. 출입국관리사무소에서 폭력을 당해도 중국으로 돌아가는 사태만은 피해야 했다. 중국에서 일해서 그 빚을 갚을 수는 없기 때문이었다. 그래서 정말 돌아가야 하는 상황이 되면 깊은 원한을 품게 됐다.

3년 동안 장사하다가 불법 체류자를 합법으로 바꿔주는 정책이 나와서 김철수 씨는 일할 수 있는 신분을 갖게 됐다. 밀입국자도 신분을 바꿔줬다. 3년 동안 번 돈으로 투자자 비자를 받아 중국에 왔다갔다할 수 있었다. 지금은 한국에서 번 돈으로 투자를 할 수 없어서 중국에서 돈을 가져오는 투자자 신분으로 일하고 있다.

처음에는 성남에 있는 조선족 교회로 갔다. 인권 문제가 있을 때 도와주는 교회가 있다고 누가 귀띔을 했다. 그 뒤 독산동에도 교회가 들어서 그곳에 다니며 독실한 신자가 됐다. 외국인 등록증은 독산동에 있을 때 받았다. 쪽방이 많아 지방에서 온 한국 사람들이 많이 묵었다. 방이 싸고 언제든 뺄 수 있어서 불법 체류자들에게도 좋은 곳이었다. 보증금이 50~100만 원 정도라 갑자기 단속에 걸리면 버리고 가도 크게 아깝지 않았다. 독산고개는 전철역에서 떨어져 있어 단속도 많이 하지 않는다.

합법으로 신분이 바뀌면서 교통이 좋은 전철역 근처나 주거 환경이 나은 곳으로 이사했다. 독산동에는 노인들만 남고 사람도 줄어서 장사가 점점 더 안 됐다. 3년 동안 찾아 골라 간 곳이 대림동이었다. 한국인도 가끔 오지만 전통 중국 음식이라 중국 사람이 많이 온다. 독산동은 한국인이건 조선족이건 할 것 없이 주머니 사정이 어려운 이나 신용 불량자가 많았는데, 대림동은 사정이 좀 낫다. 사업도 더 잘되고 생활도 더 편리하다. 지금은 중국 물건이 없는 게 없다. 그래서 여기서 살기가 편하다.

산전수전 다 겪은 김철수 씨도 한국과 중국을 둘 다 쥐고 있었다. 내가 미국과 영국에서 살았다는 얘기를 듣고는 그 두 나라에 사는 조선족들의 삶은 어떤지 물었다. 어떤 가능성을 아직 염두에 두고 있다는 듯이.

인터뷰 중에 조선족들이 가장 눈을 반짝거린 순간은 다른 곳에 사는 조선족들 얘기가 나올 때다. 다른 곳에 사는 조선족들이 어떻게 돈을 버는지, 어떤 집에서 살고 있는지를 궁금해했다. 한마디로 그곳으로 한번 옮겨볼까 생각했다. 이동은 아직도 진행 중이다. 이동하고 정착해서 '왔다갔다' 하는 흐름(적어도 그 후보지)의 지리적 범위도 계속 넓어지고 있다.

12장

남의 땅 나의 삶

나그네는 한 나라에 머물지 않는다

역마살
— 나그네 삶의 정체성

"한번 외국에서 살면, 계속 외국으로 돌아다니는 것 같아요." 리성국 씨가 말했다. 이 말은 지난 몇 년 동안 이민자 연구가 새로 집중하는 주제인 '이동의 결과적 자기 강화'의 핵심이다. 세계화의 과정이자 결과로서 사람들의 이동이 잦아질 뿐 아니라 반복된다.

내 친구는 어릴 적부터 아버지 일 때문에 평균 6년마다 국제 이사를 해야 했는데, 이제 한 나라에서 6년 살면 떠나야 할 듯해 불안하다고 농반진반으로 얘기했다. 그때는 설마 그럴 수야 있을까 했는데, 나중에 내가 사는 나라를 바꾸고 난 뒤 주위에서 비슷한 사람들을 보니 그 말이 그렇게 과장은 아니라는 사실을 알게 됐다.

세계적으로 봐도 이동이 많아지고 일인당 평균 이동 거리도 증가했다. 한 가지 놓치면 안 될 점은 이동과 이주를 '상대적 이동'이자 '관계 속의 이동'으로 본다는 사실이다. 이동의 시대라고 하지만 어떤 절대 기준이 있다기보다는 이동이 늘어나서 붙은 이름이다. 만약 대부분의 사람이 늘, 많이, 빠르게 이동하며 산다면 상대적으로 적게 이동하는 사람들은 상대적으로 느리고 멈춰 있는 셈이 된다. 또한 다른 나라로 가는 이주는 이동을 해본 개인이 반복해서 이동하는 현상으로 나타난다. 이런 현상은 엘리트층이거나 생계를 위해 이동하는 저개발국 이주자들에게 공통으로 나타난다. 그리고 그런 사람들에게 어느 정도의 이동은 삶의 방식으로 자리잡는다.

이민자 연구를 접하는 사람들이 많이 묻는 질문이 있다. 왜 비슷한 환경에서 누구는 이동하고 누구는 이동하지 않을까? 이민자 연구 이론은 이민이 일어나는 이유를 설명하려 애썼다. 이 의문은 여전히 핵심에 놓여 있지만, 그런 과정의 경제적 조건과 정치적 상황, 이민 노동 정책, 심리 메커니즘을 따라가는 문제도 중요하다는 공감대가 이민자 연구자들 사이에 형성됐다.

요즘처럼 많은 나라의 젊은이들이 일자리를 구하기 힘들 때, 자기 나라나 도시에서만 직업을 찾지 않고 한 번도 가보지 않은 나라에서 기회를 찾으려는 이들을 쉽게 볼 수 있다. 지리적으로 활동 무대가 넓어진데다 노동시장도 유연해졌다. 고용주는 단기간 동안 한 프로젝트에 일할 사람이 필요하고, 피고용자는 조금 일을 해보는 방식도 큰 타격이 아니게 됐다.

이 노마드 시대의 심리, 이 시대의 정치는 어떻게 나타날까? 말 타고 들판을 떠돌던 유목민처럼 산다는 얘기일까? 집시처럼 반은 예술가고 반은 밀려서 떠돌다가 가끔 도둑질도 하는 소수 인종처럼 산다는 걸까? 어느 정도는 맞는 얘기다. 다만 가장 큰 차이점이 있다면 네트워크의 형태다. 유목민과 집시는 집단이 이동을 계속한 반면 지금의 이주자들은 개인, 가족, 집단이 다른 시기에 떠나고 합쳐지다가 또 헤어지는 식이다. 그리고 사람들을 묶어주는 의사소통 체계는 전기 통신망이다.

또 하나 다른 사실은 이동의 중개자와 정착의 중개자가 세계적으로 확대된 점이다. 브로커를 거쳐 다른 나라에 간다는 사실이 알려져서 이미지를 나쁘게 하는 데 한몫했지만, 조선족은 그런 사실을 알리고 싶어하지 않는다. 그런데 조선족뿐 아니라 합법 통로로 비자를 받지 못하는 사람들이 이동할 수 있게 해주는 중개자, 곧 브로커의 활동 무대가 얼마나 넓고 깊은지 대부분의 사람들은 상상하지 못한다. 더 중요한 사실은 그 중개자들의 네트워크가 세계적 규모라는 점이다.

사회의 네트워크가 지닌 힘도 강해졌다. 개척자 한 사람의 경험이 네트워크를 거쳐 전파되면 금세 큰 흐름이 형성된다. 유학생 한 명이 혼자 외따로 떨어져 외국의 한 대학에서 공부한 경험이 주위 사람들에게 알려져 후배들이 또 그 학교와 그 과에 지원하는 모습을 흔하게 볼 수 있다. 공식 정보는 아니지만 아는 사람의 경험을 거쳐 들어오는 정보가 강력하기 때문이다. 그런 네트워크를 거쳐 사람들 사이에 이동의 쏠림이 생긴다. 전세계에 일자리를 광고한다고 해서 그런 흐름이 생기지는 않는다. 먼저 간 형이나 친구에게 얘기를 듣고서 그곳으로 가보기로 한다. 여기에는 통신 기술의 발전이 크게 기여했다. 요즘은 특히 소셜 네트워크 서비스를 거쳐 소소한 일상도 함께 나누는데, 그저 말과 글이 아니라 사진과 동영상을 거의 실시간 공유하는 경험은 나도 저곳에 가볼까 하는 생각을 불러일으킨다.

역마살은 그런 과정이 반복되면서 나타난다. 떠나고 적응하려고 발버둥치는 일은 꽤나 심리적 요동이 많은 과정이어서 그런 일을 겪으면 삶의 역동성 자체가 정체성의 일부가 된다. 그래서 중독성이 꽤 있다. 이 이동의 심리적 측면을 보는 문제가 중요한 이유는 요즘 사회과학이 깨달은 일상의 중요성 때문이다. 한번 외국으로 떠나본 사람은 그런 삶이 꼭 좋아서 반복한다기보다는 많은 망설임 끝에 결과적으로 그렇게 돼버린다고나 할까. 내가 다시는 이렇게 사서 고생하지 않겠다고 씩씩대며 후회하지만 조금 지나고 나면 비행기를 탈 기회가 있는지 자연스럽게 쳐다본다.

세계화는 사람들의 역마살을 부추긴다. 달리 보면 세계화는 역마살 자체다. 자본의 역마살, 물건의 역마살, 사람의 역마살, 정책의 역마살이 세계화 현상이다. 조선족들은 이 역마살을 먼저 시작한 선두 주자다. 조선족이 특별한 존재라서 그런 게 아니라, 조상이 멀리 이동해 소수 민족으로 살면서 정체돼 있던 초국가주의와 다중 정체성이 중국과 한국의 관계가 변화하고 중국의 위상이 바뀌면서 자본의 이동이라는 지정학적 환경이 달라지자 폭발적으로 발전한 때문이었다. 이 다중 정체성은 각 정체성이 같은 결로 차곡차곡 쌓인 결과물이라기보다는 일종의 혼재에 가깝다.

공간의 세계화는 경험이 중요하기 때문에 한번 경험한 사람들은 그런 기회가 존재한다는 사실을 알게 되며, 이 학습 효과는 다른 기회를 찾는 행동으로 이끈다. 조선족들을 보면 사이판, 미국, 한국에 있다가 중국으로 돌아간 뒤 다시 브로커를 찾아온 사람도 많고, 한국에서 중국으로 일단 가지만 일본, 미국, 한국행을 시도하고 싶다는 사람도 많았다. 브라질에 살다가 미국을 거쳐 한국으로 오는 사람도 있다. 그러는 중에 중국으로 돌아갈 날짜는 조금씩 뒤로 밀렸다. 중국이 빠르게 발전하고, 이주 동기도 조금씩 바뀌고, 궁극적으로 그 조선족들이 변한 때문이었다. '국제적 나그네'가 주된 정체성으로 자리잡았다.

지정학적 나그네
— 강하고 독하고 실용적인 조선족

조선족이 나그네가 된 이유는 존재 자체가 무척 지정학적이기 때문이다. 조상들이 중국으로, 좀더 정확하게 말하면 북쪽으로 이주한 뒤 국경이 생겨 많은 경우 뜻하지 않게 중국에 적을 두고 살게 됐다. 남북 분단도 그 뒤에 벌어진 사건이라 '조선'에서 간 조선족은 나라도 갈리고, 중국과 북한 사이와 중국과 한국 사이의 한가운데 있게 된다. 중국과 북한은 왕래가 자유로운 반면 중국과 한국은 그렇지 않았는데, 중국이 개혁과 개방을 하면서 한-중 수교를 비롯해 해외여행이 자유로워지자 조선족들은 물 만난 고기처럼 세계 여러 곳으로 퍼져 나갔다.

중국에 살면서 소수 민족으로 박해받지 않았다고 조선족은 한결같이 얘기한다. 한 자녀 정책에서도 예외를 인정받아 두 명까지 낳을 수 있었고, 대학 갈 때도 혜택을 봤다. 자기는 중국인이라는 뚜렷한 정체성을 지닌 조선족도 많았다. 그런데도 '중국은 키워준 엄마'라는 어느 조선족의 표현처럼 낳아준 엄마 같은 '내 나라'는 아니기 때문에 떠나는 발걸음이 좀 가볍지 않았을까. 그리고 중국과 북한을 왔다갔다하는 삶에 진작 익숙해진 덕에, 중국과 한국, 심지어 한국과 북한(특히 런던 같은 경우)을 잇는 중간자 구실, 무역을 중개하고 통역을 하는 중간 관리자 자리가 자연스럽지 않았을까.

한국, 중국, 북한 사이에서 긴장 속에 있던 존재인 조선족은 다시 변화에 맞춰 크게 움직인다. 요즘 일어나는 지정학적 변화의 핵심은 중국의 경제 성장이다. 세 도시에 사는 조선족들은 한목소리로 지난 몇 년 사이에 세계를 놀라게 한 중국의 성장에 관해 이야기했다. 떠나온 곳에서 일어난 변화가 그곳으로 돌아갈까 하는 고민에 큰 영향을 끼치기 때문이다.

물가가 크게 올라서 모아둔 돈의 가치가 형편없이 떨어졌다. 이제 중국에 가서 번 돈을 영국으로 부치는 기러기 가장이 있을 정도다. 중국이 미국을 위협하는 미래의 강대국으로 성큼 떠오르면서 조선족들이 더 잘사는 나라로 옮긴 프리미엄이 떨어졌다. 중국이 빠르게 성장하면서 물가와 평균 생활 수준도 그만큼 빨리 높아지기 때문에 '목돈'의 정의가 달라진다. 그래서 외국에 나와 있는 조선족이 달려가 곧 종착점에 도달할 듯할 때 종착점은 더 멀어진다. 국제 사회의 화폐 질서가 변하면서 노력의 결과가 크게 바뀐다. 3년 전에는 1파운드(한국 돈 2000원 정도)면 중국에서 쇠고기 2근 정도를 살 수 있었는데 지금은 500그램 정도로 줄었다고 한 조선족은 한숨지었다.

1970년대에 미국으로 이민한 한국 사람들도 그랬다. 한국이 이렇게 빠르게 성장할 줄 몰랐다. 한국이 미국만큼 잘살게 되지는 않았지만, 별로 희망이 없어 보이던 모국이 빠르게 성장한 결과 한국에 남은 가족, 친지, 친구들이 번듯한 직장을 다니며 대접받고 살게 됐다. 미국에 도착해 한국에 살 때 매던 넥타이를 던져버리고 청소, 세탁소, 공사장 일을 열심히 해 아이들 키우고 집도 사서 보람 있다고 생각했는데, 어느 날 보니 한국에 있는 친구들은 이름난 대기업 부장도 되고 정부 일에도 관여하는 등 잘나가고 있었다.

한국은 영어를 하는 능력과 미국살이에 관한 환상이 있어서 미국에 살고 있다는 사실만으로 보상이 좀 됐다. 그런데 중국에서 영어가 지니는 후광은 아직 크지 않다. 오히려 중국 밖에서 중국어를 가르칠 수 있는 능력이 중요해지고 있다. 많은 사람들이 중국어를 배우고 싶어 달려드는 시대기 때문이다.

김만호 씨는 구로동과 가리봉동에서 식당을 하면서 독하게 일했다. 베이징에 집을 샀는데, 그 집이 지금 2배로 뛰었다. 그 뒤 2년 동안 놀다가 친구들이 사는 가리봉동에서 가게를 인수해 어머니하고 같이 살고 있다. 중국으로 돌아갈 생각이 없냐고 묻자 전혀 없다고 답했다. 한국은 무엇보다 복지와 노후 대책이 좋다. 젊을 때 연금이나 보험을 들어놓으면 노후 대책도 되기 때문에 한국에서 계속 살고 싶다. 한편으로는 산둥에도 공기 좋은 곳에 4층짜리 집을 사놨다.

그런데 중국으로 갈 수 없다고 생각하는 이유는 다른 데 있었다.

중국에서는 살 수가 없어요. 오래 떠나 있어서 친구도 없고, 나랑 가까이 있는 사람들은 돈이 너무 많아서 내가 갖고 있는 걸로는 비교도 안 되거든요. 중국에는 돈 많은 사람들은 정말 많아요. 주식, 땅 개발하면서 받은 돈 등 여러 가지로 번 사람들이에요.

김만호 씨는 한국에 온 덕에 중국에 남아 있는 친구들에 견줘 잘살게 되지는 못했다. 오히려 친구들이 너무 잘나가게 됐다. "만약에 집에 있었으면, 남부럽게 지금 친구들처럼 될 수도 있었을 겁니다. 그러나 지금은 후회하는 것은 없어요." 중국이 급성장한 때문이었다. 원래 중국에서도 못사는 편은 아니었지만 친구들하고 비교가 돼서 중국에 더 안 가게 됐다. 부자 친구들 중에는 조선족도 있고 한족도 있다. 중국에서 잘나가면 한 달에 1만 위안 넘게 버는데, 그러면 굳이 한국에 안 나온다. 객지에 나와 설움받을 이유가 없기 때문이다.

조선족은 중국, 한국, 북한하고 얽힌 지정학적으로 예민한 존재인데다 세계 경제에서 중국이 차지하는 지위가 빠르게 변하면서 위상이 크게 흔들렸다. 리경옥 씨는 지금은 영국으로 들어오는 사람이 거의 없다고 했다. 무엇보다 중국 물가가 너무 올라서 굳이 외국에 나가서 벌 필요가 없다고 느낀다. 1990년대 초반부터 2005년 정도까지 조선족들이 돈 벌러 외국에 많이 나갔다. 외국 바람이 불었다는 말이다. 그때 집중적으로 나온 사람들이 지금은 그곳에 정착하거나 다시 중국에 들어가거나 하는데, 새롭게 나오는 사람은 없다.

조선족을 만나면서 참 쿨하다고 느꼈다. 실용적으로 판단하고 포기할 일은 과감히 포기해버렸다. 리경옥 씨가 한 포기도 그런 맥락에서 이해가 됐다. 자기하고 비슷한 나이의 조선족이 돈 벌러 안 나가고 지금껏 중국에 산다면 그이는 '살아남은 사람'이라고 리경옥 씨는 말했다. 돈도 별로 못 버는데 사람대접까지 못 받으면서 굳이 낯선 외국에 나갈 필요가 없기 때문이다.

> 내가 처음 나왔을 때는 8000파운드(한국 돈 1600만 원)만 벌어서 중국에 집 산다고 했는데, 지금은 턱도 없어요. 돈이 너무 값이 오르니까 굳이 고생하면서 나올 필요가 없는 거예요. 차이가 많이 나야 고생을 해도 나오는데, 이제는 안 나오는 거죠. 2000년대 초만 해도 외국에 나와서 돈 벌어 간 사람은 재벌 소리는 못 들어도 부자 소리는 들었는데, 지금은 턱도 없어요. 외국에서 들어갈 사람들이 거지지, 거기서 사는 사람들이랑 상대가 안 돼요.

이제는 8만 파운드(한국 돈 1억 6000만 원)를 벌어서 중국에 들어가도 모자란다. 집 사고, 애들 봐줘야 하고, 일자리를 찾을 수 없으니 작은 가게라도 하려면 그 정도 갖고도 안 된다. 8만 파운드를 모으려면 너무 힘드니까 꿈을 깨는 수밖에 없다. 리경옥 씨는 요즘은 마음을 비우려 노력 중이다. 예전에는 이 정도 벌면 중국에 집도 살 수 있다며 좋아했지만 지금은 영국에 계속 살자고 생각한다.

리경옥 씨는 자기가 이민 1세대라고 했다. 잠깐 머물다 가는 임시 이민자가 아니라 2세나 3세를 생각한다는 뜻이다. 조선족 이민 1세대라서 고생한다고 했다. 한국 사람들도 재벌이 아닌 다음에야 1세대는 고생을 많이 하지 않았겠느냐고 물었다. 1세대가 고생하면 2세대는 팔자가 핀다고 했다. 2세대는 영국에서 나고 자란 만큼 좀 낫겠지 기대하면서 자기 운명을 받아들이는 듯했다.

신앙생활이 리경옥 씨가 포기하는 데 도움을 줬다. 그러니 쉬웠다. 오늘 먹는 것으로 족하고, 시작은 남들보다 초라할지 모르지만 똑같이 교육받으면서 자라며, 부모가 물질적으로 주는 건 없지만 신앙 속에서 함께하면서 아이들에게 더 많은 기회가 주어진다고 생각했다. 그러면 아이들 세대는 삶이 좀 나아지지 않을까 기대했다. "우리는 광야 시대지. 너희들의 앞날을 위해 뿌려지기만 하는 시대지."

로스앤젤레스에서 만난 50대의 한 조선족 여성은 조선족의 특징에 관해 이렇게 얘기했다. 어릴 적 기억에 중국 조선족이 북한을 드나들면서 북한의 자기 그릇 등을 가져와 중국에 팔았다고 한다. 그렇게 나라와 나라를 잇는 생활양식이 자연스러운 삶의 일부였다고, 조선족은 그렇게 살았다고 했다. 그 여성과 옆에 앉은 다른 조선족 여성은 웃으면서 조선족은 강하고, 독하고, 실용적이라는 얘기도 덧붙였다.

중간자 사례에서 많이 나타나는 특성이 실용성이다. 또한 이민자나 이주자의 특성이기도 하다. 어떤 가치와 명예를 추구하기보다는 살아남기 위한 전략에 크게 신경쓴다. 두 가지 이상의 장소와 문화를 넘나들면서 살려면 유연성이 필요하고, 때에 따라서는 자기가 놓인 상황에 따라 지혜롭게 처세해야 한다.

중간자는 이쪽과 저쪽을 연결해줘서 둘 다 아는 듯하지만 결국 배척당하기 쉽다. 안정기에 들어서거나 관계가 유지되지 않아 중간자가 별로 필요 없어지거나 둘 사이의 갈등이 고조되면, 가장 먼저 다치는 쪽은 중간 매개자, 곧 조정자다. 대부분 중간자를 끝까지 믿지는 않기 때문에 중간자가 하는 구실이 크게 필요한 때가 아니면 과연 내 편일까 하는 의심의 눈초리를 받게 된다.

떠도는 사람들은 이렇게 사회 안전망이 불안하지만 사실 중간 매개만 하지는 않는다. 중간자로 사는 사람들의 네트워크가 꽤나 폭넓게 퍼져 있기 때문이다. 이런 사람들은 서로 알아본다. 이쪽 사람을 만날 때나 저쪽 사람을 만날 때나 어느 정도는 있던 거리감이 떠도는 사람들 사이에서는 비로소 줄어든다.

"적응하는 수밖에 없다"
— 이동의 시대를 살아가는 중간자들

구일 씨가 하는 이야기에는 조선족을 둘러싼 현기증 나는 상황에 관한 고민이 깊이 묻어났다. 이런 사회 변화에 대처하는 방법을 배운 적도 없었다. 아버지 세대는 농사만 지었다. 그래서 아버지에게 배운 것도 없다. '지금 이게 답'이라고 찾은 것도 없어서 생각만 많이 하게 된다. 구일 씨는 아들이 '나는 조선족'이라는 자긍심을 지닐 수 있을지 모르겠다고 염려했다.

1990년대까지는 중국에 사는 소수 민족 중에서 조선족이 소질도 많고 생활 능력도 좋았다. 심지어 한족보다 뛰어났다. 그런데 지금은 아니란다. 쓰기, 놀기, 먹기를 즐기기 때문이다. 한족은 10위안(2013년 기준으로 1820원)을 벌면 9위안은 저축하고 1위안을 썼다. 예전에 한족들은 남이 돈이 있다고 하면 벌벌 떨었다. 그렇지만 조선족은 안 그런다는 게 구일 씨 설명이다. 1위안 벌어놓고 10위안 벌었다고 자랑하는 식이다. 놀기 좋아하고 먹기 좋아하고 남한테 과시하려 한다.

예전에는 현지 한족들에게 겉으로는 안 그래도 속으로는 '나는 너보다 높아'라고 생각하고 살았는데, 지금은 비참하다고 했다. 현지인은 앉아서 집을 3~4채 얻는데 조선족들은 한국에서 일하고 와 집 1~2채 살까 말까 하는 변화된 환경이 비참함의 연원이었다. 조선족이 몰려 있는 동북 3성도 부동산 가격이 올랐지만 개발이 늦어 칭다오에 비교가 되지 않았다. 칭다오 청양구에 집을 산 조선족과 한국 사람이 꽤 있지만, 지방 정부가 많이 홀대한다고 했다. 지방 경제에서 큰 힘을 갖고 있어도 호구가 없기 때문에 국가가 주는 기본 혜택을 못 받고 손해를 본다. 몸이 아파도 자기 고향에 가야 하는 식이다.

고향은 희망이 안 보이니 가지 않고 버텨본다. 그렇지만 임시 호구를 가진다고 해도 의료 보험을 들기도 힘들고 국가가 주는 혜택도 다르다. 외지인은 집 2채 이상을 살 수 없고 공공 부문에서도 차별받는다. 이렇게 출발이 다른 셈이라 잘살 수 있는 가능성에서 차이가 날 수밖에 없다. 변화가 심한 중국에 사는 많은 사람들은 이 정책도 곧 바뀐다고 생각은 하는 듯했다. 그렇지만 언제 바뀔지 모른다는 사실이 공통된 절망이었다.

호구제에 관련해 불만이 많기는 하지만 구일 씨는 외국 사람에게 똑같이 대해준 중국 정부가 고맙다. 소수 민족을 보호하려고 한 가족 한 자녀 정책에서도 예외를 둬 55개 소수 민족은 아이를 둘까지 가질 수 있다. 한족이 아이 2명을 낳으면 벌금을 많이 냈다. 옌볜 자치주는 조선족이 아이를 둘 낳으면 심지어 보조금을 준다. 자치주가 되려면 특정 소수 민족이 전체 인구에서 차지하는 비율이 40퍼센트는 돼야 하는데, 지금은 안 된다.

그래서 조선족을 모으려고 보조금까지 준다.

구일 씨는 물었다. "예를 들어 서울 살다가 인천 가서 살면 인천 사람이 되는 것 아닙니까?" 중국에서는 세금도 많이 내면서 평생 임시로 살고 있는 셈이라고 했다. '이게 사회주의'라고 비판했다. 자본주의가 좋은지는 모르지만 선진국은 사회복지가 무척 잘돼 있다는 말도 들었다. 소학교에서 배울 때는 중국만 좋고 다른 나라는 나쁜 줄 알았는데, 자꾸 외국 소식을 들으니까 외국 제도가 훨씬 좋다는 사실을 알게 됐다.

그전에 구일 씨도 한국에 간 적이 있었다. 2번 왔다갔다. 2년 전에는 부부 동반으로 관광하러, 그전에는 일하러 갈까 살피러 왔다. 일하러 갈까 했는데, 생각하던 모습하고 너무 달랐다. 한국은 다 좋고 잘살고 돈 잘 버는 줄 알았는데, 막상 가려고 하니 힘들어 보였다. 처음 관광하러 갈 때만 해도 한국 정부가 조선족 입국을 허가했다. 외국인 등록증이 나와서 불법이 아니었다. 그런데 그 뒤 3달만 넘으면 불법이 되는 식으로 바뀌고 일을 해도 정당한 권리를 누릴 수 없게 됐다. 나쁜 사장들은 그런 약점을 악용한다는 사실도 알게 됐다. 칭다오에서는 사장이 한국인이라도 중국 땅이니까 진짜 험하게 굴지는 않았다.

어떤 조선족들은 고향으로 돌아가기도 했다. 다시 농사짓는다고 가는 사람들이 있었다. 예전에 중국 정부가 준 땅에서 농사를 지으면 1년 벌어도 한국에서 받는 1달 월급도 안 되니까 남들 땅 맡아서 크게 짓는다. 떠난 사람들이 놀리는 땅을 맡아서 농사를 짓는다.

그렇게 돌아가도 예전 같지는 않았다. 구일 씨는 한 달에 1만 위안(한국 돈 180만 원) 정도는 써야 한다. 애가 둘이라 이것저것 쓰면 1만 위안 정도 된다. 능력이 있어서 마음껏 쓰는 정도는 아니다. 예전에는 한 달에

1000위안 정도 썼다. 생활 수준도 높아지고, 물가가 4~5년 동안 말도 못하게 올랐다.

> 예전만 해도 내 나름대로 이 정도는 중산층이라고 생각했는데, 지금 생각하니까, 지금은 예전보다 훨씬 잘 벌지만, 남들이랑 비교해보면, 남보다 훨씬 떨어지는 것 같아요. 소비 분배(격차)가 너무 심해요.

못사는 사람을 도와주기는커녕 중국 관료들은 자기 배 채우기에 급급하다. 예전보다 많이 좋아지기는 했지만 빈부 격차는 더 벌어졌다. 구일 씨는 간단히 설명했다. "백성들이 두 개가 좋아졌다고 하면, 관리들은 100개가 좋아졌어요."

주위에 있는 조선족 친구들은 대부분 부부가 같이 한국으로 갔다. 아이들은 조부모에게 맡기고 부부가 함께 간다. 구일 씨는 안타까워했다. 지금은 조선족 사회가 다 무너졌기 때문이다.

> 한국 사람이나 북한 사람이나 밖에 나와서 그 문화를 유지한 것은 우리 중국 조선족들 밖에 없었거든요. 조선족 학교 다니고, 자기 말, 풍속, 문화를 유지하면서 산 건 우리 중국 조선족들뿐인데, 요즘 갑자기 확 무너지니까 안타까워요. 우리 아들도 조선족이라는 개념이 거의 없어요. 하지만 내가 어떻게 할 수도 없고, 참 안타까워요.

구일 씨 아들은 한족 학교를 다니고 있었다. 칭다오에 조선족 학교가 한두 개 있기는 하지만, 사립인데다 교육의 질도 좀 떨어지는 등 문제가 많아 보내지 못했다. 대학 입학 시험을 칠 때도 정책이 어떻게 바뀔지 몰라서 불안했다.

부부가 떨어져 지내다가 결국 이혼하는 사람을 구일 씨는 많이 봤다. 조부모에게 맡겨 키운 자식은 100퍼센트 망한다는 말도 했다. 부모 밑에서 자라도 잘할까 말까 하는데, 멀리 떨어져 살면서 송금만 하니까 아이는 돈만 쓸 줄 아는 개망나니가 된다고 했다. 주위에 이런 사람들 보면 자식 망가지게 하면서 돈을 벌고 싶을까 싶다. 1980년대나 1990년대에는 격차가 커서 돈을 벌어오면 여기서 잘산다는 말을 들었지만 그것도 옛날 말이지 지금은 그렇지 않다며 한국행 회의론을 폈다. 거기(한국)서 버나 여기(중국)서 좀더 열심히 버나 거의 비슷하다고 봤다.

이미 나간 사람들은 그런 현실을 알면서도 돌아오지 않는다. 구일 씨는 그 이유를 이렇게 설명했다. 무엇보다 다시 들어와 농사를 지을 수 없다. 시골에 가면 시설도 그렇고 모든 게 어설프기 때문이다. 한국에 가서 몇 억씩 번 사람들도 있지만, 10명 중 6명은 돈도 못 벌고 빚만 진 사람들이다. 한국에서 1억 정도 벌면 많이 번 셈인데, 인민폐로 하면 50만 위안(한국돈 9000만 원) 정도 된다. 그 돈으로 이제 집도 못 산다. 물가가 많이 오른 탓이다. 예전에는 그렇게 돈 벌어와서 집 한두 채 정도는 샀지만 지금은 못 산다. 그래서 문제가 된다. 중국에 와서 자리잡고 뭘 할 수도 없고, 만만한 식당 하다가 망한 사람이 많다.

구일 씨 처남도 한국에서 5~6년 돈 벌고 중국에 돌아와 식당을 3~4년 했다. 그런데 다 쏟아붓고 다시 한국에 갔다. 50만 위안을 벌어도 몇 년 지나면 다 쓴다. 돈을 쓰려고 해도 벌면서 써야지 그대로 놀면서 쓰면 금세 바닥난다. 젊을 때는 20~30만 위안만 벌어오면 평생 먹고살 수 있을 줄 알았다. 그런데 상황이 이렇게 바뀔 줄은 몰랐다. 지금은 20~30만 위안 정도는 1~2년이면 흔적도 없이 사라진다. 중국에서 할 일도 딱히 없으니 어쩔 수 없이 또 한국으로 간다. 막노동을 하거나 공장 다니면서 하루에 12시간 정도 일한다.

한국은 노동 강도가 진짜 심하다고 구일 씨는 비판했다. 한국에 간 친구들은 새벽 6시에 나가서 1~2시간 걸려 멀리 일하러 가서 깜깜해진 뒤에야 집에 온다. 여가 시간도 없고, 심지어 돈 번다고 일요일에도 안 쉬고 일한다. 최저 임금만 받지만 8시간 지나면 그나마 야간 수당을 줘 한 달에 200만 원 정도 번다고 한다. 처음에는 150만 원 정도고, 몇 년 일하면 220만 원 정도 되는 모양이다.

쉬운 길이 없어진 셈이다. 앞으로 어떻게 또 바뀔지 모를 일이다. 사업을 크게 해서 잘된 조선족도 많은데, 대개 가까운 친척이나 친구들을 관리자로 두고 있다. 구일 씨도 처남을 관리자로 둔 가족 기업을 운영한다. 기업 규모가 어느 정도 되면 조직화가 되겠지만, 아직은 가족 기업이 많다. 칭다오에서 성공한 사람들도 가족 기업이 대세다. 큰 기업이 나타나려면 좀더 기다려야 한다고, 이름 있는 조선족은 아직 없다고 한다.

한국 기업에서 일하다가 나와 자기 사업을 하는 조선족이 늘어나고 있다. 대리 운전자나 도우미도 많이 생긴다. 한국 사람들이 가사 도우미를 주로 고용하는데, 돈 있는 조선족들도 따라 한다. 도우미를 고용하는 조선족은 예전에도 있었지만, 그때는 평등주의가 지배하던 시절이라 좀 쑥스러워했다. 지금은 자연스럽게 받아들인다.

조선족이 자기 사업을 많이 하는 분야는 액세서리, 봉제, 목재 등이다. 구일 씨는 액자 만드는 일을 하는데, 경쟁 기업이 별로 없다. 예전에는 여럿 있었지만 지금은 베트남으로 많이 빠져나갔다.

구일 씨는 앞으로 어떻게 할지 계속 생각 중이다. 무서울 정도로 사회가 바뀌고 있기 때문이다. 이제 마흔 살이 넘고 두 아이가 있는데, 앞으로 어떻게 벌어먹고 살고 어떻게 변해야 할지 모르겠다. 지난 10년 사이에 정말 말도 안 되게 바뀌어서, 그런 변화가 앞으로 어느 정도까지 나아갈지 알 수도 없다. 주춤하기도 할 듯하고 더 심해질 듯도 하다. 변화를 어떻게 바라볼지, 앞으로 어떻게 바뀌어 그 변화에 대처해야 할지 모르겠다.

조선족이 건설적으로 살고 있지 않다는 현실이 구일 씨는 안타깝다. 조선족의 삶이 점점 더 힘들어지고 있는 만큼 훌륭한 지도자가 필요하다. 정말 똑똑한 사람이 나타나서 '조선족들은 이렇게 살면 안 된다. 한국에 가더라도 돈 벌어서 흐지부지 쓰지 말고 모아서 뭐라도 하자'고 말하는 사람 말이다. 구일 씨는 그런 사람도 안 보이고 그런 문화도 없다며 아쉬워했다. 그저 한국 가서 돈 벌어 식당이나 하려 한다고 비판했다. 이러다 조선족 사회가 무너질 수 있다고, 다음 세대에 가면 무너진다고 한숨지었다.

구일 씨는 집에서 중국말을 못 쓰게 한다. 그렇지만 구일 씨가 없을 때는 아내와 아이가 중국말을 쓰는 모양이다. 아빠가 하는 한국말을 이해하지 못해서 뭐라고 하면, 아이는 엄마에게 달려가 무슨 말인지 물어본다. 구일 씨가 혼자 막기에는 역부족이다.

> 우리 클 때만 해도 부락이 형성돼서 조선족만 살고, 말도 조선말을 하고, 학교도 조선족 학교도 다니고 했는데, 지금은 안 되니까……. 내가 주변 환경을 변화시킬 수 없으니 할 수 없이 적응하는 수밖에 없어요.

조선족은 옛날부터 떠돌이 삶이었다고 구일 씨는 추억했다. 아버지는 일제가 강요하는 부역에 끌려다니기가 너무 싫어서 만주로 갔다. 만주에 가면 땅도 많고 일만 하면 배불리 먹을 수 있다고 들었다. 그때 건너온 사람들이 많았다. 이미 세상을 떠난 아버지는 아직도 한국에 호적이 있다. 아버지가 만주에 온 뒤 중국이 해방되면서 만주도 중국 땅이 됐다. 그때만 해도 사회주의가 형성되는 과정이라 호적도 없었다. 1949년에 중국이 해방된 뒤 토지 개혁이 진행될 때 땅을 받으면서 정착했다. 건너온 사람들은 그렇게 1980년대까지 지내다가 개혁 개방이 되면서 뿔뿔이 흩어졌다. 조선 민족은 많이 떠돌아다니기도 하고 다혈질이라 한곳에 가만히 못 있고 설치는 듯하다고 구일 씨는 푸념했다.

떠돌이 삶의 슬픔이 몇몇 조선족의 표정에서 나타났다. 더 많은 조선족들은 무표정한 얼굴로 원래 삶은 그런 것이라는 태도를 보였다. 떠돌아다니기는 공허감을 가져다준다. 이런 텅 빈 허전함은 현대 사회를 살아가는 사람들의 특징이다. 지리적 이동, 사회적 이동, 직업적 이동 같은 변화 속에서 생존해야 하는 우리들의 정서다.

호텔 커피숍에서 만난 어느 기업인은 드물게 성공한 조선족이었다. 확신에 넘치면서 겸손한 태도로 사업 얘기를 하고 다른 조선족들이 하는 돈벌이 일화도 들려줬다. 악착같이 돈 버는 조선족들 얘기를 하다가 갑자기 침울해지더니 이렇게 고백한다.

> 조선족은 불안하고 불행한 사람들 같아요. 중국이 딱히 내 나라도 아니고, 한국도 아니고, 북한도 아니고……. 그래서 돈 벌어서 자기만의 왕국을 건설하려는 것 같아요.

이 얘기를 듣는 순간, 내가 만난 그 많은 이주자들, 지나치게 실용적이라서 때로는 기회주의적이고 비굴한 모습으로 비치다가도 강하고 독하게 살아남는 사람들이 다시 한 번 이해가 됐다. 떠나온 곳으로 돌아가도 돌아간 게 아니어서 유일하게 믿을 수 있는 자기만의 왕국을 건설하려는 사람들 말이다. 부유하는 존재가 지니는 '뿌리 없음'의 공허감은 세계화 때문에 지리적인 뿌리내림이 흔들린 개인적 삶이 보여주는 특징이다. 이 나그네가 한 말이 이주자의 얘기만은 아니다.

13장

떠남

이동과 흐름과 불안의 공간

조선족은 롤 모델도 연민의 대상도 아니다. 다문화 시대인 만큼 조선족을 잘 이해해서 포용해야 한다고들 생각하지만, 내가 이 책을 쓴 가장 중요한 목적은 아니었다. 여기에서 조선족은 '이동의 시대를 살아내는 사람들'을 표상한다. 중국 동북 3성에 살던 조선족이 런던, 서울, 칭다오로 옮겨가고, 살아남느라 고생하며, 구차한 편법을 쓰고, 정체성을 고민하는 모습을 그리려 했다. 떠나서 살아남으려 노력하는 사람은 누구든지 그럴 수 있다고, 지금 우리 사회는 이미 그런 모습으로 살고 있다고, 그 방향으로 가고 있다고 얘기하고 싶었다. 세계 곳곳을 누비며 여러 장소에서 사는 멋있는 모습을 지닌 사람들도 이 책에 나오는 조선족들하고 별로 다르지 않다. 앞으로 더욱더 그렇게 될 테니, 조선족들 안에서 벌어지는 몸부림을 이해하면 자기와 타인의 모습을 좀더 쉽게 이해할 수 있다.

내내 이동을 하지는 않더라도 개인이 태어나고 자란 곳의 지정학적 존재와 사회적 분위기가 그 사람을 형성하듯, 다른 곳에서 살기 위해 장소를 바꾸는 이주는 개인의 형성 과정에서 큰 획을 긋는다. 인천에서 태어나 서울로, 부산으로, 다시 서울로 이주한 내 삶도 있던 장소에 따라 분류할 수 있다. 부산에서 12년을 살았지만 고향으로 돌아가는 날을 해마다 계획하고 꿈꾸던 아버지 덕분에, 나는 집 안에서 부산말을 쓰지도 못하고 늘 내년에는 정말 이사하는 줄 알았다. 어정쩡한 이주자로 살았다.

내가 대학교에 들어간 1989년에 한국에서도 국제 이동이 대중화되기 시작했다. 해외여행 자유화 조치가 시행됐다. 1983년부터 대한민국 정부는 50세 이상 국민에게만 200만 원을 1년 동안 예치하는 조건으로 일회성 관광 여권을 발급하고 있었다. 해외여행 전면 자유화 시대가 열리면서 1989년에만 대학생 100만여 명이 해외로 나갔고, 배낭여행이 유행하기 시작했다.• 방학이 끝나고 나면 외국에 다녀온 몇몇 친구들은 시각이 넓어졌다는 말을 자랑스럽게 했다. 이따금 어학연수를 가는 친구들도 보였다. 그래도 돈 많은 소수 특권층이나 하는 일로 여겼다.

• 국가기록원, 〈더 넓은 세계를 경험하다〉, http://theme.archives.go.kr/next/koreaOfRecord/globalTravel.do(2015년 7월 4일 확인).

대학원에서 석사를 마치던 1993년에 짧은 이주인 유학이 대중화됐다. 박사 과정을 밟으려고 미국에 가는 사람들이 부쩍 많아졌다. 나도 그중 한 명이었다. 돈이 없어도 조교 자리가 있는 학과에서 박사 과정을 할 수 있다는 사실을 많은 이들이 알게 됐고, 여러 곳에 지원한 뒤 부부가 함께 유학을 떠나 미국의 동부와 서부에 멀리 떨어져 사는 일도 장학금 기회와 미래의 가능성을 생각해 마다하지 않았다. 아이들과 엄마는 미국에 살고 아빠는 한국에서 돈을 보내는 기러기 가족이 늘고 있다는 얘기를 듣고 봤으며, 뜻밖에 비자가 끝난 뒤에도 기회를 살피며 눌러앉아 있는 불법 체류자가 많은 현실도 알게 됐다.

멕시코 이주자들이 1990년부터 2000년 사이에 미국에서, 특히 내가 살던 로스앤젤레스에서 폭발적으로 늘기 시작했다. 가끔 궁금했다. 멕시코 이주자들이 없으면 잔디는 누가 돌보나, 이삿짐은 누가 나르나, 공장에서 물건은 누가 만드나, 청소나 설거지는 누가 하나 싶었다. 그 사람들이 떠나면 도시는 곧바로 정지될 듯했다. 그리고 나는 멕시코 이주자들을 주로 연구하는 인구학연구소에서 조교로 일하면서 이주자 문제를 다루는 강의의 조교로 일했다.

2005년에 영국으로 갔다. 그전에는 박사 학위를 받은 사람들은 곧바로 한국으로 돌아갔는데, '요즘은' 할 수 있으면 몇 년 정도 외국에서 경험을 쌓는 게 좋다고 사람들이 말했다. 번듯한 모습으로 돌아갈 수 있다는 얘기였다. 예전에는 한국 대학이 40세가 넘는 사람은 절대로 신임 교수로 뽑지 않는다더니 나중에는 45세까지는 괜찮다고 했다. 그리고 나는 런던대학교 교수가 됐다.

나중에 들어보니 그 과 교수들은 유럽연합 우선 정책 때문에 비유럽권 출신을 교수로 임용해야 하는 이유를 학교 당국에 설명해야 했다. 런던이 다인종 다문화 사회이기는 하지만 미국에 견줘 동아시아 사람들이 적었다. 그 과 교수들은 첫 아시아계 동료 교수인 나를 대하며 조심스러워하고 신기해했다. 내가 따뜻한 물을 마시면 한국 사람은 따뜻한 물을 좋아한다고 정의했다. 점점 중국 학생과 한국 학생이 늘어나 의논할 일이 많아지자 내 연구실 문을 두드리는 일이 잦아졌다. 한국의 도시 계획학계에서 유럽 출장이 늘었고, 출장 온 사람들은 내게 영국과 유럽에 관해 많이 물었다.

나라를 한 번 옮기고 나서는 한국 이민자들의 심정이 이해되더니, 두 번 옮기고 나니 조선족이 눈에 들어왔다. 연구를 하느라 조선족들이 하는 얘기를 들을 때 맞장구치고 싶은 적이 많았다. 같은 영어권 사회에 가면 떠남과 생존을 위한 몸부림이 덜 하려나 생각하다가 큰코다쳤다. 미국에서 공부한 덕에 영어, 미국식 사고방식, 미국식 대학 시스템, 토론하고 논쟁하는 법에 이제 꽤나 익숙하다고 안심했는데, 영국의 대학 시스템은 또 달랐다. 외부인에게 굳이 설명해주지 않는 영국 문화의 특성도 더해져서 여러 가지를 파악하는 데 시간이 꽤나 오래 걸렸다. 게다가 30대 중반인 아시아계 여자가 교수의 권위를 갖추기는 힘들었다. 실제로 힘들었지만, 힘들 것이라는 내 생각도 또 다른 장벽이었다.

한편으로 나는 적응하고 살아남고 인정받으려 발버둥쳤고, 다른 한편으로는 소수자의 삶, 깍두기 삶이 지닌 묘미를 알아갔다. 영국을 연구해도 한국을 연구해도 외부인이라는 약점이 있다는 생각을 늘 했는데, 두 곳을 다 연구할 수 있는 장점을 지닌 사실을 깨달았다. 다양성, 융합, 중간에 낀 사람을 찾는 수요는 늘고 있었다.

2~3년 생각한 외국 교수 생활이 점점 늘어나 8년이 됐고, 육아를 하면서 학계뿐 아니라 런던 사회의 다른 면도 즐길 수 있게 됐다. 점점 '한국에 언제 돌아갈까?' 하는 물음은 진지한 고민이라기보다는 화젯거리가 없을 때 버릇처럼 꺼내는 농담 비슷하게 됐다. 1년에 한 달 정도 한국에 머물면서 계속 이렇게 사는 것도 좋겠다는 생각이 들었다. 그 한 달 동안 아이를 서울에 있는 어린이집에 보내려 하니 다문화 가족이라서 할인도 됐다.

2013년에 우연한 계기로 한국에 돌아와서 보니 나도 바뀌고 한국 사회도 바뀌어 있었다. 나는 이곳을 떠난 적 없다는 듯 순조롭게 살아가다가도 꽤나 부대꼈다. 남편이 런던에 있어 먼 거리 가족으로 생활하기 시작했고, 강의에서는 세계화 때문에 늘어나는 먼 거리 가족에 관해 가르쳤다. 어떤 면에서는 서울대학교가 런던 대학교하고 생각보다 많이 비슷해서 어리둥절했다. 교수들이 논문을 써야 한다는 압박을 심하게 받았다.

2015년에는 소송한 지 10년 만에 이주 노조가 합법이 됐다. 그해 내가 맡은 한 대학원 세미나 수업은 6개국 출신의 학생들이 들어올 만큼 다국적이었다. 단일 민족의 신화 속에서 다른 인종에게 심한 거부감을 갖고 있던 한국 사회에 이주자들이 터전을 잡고 있다. 이주의 역사 속에 내가, 조선족이, 내 가족과 친구들이 있었다. 이동과 적응 속에서 훈련받은 삶의 태도, 심리에 관한 관심, 문화 차이에 관해 어떤 면에서는 날이 서고 어떤 면에서는 체념하는 마음이 있었다.

공간과 장소를 고정된 지도하고 똑같은 방식으로 생각하면 이 사회의 많은 부분을 놓치게 된다. 고정된 공간을 흐르는 돈과 사람이 있다기보다는 흐름이 모여서 공간을 만든다. 흐름의 공간이기 때문에 공간도 변하고 흐르게 된다. 그중에 사람의 흐름은 핵심이다. 자본의 이동도 노동력이 어느 곳에 모여 도시화를 이끌고 합법적이건 불법적이건 이주의 흐름을 일으켜야 비로소 가능해진다. 아이디어의 흐름도 사람이 지리적으로 이동해 다른 곳에 가서 직접 보고 얘기해야 효과가 극대화된다.

이 책은 이동을 찬양하지는 않는다. 이동과 흐름은 좋은 것도 아니고 나쁜 것도 아니다. 자본과 사람과 아이디어가 이동한다, 이동이 증가한다, 흐름의 시대다 같은 말을 하면 반응이 재미있다. 어떤 사람들은 쿨하다고 느낀다. 여행하는 사람이나 프리랜서가 느끼는 자유와 여유를 떠올리기 때문이다. 아니면 언제 그랬는지는 모르지만 평화로운 '우리' 사회에 정체를 알 수 없는 이방인이 들어오는 사태를 떠올리며 인상을 찌푸린다. 환경을 생각하는 어떤 사람들은 이런 쓸데없는 이동이 한정된 자연자원을 낭비한다고 본다. 실제로 비행기 이동 거리가 놀랄 만큼 늘어나 하늘 위에서 쓰는 기름 양이 어마어마하다고 한다.

한편 이동은 계급적이다. 이 이동성과 불안감에 가장 빨리 익숙해지고 있는 사람들은 계급 또는 계층상 위와 아래에 있다. 돈이 많고 전문성 있으며 명예를 지닌 사람들은 쉼 없이 날아다닌다. 비행기를 타고 가, 비행기 안에서 일도 하며, 공항에 내려 회의하고, 다시 비행기를 타고 날아간다. 반면 자기 땅에서 삶을 유지하기 힘든 저개발국 사람들도 먼 나라로 돈 벌러 간다. 자기 선택이기는 하지만 사실은 상황에 몰린 탓에 다른 대안이 별로 없어서 내린 결정이다. 내 자식을 두고 먼 나라로 떠나가 한 가정의 바쁜 부모(대개 잘나가는 부모)를 대신해 아이들을 오랫동안 돌본다.

한 사회를 볼 때 겪는 어려움은 이 계급성이 공고해지는 동시에 얽혀버리는 상황이다. 많은 연구와 미디어가 얘기하듯이 이 사회에서 계층 상승은 점점 더 어려워지고 있으며 대를 이어 사교육과 문화까지 포괄하는 계급이 굳건해지는 중이다. 그리고 이민자는 당연히 비주류, 착취당하는 사람, 빈곤층, 저임금 노동자에 집중된다.

그렇지만 동시에 계급성을 얘기하기가 힘들어졌다. 계급이란 한 사회에서 생산 수단이나 부(재산)를 소유했는지에 따라 결정되는데, 다른 계급에 맞선 상대적 존재다. 유한 계급이 있어서 무한 계급이 있고, 부르주아와 프롤레타리아도 떨어뜨려서 생각할 수 없다. 계층 상승도 자기가 속한 계층에서 더 높은 계층으로 올라가는 변화다. 그런데 세계화는 이 무대를 넓혀놓았다. 그래서 어디에 있는 누가 상대적 존재가 되는지 점점 더 흐릿해진다. 기준으로 삼는 집단이 여럿 되는 셈이다. 이민자는 어떤 집단에 비교해 계층 상승, 계급, 행복을 생각할까. 도착한 곳에 사는 주류 원어민일까, 떠나온 나라에 남은 자기 친구일까.

'프리랜서'의 명암을 생각해보자. 프리랜서 개념이 한국 사회에 처음 들어올 때 멋있는 말이었다. 전문성을 지닌 사람이 그 전문성을 간절히 원하는 사람에게 시간을 약간 내어 일을 해준 뒤 돈을 받고 나머지 시간은 자유롭게 보내는 형태를 가리켰다.

'아르바이트'도 그랬다. 돈에 아주 얽매이지 않아도 되는, 나름 특권층인 대학생 같은 이들이 세상을 경험하고 기특하게도 사회나 가정 경제에 약간 기여하려 하는 일이었다. 지금은 '아르바이트생'이라는 말, 줄여서 '알바'에는 연민이나 자조의 느낌이 배어 있다. 비정규직의 애환이 잘 알려지고 직접 경험하는 사람들이 많아진 탓이다. 프리랜서도 비정규 계약직일 뿐이다. 그런 비정규직이 많아지는 이유는 악덕 고용주가 머리를 쓰는 탓도 있지만, 현실은 고용주 개인의 차원을 넘어선다. 꽤 발전한 자본주의 사회에서는 제품과 노동력을 찾는 갖가지 요구가 잘게 잘려져 나타나고, 더 뻗어나가려는 자본은 서로 상호 작용한다. 개인들은 변화에 대응하려 하는데, 대응할 수 있는 다른 수단이 없거나 대응할 수밖에 없어서 노동을 잘게 잘라 제공한다. 그렇게 바뀌어버린다.

그런 변화가 개인의 삶에 들어온다. 고용 관계뿐 아니라 가족 관계와 인간관계를 바꾼다. 내가 내 삶을 생각하고 계획하고 관리하고 걱정하는 기본자세를 바꿔버린다. 한 장소에, 한 도시에, 한 나라에 갇혀 있으면 망해버릴 듯해서 계속 뻗어나가려는 자본이 전지구적 공동체를 만들면 내 눈도 그렇게 확산된다. 자본이 이곳에서 저곳으로, 또다시 다른 곳으로 이동하듯이 내 삶도 지리적 이동을 한다. 내 몸이 움직이고, 내 눈과 귀와 입이 다른 곳하고 소통한다. 이동하는 유목민의 삶이 더 많이 늘어나는 현상은 이 시대에 어쩔 수 없는 일이고, 염려할 만한 일이다. 개인에게는 힘겨운 고생, 기러기 가족, 착취인 동시에 개척자가 여전히 누릴 수 있는 긍정적 효과를 노릴 기회가 되기도 한다.

외국에 살아본 적도 없고 해외여행도 하지 않아 이런 변화에 별 상관없다고 생각하는 사람도 이 영향에서 자유로울 수 없다. 세계화를 불러온 자본의 지리적 이동이 직업과 개인 사이의 연관성을 일시적 요소로 만들고 삶에서 누릴 수 있는 기회의 지리적 영역이 넓어지면서 이곳에서 저곳으로 옮길 이유가 늘었다. 그런 이동을 원하게 되거나, 원하지 않아도 이동해야 하거나, 이동할 수 있는 계기가 많아지다 보니 더 원하게 되거나, 적어도 그런 이동이 나쁘지 않은 생활 방식으로 받아들여지는 상황이 됐다.

가장 안타까운 문제는 불안이다. 어떤 종류의 사회 변화든 개인의 삶을 뒤흔든다. 이동과 불안이 증가하면 개인은 영향을 받지 않을 수 없다. 그리고 그 폐해는 꽤 심각할 수 있다. 흔히 어린 아이에게 안정 애착이 필요하다고 말하는 이유는 인간의 삶이 늘 불안하다는 사실을 우리 모두 잘 알기 때문이다. 어떤 상황에 놓이더라도 나를 지켜주는 보험 같은 게 하나는 있어야 한다. 내 직업도 가족 관계도 변하기 십상이며, 가까운 사람들이 나를 떠나고 내가 그 사람들을 떠나는 일은 '황야에 서서 홀로 바람 맞기' 하고 똑같은 느낌을 준다. 아무도 믿을 수 없고 아무도 나를 믿지 않는다. 부모도 돈 벌러 가느라 나를 떠나고, 부모가 된 나도 자식을 놓아둔 채 잠깐이라고 생각하면서 일자리를 찾아 멀리 옮겨 스카이프, 전화, 카카오톡으로 만난다. 이민자들이 아무것도 믿지 않고 무엇에도 기대지 않는 실용성을 많이 보이는 한편으로 때때로 종교색을 짙게 드러내는 이유도 그렇게 많은 변화를 안고 살아가는 사이에 결코 바뀌지 않는 중심을 잡아주는 가치가 필요하기 때문이다.

어릴 적부터 여러 나라를 떠돌아다닌 학생을 런던 대학교에서 만났다. 똘똘하고 활발하면서도 무난해서 눈에 들어오는 학생이었다. 하루는 이런저런 이야기를 하다가 한국에 한 달 동안 가 있는 동안 한국말도 익힐 겸 아이를 어린이집에 보낼 생각이라고 말했다. 그런데 갑자기 열받은 그 학생이 내게 따져 물었다. "어떻게 아이한테 그렇게 할 수가 있어요?" 늘 생글거리던 눈에 눈물까지 고였다. 그게 아이에게 얼마나 잔인한 일인지 아느냐고 되묻던 그 학생은 더는 내 아이 얘기를 하고 있지 않았다. 상처받은 어린 시절의 자기가 돼 그렇게 아이를 끌고 다니는 부모를 대표하는 내게 따지고 있었다.

이동의 묘함은 궁극적으로 '나의 변화'에 있다. 자본이 의도한 이 세계화가 가져온 가장 큰 피해가 경쟁에 내몰린 개인들의 늘 불안한 삶이라는 점은 두말할 필요도 없다. 그렇지만 역동성에 익숙해지고 심지어 중독되는 현실을 간과한 채 늘 피해자라고 말할 수는 없다. 어쩌면 그 중독성이 가장 큰 피해인지도 모른다. 불안해서 살기가 힘들고 비정규직이 싫다고 하지만, 정규직 일자리에 들어가서도 좀더 나은 조건을 찾아 늘 기웃거린다. 입에 풀칠도 하기 힘든 정도는 아닌데도 좀더 나은 미래를 찾아서, 정말 더 좋다는 보장이 없는데도 그 미래를 좇아 가족을 두고 떠난다. 어린 나이에 부모 곁을 떠나 다른 언어를 배우러 떠난다. 경쟁 때문에 어쩔 수 없다는 그 불안의 피해자면서 옆에 있는 사람에게는 경쟁 사회의 한 단면이 된다.

한번 떠나온 사람은 저 바깥에 있는 기회를 보는 데 능숙해지고, 그 기회를 굳이 놓치려 하지 않는다. 짐을 챙겨서 이동을 시도하는 일도 별로 대단하지 않다. 태어나서 자란 곳이 아니기 때문에 아니다 싶으면 다시 다른 곳으로 가기도 상대적으로 쉽다. 뿌리 없는 공허함의 또 다른 특징은 중독성이다. 부유하는 사람들이 외로움과 공허함에 지쳐 어디든 정착해서 살고 싶어하는 듯하지만, 그 갈망만큼이나 떠도는 삶에 익숙해져 벗어나지 못하기도 한다. 돌아다니고 싶어서 돌아다니는 게 아니라 '결과적으로' 떠나게 된다고나 할까.

조선족이 이직을 너무 쉽게 해서 믿을 수 없다는 말을 여러 번 들었다. 김치를 담그다가도 시간당 100원을 더 준다고 하면 바로 고무장갑 벗어놓고 옆집으로 간다고들 했다. 다들 쉽게 그렇게 하지 않는 이유는 믿을 수 없는 야박한 사람으로 보일까봐 두렵기 때문이다. 옆집으로 가는 일이 엄두가 나지 않거나 귀찮아서 그럴 수도 있다. 그런데 조부모나 증조부모의 고향일 뿐 처음 온 한국 사회에서 신뢰 쌓기가 얼마나 중요할까. 돈 벌려고 중국을 떠나 한국으로 옮겼는데, 게다가 돈을 더 준다는데 바로 옆집으로 옮기는 일이 왜 겁나고 귀찮을까.

한국 사회든 다른 사회든 예전에 견줘 지금 다니는 직장에 충성을 다하지 않고 늘 구인 사이트를 기웃거리는 사람이 늘어난 현실은 조선족들에게 일어난 변화하고 다를 게 없다. 상황이 그렇게 바뀌자 고용주도 어쩔 수 없이 충성이나 의리, 관계를 강조하기보다는 노동 조건을 좋게 하거나 임금을 올리는 식으로 협상을 한다. 저 사람은 계속 여기 있겠지 생각하지 않고 늘 대안을 생각한다. 어느 조선족 기업인이 조선족을 묘사한 말처럼, 이 시대를 살아가는 많은 사람들은 국가도, 가족도, 아무도 믿을 수 없어서 돈 많이 벌고 성공해 자기만의 왕국을 건설하려는 하는지 모른다.

그래서, 우리는 모두 조선족일까.